2014—2015年
中国工业和信息化发展
系列蓝皮书

2014-2015年世界工业发展
蓝皮书

The Blue Book on the Development of World
Industry（2014-2015）

中国电子信息产业发展研究院　编著

主　编／　宋显珠
副主编／　薛载斌

人民出版社

责任编辑：邵永忠
封面设计：佳艺堂
责任校对：吕　飞

图书在版编目（CIP）数据

2014～2015年世界工业发展蓝皮书/宋显珠　主编；

中国电子信息产业发展研究院　编著 .—北京：人民出版社，2015.7

ISBN 978-7-01-014984-4

Ⅰ.①2… Ⅱ.①宋… ②中… Ⅲ.①工业发展—白皮书—世界—

2014～2015 Ⅳ.① F414

中国版本图书馆 CIP 数据核字（2015）第 141387 号

2014–2015年世界工业发展蓝皮书

2014–2015NIAN SHIJIE GONGYE FAZHAN LANPISHU

中国电子信息产业发展研究院　编著

宋显珠　主编

人民出版社 出版发行

（100706　北京市东城区隆福寺街 99 号）

北京艺辉印刷有限公司印刷　新华书店经销

2015 年 7 月第 1 版　2015 年 7 月北京第 1 次印刷

开本：710 毫米 × 1000 毫米　1/16　印张：20.5

字数：342 千字

ISBN 978-7-01-014984-4　定价：98.00 元

邮购地址　100706　北京市东城区隆福寺街 99 号

人民东方图书销售中心　电话（010）65250042　65289539

代　序

大力实施中国制造2025　加快向制造强国迈进
——写在《中国工业和信息化发展系列蓝皮书》出版之际

　　制造业是国民经济的主体，是立国之本、兴国之器、强国之基。打造具有国际竞争力的制造业，是我国提升综合国力、保障国家安全、建设世界强国的必由之路。新中国成立特别是改革开放以来，我国制造业发展取得了长足进步，总体规模位居世界前列，自主创新能力显著增强，结构调整取得积极进展，综合实力和国际地位大幅提升，行业发展已站到新的历史起点上。但也要看到，我国制造业与世界先进水平相比还存在明显差距，提质增效升级的任务紧迫而艰巨。

　　当前，全球新一轮科技革命和产业变革酝酿新突破，世界制造业发展出现新动向，我国经济发展进入新常态，制造业发展的内在动力、比较优势和外部环境都在发生深刻变化，制造业已经到了由大变强的紧要关口。今后一段时期，必须抓住和用好难得的历史机遇，主动适应经济发展新常态，加快推进制造强国建设，为实现中华民族伟大复兴的中国梦提供坚实基础和强大动力。

　　2015 年 3 月，国务院审议通过了《中国制造 2025》。这是党中央、国务院着眼国际国内形势变化，立足我国制造业发展实际，做出的一项重大战略部署，其核心是加快推进制造业转型升级、提质增效，实现从制造大国向制造强国转变。我们要认真学习领会，切实抓好贯彻实施工作，在推动制造强国建设的历史进程中做出应有贡献。

　　一是实施创新驱动，提高国家制造业创新能力。把增强创新能力摆在制造强国建设的核心位置，提高关键环节和重点领域的创新能力，走创新驱动发展道路。加强关键核心技术研发，着力攻克一批对产业竞争力整体提升具有全局性影响、带动性强的关键共性技术。提高创新设计能力，在重点领域开展创新设计示范，推广以绿色、智能、协同为特征的先进设计技术。推进科技成果产业化，不断健全以技术交易市场为核心的技术转移和产业化服务体系，完善科技成果转化协同推进机制。完善国家制造业创新体系，加快建立以创新中心为核心载体、以公共服务平台和工程数据中心为重要支撑的制造业创新网络。

二是发展智能制造，推进数字化网络化智能化。把智能制造作为制造强国建设的主攻方向，深化信息网络技术应用，推动制造业生产方式、发展模式的深刻变革，走智能融合的发展道路。制定智能制造发展战略，进一步明确推进智能制造的目标、任务和重点。发展智能制造装备和产品，研发高档数控机床等智能制造装备和生产线，突破新型传感器等智能核心装置。推进制造过程智能化，建设重点领域智能工厂、数字化车间，实现智能管控。推动互联网在制造业领域的深化应用，加快工业互联网建设，发展基于互联网的新型制造模式，开展物联网技术研发和应用示范。

三是实施强基工程，夯实制造业基础能力。把强化基础作为制造强国建设的关键环节，着力解决一批重大关键技术和产品缺失问题，推动工业基础迈上新台阶。统筹推进"四基"发展，完善重点行业"四基"发展方向和实施路线图，制定工业强基专项规划和"四基"发展指导目录。加强"四基"创新能力建设，建立国家工业基础数据库，引导产业投资基金和创业投资基金投向"四基"领域重点项目。推动整机企业和"四基"企业协同发展，重点在数控机床、轨道交通装备、发电设备等领域，引导整机企业和"四基"企业、高校、科研院所产需对接，形成以市场促产业的新模式。

四是坚持以质取胜，推动质量品牌全面升级。把质量作为制造强国建设的生命线，全面夯实产品质量基础，提升企业品牌价值和"中国制造"整体形象，走以质取胜的发展道路。实施工业产品质量提升行动计划，支持企业以加强可靠性设计、试验及验证技术开发与应用，提升产品质量。推进制造业品牌建设，引导企业增强以质量和信誉为核心的品牌意识，树立品牌消费理念，提升品牌附加值和软实力，加大中国品牌宣传推广力度，树立中国制造品牌良好形象。

五是推行绿色制造，促进制造业低碳循环发展。把可持续发展作为制造强国建设的重要着力点，全面推行绿色发展、循环发展、低碳发展，走生态文明的发展道路。加快制造业绿色改造升级，全面推进钢铁、有色、化工等传统制造业绿色化改造，促进新材料、新能源、高端装备、生物产业绿色低碳发展。推进资源高效循环利用，提高绿色低碳能源使用比率，全面推行循环生产方式，提高大宗工业固体废弃物等的综合利用率。构建绿色制造体系，支持企业开发绿色产品，大力发展绿色工厂、绿色园区，积极打造绿色供应链，努力构建高效、清洁、低碳、循环的绿色制造体系。

六是着力结构调整，调整存量做优增量并举。 把结构调整作为制造强国建设的突出重点，走提质增效的发展道路。推动优势和战略产业快速发展，重点发展新一代信息技术产业、高档数控机床和机器人、航空航天装备、海洋工程装备及高技术船舶、先进轨道交通装备、节能与新能源汽车、电力装备、新材料、生物医药及高性能医疗器械、农业机械装备等产业。促进大中小企业协调发展，支持企业间战略合作，培育一批竞争力强的企业集团，建设一批高水平中小企业集群。优化制造业发展布局，引导产业集聚发展，促进产业有序转移，调整优化重大生产力布局。积极发展服务型制造和生产性服务业，推动制造企业商业模式创新和业态创新。

七是扩大对外开放，提高制造业国际化发展水平。 把提升开放发展水平作为制造强国建设的重要任务，积极参与和推动国际产业分工与合作，走开放发展的道路。提高利用外资和合作水平，进一步放开一般制造业，引导外资投向高端制造领域。提升跨国经营能力，支持优势企业通过全球资源利用、业务流程再造、产业链整合、资本市场运作等方式，加快提升国际竞争力。加快企业"走出去"，积极参与和推动国际产业合作与产业分工，落实丝绸之路经济带和21世纪海上丝绸之路等重大战略，鼓励高端装备、先进技术、优势产能向境外转移。

建设制造强国是一个光荣的历史使命，也是一项艰巨的战略任务，必须动员全社会力量、整合各方面资源，齐心协力，砥砺前行。同时，也要坚持有所为、有所不为，从国情出发，分步实施、重点突破、务求实效，让中国制造"十年磨一剑"，十年上一个新台阶！

工业和信息化部部长

2015 年 6 月

前　言

　　工业是一国竞争力提升的根本所在，推动工业发展对拉动就业增长和实现经济可持续发展意义重大。国际金融危机以来，发达国家认识到了实体经济的重要性，纷纷实施"再工业化"战略，依托科技创新抢占新一轮技术革命和产业变革的制高点，而新兴国家大力推动产业向中高端迈进，全球产业竞争日趋激烈。

　　2014年以来，全球经济形势整体有所好转，但是受各种不确定性因素的影响，复苏进程仍然缓慢。世界工业发展进入低速增长的新阶段，主要发达国家工业增长出现了明显分化，而新兴经济体工业生产普遍呈现放缓趋势，世界工业发展既面临着新一轮技术革命和产业变革的有利时机，也存在市场需求不足导致的投资和贸易放缓，总体而言，世界工业发展主要呈现如下特点：

　　一是世界工业低速增长，全球制造业扩张有所放缓。在全球经济逐步回暖的带动下，世界工业保持低速增长，全球制造业活动在缓慢中曲折前进。中东地缘政治紧张局势和欧美对俄经济制裁打击了全球投资者和消费者信心，造成资本外流现象增加。虽然主要经济体推出了一系列推动工业发展的政策措施，但是全球制造业扩张动能略显不足，仍将保持温和复苏势头。

　　二是发达国家工业生产持续分化，新兴国家增速明显放缓。近年来，美国经济保持了回升的势头，工业生产形势明显好转。受重振制造业政策的推动和生产成本持续下降的影响，美国制造业的国际竞争力正在不断增强，制造业扩张的态势继续增强。受到提高国内消费税率提高的影响，日本工业生产持续波动，整体上工业生产出现下滑趋势。欧盟经济仍持续缓慢复苏，但是制造业活动仍显疲软。新兴经济体方面，金砖国家工业增速普遍呈下滑态势。中国经济进入新常态，工业增速明显放缓，印度政府大力吸引外商直接投资，制造业表现有所好转，受大宗商品价格大幅下跌的冲击，俄罗斯、巴西、南非工业仍然持续萎缩。

　　三是制造业绿色化、智能化、服务化转型不断加快。随着移动互联网、物联网、大数据、云计算的广泛应用，制造业的生产模式正在发生深刻改变，以智能化技术为基础的工业机器人和智能化工厂越来越被广泛地应用到企业生产过程中，智能制造正在成为重要发展趋势。随着欧美的"绿色供应链"、"低碳革命"、日本的"零排放"等新的产品设计理念不断兴起,"绿色制造"等清洁生产过程日益普及,节能环保产业、再制造产业等产业链不断完善。与此同时,制造业的生产正在从提供传统产品制造向提供产品与服务整体解决方案转变,生产、制造与研发、设计、售后的边界已经越来越模糊,制造业服务化转型日益明显。

四是全球贸易增速放缓,新兴国家贸易比重不断上升。受全球金融市场剧烈波动、美欧对俄经济制裁及国际油价暴跌等因素的影响,全球贸易增长速度有所放缓。在内需不振的情况下,各国均致力扩大出口,发达国家贸易保护主义抬头,频频发起针对新兴经济体的"双反"调查。而新兴经济体内部贸易联系不断加强。新兴经济体内部贸易额占对外贸易总额的比重不断攀升。

五是跨国企业加快投资并购重组,产业融合日益明显。在世界经济缓慢回暖的大背景下,全球企业信心整体回暖,企业并购活动活跃,新一轮企业并购热潮正在形成。与此同时,随着产业转型的不断加快,一些跨国企业将继续加强对新兴产业的研发投资力度,特别是一些互联网企业加速进入传统制造业领域,通过培育新的增长点来实现跨界融合发展。

尽管世界工业发展总体形势有所好转,但是仍然面临着诸多挑战,特别是全球地缘政治冲突和大宗商品价格大幅下跌给世界工业生产带来了明显冲击,随着全球产业格局调整步伐的不断加快,一些重点和难点问题仍然值得持续关注,主要表现在以下几个方面:

(一)地缘政治冲突和金融风险冲击全球复苏进程

乌克兰危机、中东局势动荡等地缘政治冲突对正在恢复中的世界经济造成一定影响。以美欧为代表的西方经济体对俄罗斯展开多轮经济制裁,这对俄罗斯经济造成负面影响的同时也对欧盟出口带来了明显冲击。ISIS继续制造的恐怖袭击以及沙特阿拉伯等国对也门首都萨那发动空袭等事件进一步加剧该地区局势的动荡,增加了全球经济复苏的不确定性。而发达经济体货币政策分化导致全球金融周期的变化,全球资产价格、资本流向及主要汇率将受到极大影响,导致新兴市场国家外贸形势严峻,从而拖累全球工业发展。

(二)大宗商品价格持续下跌推动全球需求增长和成本下降

2014年下半年以来,全球原油、铁矿石、铜等大宗商品价格大幅下跌。此轮大宗商品价格下跌动力强劲,短期内企稳回暖的可能性不大。而上游价格下降有助于需求逐渐复苏,降低世界工业发展的原材料成本,在中短期内有助于多国工业复苏,遏制全球通胀压力。对全球制造业而言,国际油价下跌将减轻通胀压力,制造企业受惠于成本的降低和消费需求的提升,扩张动能将有所提升。结合历史来看,供给面冲击导致油价下跌 30% 的情况应会在中期内给全球 GDP 带来半个百分点的提振。此外，大宗商品持续下跌有利于新兴国家转变经济发展方式，将经济发展更多放在实体经济的发展上，推动全球产业结构加快调整。

（三）互联网技术推动全球制造业体系加速重构

当前，全球正掀起新一轮创新和变革的浪潮，互联网跨界融合趋势明显。特别是在传统工业领域，企业生产也从以传统的产品制造为核心转向提供具有丰富内涵的产品和服务，互联网企业与制造企业、生产企业与服务企业之间的边界日益模糊。互联网技术的发展正在对传统制造业的发展方式产生颠覆性、革命性的影响。随着新一代信息技术的突破和扩散，柔性制造、网络制造、绿色制造、智能制造、服务型制造等日益成为生产方式变革的重要方向。一方面，生产模式中的各环节间更加高效地配置生产要素和时间，提高了资源配置效率；另一方面，智能装备广泛应用于生产过程，降低成本的同时提高了生产效率。工业互联网正在成为重要的发展方向，并将进一步重构全球制造业体系。

（四）自贸区建设推动全球投资和贸易更加便利化

以 TPP、TTIP、TISA 等为代表的区域自由贸易谈判正成为发达国家推动全球贸易格局重构的重要途径。与此同时，以中国为代表的发展中国家也大力推动自贸区谈判，中国提出的"一带一路"战略正在加快推动中国与周边国家的互联互通与产业合作。中美、中欧、中日韩、区域伙伴关系等相关投资和贸易协定谈判也在加快推动。此外，第 22 次 APEC 会议决定启动亚太自贸区（FTAAP）进程。随着全球自贸区建设的不断加快，各国投资和贸易便利化将有利于全球工业的增长。

党的十八大以来，我国进入了全面深化改革开放的新阶段，工业发展正面临着新的机遇和挑战。随着《中国制造 2025》和"互联网 +"行动计划的实施，我国工业转型升级和提质增效正在深入推进，从工业大国向工业强国迈进的宏伟蓝图已经开始付诸实施。为跟踪研究世界工业发展的最新态势，借鉴主要国家工业发展的经验教训，赛迪智库世界工业所组织编撰了《2014—2015 年世界工业发展蓝皮书》。

本书全面梳理和总结了世界工业的发展情况，从区域、行业、企业、热点、展望等角度入手，对世界工业总体情况、主要经济体、重点行业、典型企业以及热点事件进行了全面阐述，分析了世界工业领域存在的重点和难点问题，并对 2015 年世界工业的发展趋势进行了展望，其中：

综合篇，重点介绍了世界工业发展的总体情况，分析了当前世界工业发展的主要特点，并结合发达经济体、新兴经济体和最不发达经济体阐述了区域发展的总体情况，并对全球电子信息制造、软件产业、装备制造、原材料工业、消费品工业等重点行业的发展进行了总体概述。

区域篇，重点介绍了主要经济体的工业发展情况。针对全球产业格局，选取了美国、欧盟、日本、金砖国家、拉美国家、韩国以及中国台湾地区等经济体进行了重点研究。总结了主要经济体工业发展的最新特点，分析了产业布局总体情况和调整趋势，梳理了主要经济体推动工业发展的最新政策措施，并对重大政策进行了解析。结合各方面影响因素，对主要经济体工业发展趋势进行了预测。此外，还重点研究了主要经济体的企业最新发展状况。

行业篇，重点介绍了原材料、消费品、电子信息制造、软件产业等行业的发展情况。分析了全球原材料行业的总体情况，并对全球石化行业、钢铁行业、有色金属、建材、稀土等重点行业的发展态势进行了总结。分析了消费品行业的总体态势，对发达经济体和新兴经济体消费品行业的发展情况进行了总结，并对纺织服装、食品和医药产业的发展进行了重点阐述。分析了全球电子信息产业发展形势，结合美国、欧盟、日本、韩国、中国台湾等国家和地区电子信息产业的最新发展趋势，总结了电子信息产业的主要发展特点。分析了全球软件产业的总体形势以及美国、日本、印度等国家的最新发展态势，并对基础软件、工业软件、信息技术服务、云计算、大数据等重点行业的发展进行了阐述。

企业篇，重点介绍了跨国企业的发展情况。结合世界工业最新发展动向，选取了英特尔、特斯拉、谷歌、陶氏化学、博世、西门子、淡水河谷、雀巢、SAP、空客等十个具有典型代表性的跨国企业进行了研究，从基本情况、发展历程、生产运营、战略布局等方面阐述了这些企业的最新发展动态。

热点篇，重点介绍了世界工业领域的十大热点事件。为反映 2014 年世界工业领域最新的热点问题，我们选择了 10 个典型热点作为世界工业领域的大事件。这些事件涉及宏观经济、全球贸易、重大政策、科技创新、跨国并购等世界工业领域的多个方面。通过对背景、内容和影响的阐述进一步明确了这些事件对全球和中国工业发展带来的机遇与挑战。

展望篇，重点对 2014 年世界工业发展趋势进行了展望。结合全球经济形势、各国政策措施、新兴产业发展、投资与贸易以及重点领域的创新进展等，分析了世界工业发展的有利和不利因素，并对 2015 年世界工业发展趋势特点进行展望。

本书选题独特、内容充实，具有较强的参考价值。赛迪智库世界工业研究所作为关注世界工业发展的专业研究机构，将继续开展扎实有效的研究工作。相信本书的出版能够为我国行业主管部门和相关领域的专家提供重要参考。同时，由于时间和水平有限，本书还有很多不足之处需要继续完善，希望广大读者给予批评指正！

目　录

行 业 篇

热 点 篇

展 望 篇

综 合 篇

第一章 世界工业发展状况

第一节 世界工业总体状况

一、全球制造业保持低速增长，扩张步伐放缓

2014年以来，全球经济形势整体有所好转，但是受各种不确定性因素的影响，复苏进程仍然缓慢。世界工业发展进入低速增长的新阶段，主要发达国家工业增长出现了明显分化，而新兴经济体工业生产普遍呈现放缓趋势，全球制造业活动在缓慢复苏进程中曲折前进。2014年全球制造业PMI值连续12个月高于50的景气荣枯分界线，显示全球制造业一直处于扩张态势。但2014年12月，全球制造业PMI指数由11月份的51.7降至51.6，为近15个月增长最疲弱的一期，上涨幅度为近15个月新低。据联合国工发组织最新发布的《2014年第三季度全球制造业增长报告》显示，2014年前三个季度全球制造业产值同比分别增长4.1%、

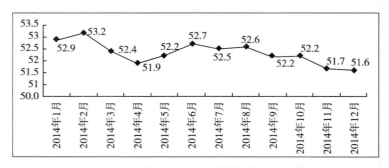

图1-1 2014年1月—12月全球制造业PMI指数

数据来源：摩根大通，2015年2月。

3.4%、3%，增速逐季放缓。虽然全球经济增长还面临着很大的不确定性，但是在主要经济体推出的一系列鼓励制造业发展的政策措施带动下，未来全球制造业将保持温和复苏势头。

二、发达国家制造业复苏脆弱，新兴国家增速明显放缓

2014 年以来，发达国家工业生产持续分化。2014 年，美国工业复苏保持了回升的势头，制造业经历了经济衰退以来最好的一年。2014 年起美国制造业 PMI 进入了快速上升通道，并在 8 月升至 59.0，为 2011 年 3 月以来最高。受到国内消费税率提高的影响，日本工业生产有所波动，整体上工业增长出现下降的趋势。其中，2014 年 4 月份，日本制造业采购经理人指数为 49.4，是 2012 年 12 月以来首次出现下滑。受制于财政和货币政策，欧元区经济刚走出衰退就停滞不前，制造业增长呈现疲软态势。2014 年 10 月份，欧元区制造业采购经理人指数为 50.6，虽然摆脱了 9 月份以来创下欧元区 14 个月以来的最低点，但复苏动力不足，制造业活动仍显疲软。新兴经济体方面，金砖国家经济增长呈现放缓趋势，工业增速下滑明显。2014 年中国工业增加值 22.8 万亿元，同比增长 7%，中国工业企业利润同比增速续降至 3.3%，较上年下降 8.9 个百分点；受新政府政策利好和信心提振的影响，2014 年印度的制造业表现突出，为近两年来最佳，2014 年 12 月印度制造业 PMI 指数出现连续 3 个月反弹升至 54.5；巴西制造业持续保持低迷状态，11 月制造业 PMI 指数为 48.7，已连续 3 个月位于 50 以下。

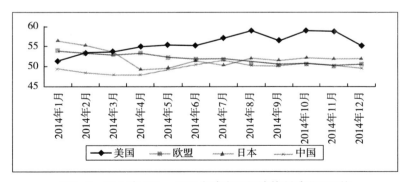

图1-2 2014年1月—12月全球主要经济体制造业PMI值

数据来源：Wind 数据库，2015 年 2 月。

三、新兴产业发展迅速，绿色化转型趋势加快

金融危机后，世界各国纷纷推出了本国的新兴产业发展战略，美国提出先进制造国家战略计划，德国推出"工业 4.0"战略，法国出台了振兴工业计划以及中国提出的《中国制造 2025》、"互联网 +"行动计划。世界主要经济体都把绿色节能环保、新材料、新能源、生物工程等新兴产业作为本国优先发展产业，特别是加快推动绿色环保产业发展，如美、日、德等国重点支持节能和新能源汽车的发展；韩国和德国重视绿色创新领域和新增长领域投资。新兴经济体在政府的鼓励下，依靠本国的自然资源优势，积极地引进外资和技术发展高新技术产业。世界主要经济体都致力于推动新兴产业的发展，并给予政策的支持，全球新兴产业发展速度加快。

四、制造业数字化智能化水平不断提升

随着物联网、大数据、云计算、3D 打印和机器人技术的日臻成熟，制造业的生产模式和产业形态随之发生深刻改变。为适应新的生产方式变革，抢占全球制造业的制高点，各国加快推进制造业的数字化和智能化进程。金融危机后美国政府大力发展先进制造业，开启智能时代的再工业化。日本在柔性制造的基础上，掌握了当今比较成熟的智能化制造技术。中国在劳动力和资源成本不断上升的压力下也加速制造企业向智能化转型。企业从大规模批量生产到大规模定制生产，从全能性生产到网络性生产，从制造业信息化到制造业互联网化，从零售代理到电子商务，从集中性创新到众创、众包以及门店体验中心转变。在此背景下，全球机器人市场发展迅猛，企业应用积极性高涨。据 2015 年 2 月国际机器人联合会一份统计报告显示，全球机器人贸易总额目前已达 95 亿美元,若加上相关软件、外围设备和系统工程已达到 290 亿美元。在 3D 打印领域，Canalys 分析机构发布的市场研究报告显示，2014 年全球共售出 13.3 万台 3D 打印机，同比增长 68%，打印机交易量实现跨越式增长。美国数十家公司推出了工业级的 3D 打印机。随着互联网技术与制造技术的加速融合，工业互联网的发展正在推动，全球制造业数字化智能化水平不断提升。

五、全球掀起新一轮企业并购浪潮

在世界经济缓慢回暖的大背景下，全球企业信心整体回暖，企业并购活动

活跃，新一轮企业并购热潮正在形成。2014年全球并购交易规模创新高。据汤森路透的数据，2014年全球并购交易额达3.27万亿美元，较上年同期增长40%。从区域分布来看，北美、亚太、欧洲等地区是掀起本轮全球企业并购浪潮的主要市场。据美国金融杂志《机构投资者》调查显示，美国企业在2014年排名前10的并购与IPO交易中占据的数量最多。亚洲地区也是2014年全球并购潮中的一大亮点，除日本以外的亚洲并购交易总额增速达到48%，创下8022亿美元的新纪录。其中，中国交易总额约为3530亿美元，为2014年表现最活跃的并购市场。此外，欧洲市场也同样发展很快。2014年欧洲大额并购交易策略再次抬头，交易额上升20个百分点至8760万美元。

六、跨国公司加快推进制造业服务化

在新一轮科技革命和产业革命的带动下，制造业生产方式也在发生深刻变革。融合了产品和服务功能的消费者"需求痛点"让企业很难只依靠有形产品自身的功能和质量来维持市场竞争力，制造业服务化已经成为全球产业发展的必然趋势。许多知名跨国企业，如国际商业机器公司（IBM）、通用电气公司（GE）、耐克（NIKE）、罗尔斯—罗伊斯航空发动机公司（ROLLS-ROYCE）、米其林轮胎等传统制造商都已实现向制造服务业的成功转型。曾经的硬件制造商IBM经过10多年的业务整合，现已成功转型为全球最大的硬件、网络和软件服务的提供整体解决方案供应商。耐克、阿迪达斯等运动品牌主要业务集中在产品设计，生产制造全部外包。ROLLS-ROYCE由大型飞机制造企业的供货商转型为发动机维修、发动机租赁和发动机数据分析管理等服务商。全球各大跨国公司通过制造业服务化来提高自身在国际产业分工中的地位，实现从产品制造商到品牌商、供应商的转化。

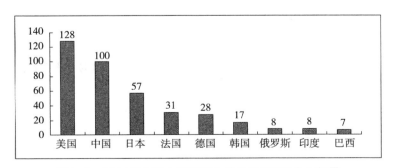

图1-3 2014年全球主要国家入选世界500强企业数量

数据来源：美国《财富》杂志，2015年2月。

七、全球外国直接投资呈现下滑态势

受全球经济增速放缓、政策不确定性和地缘政治风险等影响，2014年全球外国直接投资同比下降8%，降至约1.26万亿美元。据联合国贸发会议2015年1月29日发布的《全球投资趋势监测报告》显示，受跨国公司回购交易等因素影响，2014年流入发达经济体的外国直接投资同比下降14%，约为5110亿美元。美国在全球外国直接投资流入排名中下滑至第三位，吸引的外国直接投资降至约860亿美元，仅相当于2013年的三分之一。由于全球最大外国直接投资流入地的亚洲发展中国家吸引外资继续保持增长，发展中经济体的外国直接投资流入在2014年保持较强的活力，超过7000亿美元，占全球外国直接投资的56%左右，创下有史以来最高水平。就转型经济体而言，由于地区冲突以及西方对俄罗斯的制裁阻碍了外国投资，2014年这些经济体的外国直接投资流入量降幅高达51%，降至450亿美元；俄罗斯的外国直接投资流入量估计下降约70%，降至190亿美元左右。虽然全球经济增速放缓，中国在投资环境和竞争力方面仍保持优势，仍是跨国企业看中的最重要的新兴市场。2014年中国外国直接投资流入量约为1280亿美元，同比增长约3%，为外商直接投资第一大流入国。不过，随着美国经济持续走强、石油价格下跌以及欧元区量化宽松政策都会对外国直接投资产生积极影响。

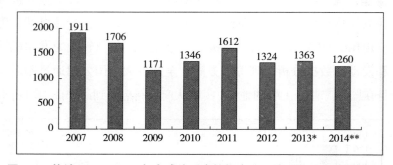

图1-4　估计2007—2014年全球外国直接投资流入量（单位：十亿美元）

数据来源：联合国贸易与发展会议，2015年2月。

注：＊修正，＊＊初步估计。

注：不包括加勒比地区的离岸金融中心。

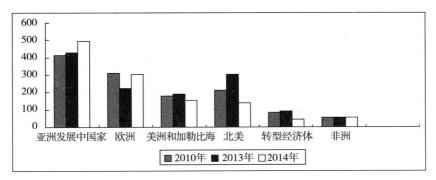

图1-5 估计2012 — 2014年全球各地区外国直接投资流入量（单位：十亿美元）

数据来源：联合国贸易和发展会议 ，2015年2月。
注：拉丁美洲和加勒比地区不包括加勒比地区的离岸金融中心。

八、全球贸易增速放缓，新兴国家贸易比重不断上升

受全球金融市场剧烈波动、美欧对俄经济制裁及国际油价暴跌等因素的影响，全球贸易增长速度放缓。2014 年全球贸易增长 3.1%，比 2013 年下降了 0.2 个百分点。波罗的海干散货运指数回落。2014 年波罗的海干散货运指数基本在海运平衡点（2000 点）以下波动回落，从 1 月 2 日的 2113 点降至 12 月 24 日的 782 点，累计下降 62.9%。BDI 指数大幅下滑表明全球货物对航运需求下降，国际贸易活动低迷。汇丰控股于 2014 年 9 月公布的研究报告显示，随着新兴经济体消费者收入的不断增长及生产者产能的不断提升，预计到 2030 年全球货物贸易额将增长

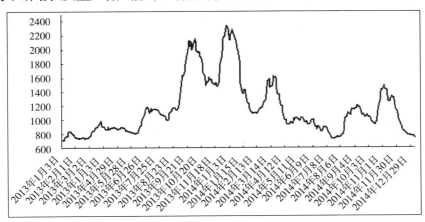

图1-6 波罗的海干散货运指数（％）

数据来源：波罗的海航交所，2015年2月。

3倍以上。其中，中国依然保持在全球贸易中的重要地位，预计到2030年中国的出口额在全球贸易中的占比有望达到29%。国际货币基金组织于2015年1月发布的《世界经济展望》报告指出，2015年全球货物和服务贸易总量将比2014年增长3.8%，2016年增速将加快至5.3%，增幅较10月份预测下调0.2个百分点。

第二节　区域发展总体情况

一、发达经济体

步入2014年，发达经济体经济复苏出现分化迹象。受高新技术、房地产以及页岩气等因素拉动，美国经济呈现持续性复苏；日本经济在消费税上调的压力下正陷入衰退，而受制于财政和货币政策，以及疲弱的出口，欧洲经济停滞不前。

（一）制造业发展不均衡

2014年，美日欧发达经济体制造业生产呈现出不均衡态势。在奥巴马政府一系列重振制造业政策的推动下，美国工业复苏保持了回升的势头，制造业经历了经济衰退以来最好的一年。美国供应管理协会(ISM)公布的制造业采购经理人指数(PMI)数据显示，从2014年3月美国PMI值进入了快速上升通道，并在8月升至59.0，为2011年3月以来最高。2014年欧盟制造业复苏势头脆弱，从4月份起制造业PMI值一直呈现下滑趋势，2014年11月制造业PMI值下滑到50.1，为年初以来的最低值。在日本经济刺激政策的作用不断减弱及消费税等因素影响下，日本制造业陷入衰退。2014年半年以来，日本制造业景气判断指数处于下降趋势。2014年12月制造业景气判断指数从上月13下降为10。

（二）贸易出口额不断上升

金融危机后，发达国家重视发展本国制造业，加大对工业品出口的扶持力度，产品出口量持续增加。在美国大力推动出口倍增计划政策的推动下，美国商品出口持续增长，贸易逆差有所缓解。美国商务部2015年2月公布的数据显示，2014年美国企业出口了2.35万亿美元的商品和服务，连续五年创出历史新高，出口值比2009年增长约50%。日本受货币政策和日元贬值影响，2014年日本进出口总额达159万亿日元，其中出口额和进口额分别为73.1万亿日元和85.9万亿日元，同比分别增长了4.8%和5.7%。

（三）失业率缓慢下降，就业出现明显改善

2014 年美国的就业状况大幅改善。美国劳工部统计局 2015 年 1 月公布的数据显示，2014 年，美国非农就业人数总共增加了 295 万人，是 1999 年以来新增就业人数最多的一年。平均每月新增 24.6 万个就业机会。同时，从 2013 年 12 月至 2014 年 12 月，美国的失业率下降了 1.2%，为 1984 年以来失业率降幅最显著的一年。欧盟经济出现的转机迹象使欧盟失业人数略有减少。根据欧盟统计局数字，2014 年二季度欧元区的就业人数为 1.465 亿人，环比增长 0.2%，同比增长 0.4%；欧盟整体的就业人数为 2.249 亿人，环比增长 0.3%，同比增长 0.7%。日本制造业新增岗位增加，失业率稳中有降。据日本厚生劳动省公布的数据，2014 年日本失业率水平小幅波动，4 月失业率最高水平为 3.9%，最低水平出现在 12 月为 3.4%，其中，12 月日本新增就业岗位比前一个月增加了 4.7%，而比 2013 年同期增加为 5.6%。

二、新兴经济体

由于受经济结构调整、出口下滑、大宗商品价格持续低迷等因素影响，新兴经济体经济蒙上了浓重的阴影，普遍出现经济增长动力不足、工业增速放缓、资本外逃以及货币大幅贬值等现象。面对危机，各国采取了一系列刺激经济发展的措施，积极扩大内需，加大政府投资，广泛开展经贸合作，推动产业转型升级，促进工业快速发展。

（一）通货膨胀影响工业发展进程

金砖国家在工业发展过程中一直受高通胀的袭扰。在金砖五国中，按 2001 至 2010 年的 CPI 平均值计算，中国的通胀水平最低，年均通胀速度约为 2.20%；俄罗斯通胀水平最高，年均通胀速度达到 12.6%；其余三个国家均在约 6% 的水平。据巴西国家地理统计局最新数据显示，2012 年、2013 年、2014 年巴西通胀率分别高达 5.84%、5.91%、6.41%。受俄罗斯禁止和限制产品进口影响，俄罗斯 2014 年通货膨胀率将达约 11.5%，通胀水平继续攀高。通货膨胀对工业最直接的影响就是企业的原材料、能源和人力成本等生产资料的价格涨幅高于其销售商品的价格涨幅，增加了企业生产成本，减少了企业的利润空间。虽然巴西和印度等国家已经采取货币紧缩政策，但是并不足以控制通胀发展的趋势。另外，全球经济增速放缓及大宗商品价格下跌严重打击以能源出口为主的新兴国家，全球对新

兴市场制成品及俄罗斯、巴西等资源国的矿产需求随之减弱。金砖国家较高的通货膨胀率将影响其未来工业发展。

（二）出口大幅下滑，贸易赤字不断扩大

受全球金融市场动荡、地缘政治危机及市场需求低迷的影响，新兴经济体出口增速下滑。2014年，巴西对外贸易14年来首次出现贸易逆差。2014年1—11月，巴西累计贸易逆差额达到42亿美元。2014年俄罗斯实现外贸总额7938亿美元，同比下跌5.7%。其中，出口额为5072亿美元，与2013年相比下降3.8%，进口额为2868亿美元，与2013年相比下降8.9%。2014年1—4月，南非累计贸易赤字为409.58亿兰特，较2013年同期增长102.98亿兰特。其中，2014年4月，南非贸易赤字由上月的119亿兰特扩大至130亿兰特，其中出口环比减少20.6亿兰特，进口环比减少9.1亿兰特。

（三）绿色产业发展迅猛

新兴经济体工业发展正由传统模式向绿色工业经济转型，各国政府出台了一系列鼓励措施发展绿色工业。为缓解电力供应短缺的困难，巴西政府正在抓紧研究出台光伏产业鼓励政策，并拟于2015年7月前公布。如果相关免税政策获得批准，至2024年，巴西可拥有79.5万套光伏设备，装机容量达到2435兆万。在生物燃料产业，目前在巴西的27个州中已经有23个州建立了开发生物柴油的技术网络。同时，巴西政府推出各种信贷优惠政策、设立专项信贷资金等一系列金融支持政策。巴西正利用自身的独特优势，借助新技术减少对传统能源的依赖，在新技术新能源的利用上实现节能减排，积极发展绿色工业。为了减少汽油、柴油等传统能源汽车给城市带来的巨大污染，俄罗斯大力支持新能源汽车的推广与使用。2014年南非贸工部制定电动汽车行业发展规划，鼓励电动汽车在本地生产的建议。在南非政府推出的"可再生能源保护价格"、"可再生能源财政补贴计划"、"可再生能源市场转化工程"、"可再生能源凭证交易"以及"南非风能工程"等一系列财政措施支持下，南非绿色工业将得到快速发展。

三、最不发达经济体

2014年，非洲经济尽管受到埃博拉疫情肆虐、恐怖势力干扰、国际油价下跌等一系列不利因素影响，但得益于丰富的能源矿产、外部投资和基础设施建设拉动，非洲经济仍保持了引人注目的高速增长。据国际货币基金组织（IMF）发

布的《撒哈拉以南非洲地区经济展望》报告预测，2014年撒哈拉以南非洲地区经济有望继续保持增长态势，增长率由2013年的5%增至5.5%，基础设施、矿业、交通运输和通信业等领域投资增加及农业产出的回升，是拉动地区经济发展的关键因素。发达国家也不断加强与非洲的经济合作，在援助、贸易、交通运输、电力和其他基础设施建设等领域加大投资力度。2014年，中国在非洲投资将达到2460亿美元，并以每年16%的速度增长。随着最不发达国家中产阶级队伍不断壮大，消费能力提高，市场潜力显现，经济增长后劲将越来越足。

（一）工业总体比较脆弱，区域差异明显

最不发达国家工业总体上还比较脆弱，经济基础较弱的地区发展速度较快。据联合国工发组织发布的《2014年第三季度全球制造业增长报告》显示，2014年第三季度非洲制造业同比增长7.4%，相对于第二季度6.0%的增速略有上升。联合国贸发会议发布《2014年最不发达国家报告》显示，亚洲最不发达国家在制造业生产活动的增长中表现最为强劲（在总产出中的占比提高了5个百分点），人均国内生产总值年增长率达3.3%以上，表现优于其余最不发达国家。相反，非洲最不发达国家的人均产出增速较慢，年均增速仅为1.9%。在几内亚和赞比亚等专门出口矿产品的国家中，增长停滞不前。

（二）出口强劲增长，外资不断增加

由于商品价格稳定、贸易政策有吸引力和区域一体化程度高，非洲的出口增长比世界其他地区都要快。制造业和服务业吸引大量外国直接投资流入非洲，2014年非洲吸引外资达到671亿美元。近年来撒哈拉以南非洲地区不断有新的油气资源发现，大量的石油出口使得石油出口国经济增长较快。例如，非洲开发银行数据显示，2014年非洲对外融资突破2000亿美元，大约为2000年的4倍。非洲头号石油大国尼日利亚2014年经济增速将达到7%，高于撒哈拉以南非洲平均6.2%的增速。在吸引外资方面，国际知名财务咨询机构安永发布的"2014年非洲吸引力"调查报告显示，2014年非洲外资吸引力在全球名列第二。其中，新兴的高增长国家如安哥拉、加纳、莫桑比克、赞比亚、坦桑尼亚和乌干达等都在外国直接投资项目增长排行榜上名列前茅。新兴经济体对非洲投资强度不断增大。特别是在非洲与欧洲等地区贸易下滑的形势下，中非双边经贸合作继续保持强劲增长势头。据中国海关统计数据显示，2014年中国与非洲双边贸易总额达

到 2218.8 亿美元，同比增长 5.5%，创历史新高。其中，中国对非洲出口额达到 1061.5 亿美元，首破千亿美元大关，增长 14.4%。

（三）新兴产业发展较快，新能源市场发展潜力巨大

随着非洲地区社会的稳定以及政府对新兴产业发展的重视，2014 年非洲的新兴产业迎来较快发展。卢旺达选择信息技术产业作为本国的发展重点。电子政务是卢旺达加强信息通信基础设施建设的一个重要方面，为推动电子政务在国内的应用，卢旺达政府不仅要求政府机构办公无纸化，还专门成立电子政务主管部门以制定详尽的相关技术标准。卢旺达政府并计划在距首都基加利 30 公里到 40 公里的地方建设一座科技城，以吸引国内外企业在此设立电子政务的分支机构。尼日尔政府也越来越重视发展节能环保产业。2014 年尼日尔计划、国土整治和地方发展部与非洲经济保障与合作基金会在贝宁科托努市签署了总额为 80 亿西非法郎（约 1600 万美元）的两项优惠担保协议。支持尼菲林盖—塔瓦公路改造工程的菲林盖—阿巴拉—萨那路段和多索、塔瓦和蒂拉贝里农村地区太阳能供电项目提供融资担保，金额分别为 30 亿西非法郎和 50 亿西非法郎。在新能源领域，尼日利亚政府致力于将创新太阳能产品加入到各式各样的先进经济体系中，如救援中心、远程医疗办公室、写字楼和零售中心等。尼日利亚政府能源部门大力发展太阳能电力，该国对于可再生能源的追求，也代表了非洲的能源未来。

第三节　重点行业发展情况

一、原材料工业

2014 年全球经济发展明显分化，发达经济体经济分化加剧，发展中经济体增长继续放缓。在此背景下，石化化工行业受石油价格下跌影响成本下降；钢铁行业粗钢产量下降，钢材价格震荡走低；有色行业铜、铝、铅、锌品种出现分化，铅供给过剩，铜、铝、锌供给短缺；建材行业中水泥市场有所好转，平板玻璃产量不断增加；稀土行业供应继续多元化，除中国以外地区加工产能不断增加。

分区域来看，亚洲地区粗钢产量 11.11 亿吨，占全球粗钢产量的 67.86%；欧洲地区粗钢产量 2.05 亿吨，占全球粗钢产量的 10.33%；北美洲和独联体粗钢产量分别为 1.21 万吨和 1.05 万吨，分别占全球粗钢产量的 7.39% 和 6.41%；南美洲、中东、非洲和大洋洲的粗钢产量分别占全球粗钢产量的 2.75%、1.71%、0.98%

和 0.37%。

从重点行业发展来看，2013 年 9 月以来，受利比亚石油恢复供应，沙特、伊拉克和安哥拉等欧佩克成员国以及俄罗斯和美国等非欧佩克成员国产量持续增加的影响，全球原油供给持续增长，2014 年 12 月达 93.3 百万桶 / 天。在钢铁行业，2014 年全球粗钢产量略有下降，纳入统计的 65 个国家粗钢产量为 16.4 亿吨，同比下降 0.78%。在有色金属领域，受中国、日本、中国台湾、韩国等铜需求增长带动，2014 年全球铜矿产能为 2182 万吨，产量为 1834 万吨，较 2013 年均有所增长；2014 年全球原铝供应 4970 万吨，原铝需求量为 5055 万吨，较 2013 年增加 349.3 万吨；受市场对美联储加息预期增强、中国经济数据疲弱等因素影响，2014 年全球精炼铅产量为 1030.7 万吨，较 2013 年下降 2.4%；2014 年全球精炼锌产量为 1351.3 万吨，同比增长 5%。在稀土行业，随着全球稀土供应多元化的发展，2014 年中国以外地区的稀土供应量至少为 3.755 万吨（换算成 REO 氧化物，下同），同比大幅增长 2.2 倍，世界稀土供应量约为 14.755 万吨。

二、装备制造业

2014 年世界装备工业生产指数呈震荡调整态势。其中 4 月份世界主要国家生产指数均有所回落，其中，中国 150.8，较 3 月份回落 1.9 点；德国生产指数 114.0，较 3 月份回落 5.9 点；日本 98.3，较 3 月份回落 20.3 点；美国生产指数 122.7，较 3 月份回落 3.1 点；此外，韩国、南非、印度、英国和法国生产指数分别为 120.0、103.2、89.4、97.9 和 98.4，较 3 月份分别回落 0.7 点、4.5 点、56.8 点、15.4 点和 7.3 点。

从主要国家和地区来看，尽管受俄罗斯危机拖累，德国装备制造业 2014 年仍取得历史最好成绩。据德国机械设备制造业联合会（VDMA）报告，由于对美国、中国及欧盟伙伴国业务增长，2014 年德国装备制造业销售额 2120 亿欧元，产值 1990 亿欧元，均超过此前在 2008 年达到的最高水平前，2014 年前 10 个月产值增长 1%。2014 年，日本新车销量同比增长 3.5%，达到 556.29 万辆，连续三年实现同比增长。2014 年 4 月，日本政府将消费税从之前的 5% 上调至 8%。汽车业遭受严重打击，由于微型车价格相对较低，燃油经济性较高而受到追捧，微型车品牌中铃木汽车以年销量 70.91 万辆居第一位，这是该公司时隔 7 年后再次回到榜首。据韩联社报道，2014 年韩国五大车企（现代、起亚、通用韩国、雷诺三星及双龙）在全球范围的销量实现小幅上涨。五大车企 2014 年全球销量总计达到 895 万辆，在 2013 年 861 万辆的基础上提升了 3.9%。其中五大车企在韩国本土售出 145 万辆汽车，同比上涨 5.8%；海外市场销量达到 749 万辆，同比提升了 3.5%。

三、消费品工业

受困于消费疲软和消费者信心不足，2014 年全球消费品工业增长亦不乐观。发达经济体消费品工业增速持续下滑，部分行业增长停滞甚至陷入负增长，且形势日益悲观。发展中国家消费品工业增长低于预期，且增速持续下滑。

消费品行业增长呈现分化态势。2014 年 3 季度，除烟草、纺织、皮革与鞋帽、木材加工（不含家具）、家具及其他制造业增速高于整体制造业外，增速分别为 7.3%、3.8%、4.2%、3.3% 和 6.1%，食品与饮料、服装、造纸、印刷与出版、橡胶与塑料增速均低于整体制造业，增速分别为 2.8%、1.2%、1.4%、1.6% 和 2.9%。

表 1-1　2014 年前 3 季度全球主要消费品行业产出同比增速

行业	2014Q1	2014Q2	2014Q3
食品与饮料	4.0%	4.0%	2.8%
烟草	18.7%	9.4%	7.3%
纺织	4.9%	5.1%	3.8%
服装	7.2%	3.5%	1.2%
皮革与鞋帽	7.1%	4.1%	4.2%
木材加工（不含家具）	3.0%	4.2%	3.3%
造纸	4.9%	1.4%	1.4%
印刷与出版	1.2%	1.3%	1.6%
橡胶与塑料制品	6.2%	4.7%	2.9%
家具及其他制造业	9.0%	5.5%	6.1%
整个制造业	4.8%	3.4%	3.0%

数据来源：UNIDO，2015 年 1 月。

从区域角度及其原因来看，发达经济体消费品工业增长的贡献主要来源于美国消费品工业的复苏。由于消费需求疲软、通缩加剧、地缘政治紧张等因素，欧盟消费品工业增长接近停滞。出于走出通缩困境和减少债务目的，日本于 4 月 1 日起消费税从 5% 提升到 8%，但该项政策不仅没有达到预期目标，反而抑制了居民消费，导致消费品工业增长亦不乐观。EIE 及其他发展中国家制造业增速下滑，消费品工业增长低于预期，且增速持续下滑。

四、电子信息制造业

电子信息制造产业是当今世界上最具竞争力的战略性产业。随着全球经济温和增长，延续 2013 年世界电子信息制造产业的缓慢回升态势，2014 年世界大多数国家和地区电子产品产销恢复增长或降幅缩小。在工业互联网、工业 4.0 等相关政策的推动下，以美国、欧洲为代表的发达国家电子信息制造产业规模呈现回温态势，主要发达国家对于世界电子信息制造产业的带动力有所增强，但增长幅度依旧有限。巴西、印度、墨西哥等新兴国家电子信息制造产业规模增长势头强劲，成为领导全球电子信息制造产业发展的重要力量。

表 1-2　2013 年世界电子产品产值排名前十的国家和地区　　（单位：百万美元，%）

国家和地区	2011年		2012年		2013年	
	产值	增长率	产值	增长率	产值	增长率
中国	553040	10.4	587435	6.2	611989	4.2
美国	245851	−0.7	237662	−3.3	238523	0.4
日本	200443	−5.3	169875	−10.5	167182	−1.6
韩国	107405	1.2	107794	−0.9	113044	4.9
中国台湾	60807	10.2	66675	−0.5	71184	6.8
德国	65887	8.3	62116	−13.0	62031	−0.1
马来西亚	59406	3.8	58817	−4.6	60489	2.8
新加坡	60987	−0.3	58353	−4.3	59248	1.5
墨西哥	52385	−0.5	51966	−0.8	52969	1.9
巴西	42328	13.8	37424	−11.6	41454	10.8

数据来源：The Yearbook of world Electronics Data 2013，赛迪智库整理，2015 年 3 月。

表 1-3　2013 年世界电子产品市场规模排名前十的国家和地区　　（单位：百万美元，%）

国家和地区	2011年		2012年		2013年	
	产值	增长率	产值	增长率	产值	增长率
美国	407098	3.52	407458	0.09	410166	0.66
中国	352163	9.35	373287	6.00	393191	5.33
日本	178529	−0.90	168283	−4.31	168298	0.01

（续表）

国家和地区	2011年		2012年		2013年	
	产值	增长率	产值	增长率	产值	增长率
德国	90042	3.71	77396	−14.04	78201	1.04
巴西	58803	13.92	53914	−8.31	57792	7.19
韩国	51578	1.01	51576	0.00	53012	2.78
英国	46605	5.98	44029	−5.53	44266	0.54
墨西哥	39846	4.00	40552	1.77	42267	4.23
印度	38284	12.77	37339	−2.47	40614	8.77
法国	44779	3.81	38905	−13.12	39146	0.62

数据来源：The Yearbook of world Electronics Data 2013，赛迪智库整理，2015 年 3 月。

从主要国家和地区电子信息制造产业发展情况来看，美国的电子信息制造产业发展实力仍在全球市场中占据优势。在信息通信技术、能源技术革命、制造业高端技术的研发和利用方面，美国均具有突出的比较优势，且能够引领全球技术和商业模式创新。日本受经济长期走低影响，其电子信息制造产业的国际地位有所下滑。为了扭转这一现状，日本政府加大对大数据及数据开发和云计算的投资支持力度，使得 2014 年日本电子工业国内生产总额同比增长 3%，成为继 2011 年东日本大地震后持续下跌以来的首次正增长。中国电子信息制造产业规模在 2014 年稳步扩大，全年完成销售收入达 14 万亿元，同比增长 13%。同时，中国在参与电子信息制造产业国际标准制定方面的话语权不断增强，2014 年主导制定了在云计算、物联网、射频连接器、同轴通信电缆等领域的国际标准制定，提升了在世界电子信息制造产业发展中的地位。中国台湾的电子信息制造产业同样在全球占据重要地位。2014 年台湾对美国出口年增 7.1%，对欧洲出口年增 3.5%，对亚洲出口年增长 2.6%，其中，对中国大陆及中国香港、东盟六国与日本的出口值都创历年新高。

五、软件产业

2014 年，全球软件产业保持平稳增长，全球软件产业规模达 15003 亿美元，同比增长 5%，高于 2013 年和 2012 年增速。但受全球经济复苏缓慢、新兴经济体市场需求释放不足、IT 深化转型等因素影响，全球软件产业还未恢复到 2011 年两位数增长的水平。

分国家来看，2014 年，在经济强劲复苏的推动下，美国软件产业保持较快增长态势，占全球软件产业的市场份额仍在 30% 以上。美国软件产业的市场份额全球领先，信息技术实力突出。美国凭借其强大的计算机技术、通信技术以及网络技术构成信息技术产业的基础架构，推动软件和信息技术服务业的快速发展，信息技术服务市场份额占全球 40% 以上。2014 年 1—12 月，日本信息服务业销售额为 106149 亿日元，同前年比增长 102.8%，其中咨询调查类业务增长速度最快，同比增长 104.9%。2014 年，印度软件与信息技术服务业（IT-BPM：信息技术及业务过程管理）保持高速发展态势。根据印度软件和服务业企业协会（NASSCOM）的统计数据，2014 年印度软件与信息技术服务业总产值达到 1300 亿美元，同比增长 8.8%。

分行业来看，在基础软件方面，截止到 2014 年 8 月，Android 操作系统占据了 54.87% 的市场份额，呈现上升趋势；苹果 iOS 操作系统的市场份额为 23.57%，基本保持持平；塞班、Bada 等操作系统的市场份额呈现出明显的下降趋势。Unix、Linux 和 Windows 在服务操作系统领域依然呈现出三足鼎立之势，市场份额旗鼓相当。甲骨文数据在商业数据库领域的市场份额位居全球首位，2013 年其市场份额达到 47.4%，超过了随后四家厂商市场份额的总和。2014 年全球开源数据库受到了广泛的欢迎，发展势头良好。MySQL 在开源数据库领域保持了较快的增长势头，占据了全球 56% 的市场份额，其用户遍及全球各个地区。在工业软件方面，2014 年全球企业级软件市场规模为 3175 亿美元，同比增长 5.5%，基本维持了自 2012 年以来的高速增长态势，但从增长速度看远不及预期。在信息技术服务方面，2014 年信息技术服务业保持稳中有增的态势，2014 年业务营收达到 9560 亿美元，相较 2013 年市场营收增长 3.2%。在云计算方面，2014 年，全球云计算服务市场规模达到 1528 亿美元，增长 17%。全球企业的云服务预算中，SaaS 服务（软件即服务）市场份额占比最高，达到 49%。IaaS 服务（基础设施即服务）、PaaS 服务（平台即服务，18%）分别为 28% 及 18%。在大数据方面，2014 年全球大数据市场规模达到 285 亿美元，同比增长 53.2%。大数据成为全球 IT 支出新的增长点。Gartner 数据显示，2014 年数据中心系统支出达 1430 亿美元，比 2013 年增长 2.3%。大数据对全球 IT 开支的直接或间接推动将达 2320 亿美元，预计到 2018 年这一数据将增长三倍。

区 域 篇

第二章　美国

第一节　发展概况

美国是当今世界上规模最大的工业化国家，工业门类齐全，体系完整，既包括钢铁、汽车、化工、石油、飞机、机械、造船、电力、采矿、冶金、制药、食品等传统工业部门，也包括微电子、计算机、宇航、新能源、新材料等新兴工业部门，其中电子电器、光电、宇航、清洁能源、生物制药等居世界领先水平。

2014年，美国工业复苏保持了回升的势头，制造业经历了经济衰退以来最好的一年。美国供应管理协会（ISM）公布的历月制造业采购经理人指数（PMI）数据显示，2014年1月PMI由2013年12月的56.5降至51.3，为2013年5月以来最低点。2月，美国制造业开始复苏，PMI回升至53.2，扭转了连续两个月的

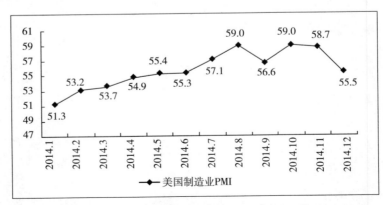

图2-1　2014年1月—12月美国制造业PMI值

数据来源：美国供应管理协会（ISM），2015年2月。

下滑局面。从 3 月起进入了快速上升通道，并在 8 月升至 59.0，为 2011 年 3 月以来最高。在 9 月出现扩张速度放缓的情况下，10 月再次上升至 59.0，逼平 8 月的数值。但是，从 11 月开始，PMI 上升势头受到打压，出现了回落，并一直持续到 2015 年年初，不过仍在 50 的分水岭之上，显示出虽然出现了震荡调整，但美国制造业复苏的大趋势没有发生变化。

一、传统工业增长出现分化

2014 年美国传统工业部门的增长形势出现较明显的分化。美国钢铁协会 2015 年 2 月发布报告称，美国钢铁公司 2014 年第 4 季度实现收入 40.7 亿美元，利润 2.75 亿美元。2014 年全年，美国钢铁公司实现盈利 1.02 亿美元，是自 2008 年以来的首次扭亏为盈。同时，自 2014 年 6 月以来，石油价格开始进入下滑通道。2014 年 11 月，以沙特为首的石油输出国组织（OPEC）做出放弃减产的决定使得油价大幅下挫，美国的页岩油公司遭遇重大打击，纷纷通过减产裁员来应对利润下滑的局面。美国石油钻井平台在 2015 年 1 月的最后一周关闭了 94 口至 1223 口，创下三年来油井数新低，创 1987 年开始收集相关数据以来最大单周跌幅。2014 年，由于贷款环境宽松、家庭财务状况改善、汽油价格下降等因素的影响，美国轻型车销量同比增长 6%，至 1653 万辆，这是美国汽车销量连续第五年实现增长。

二、新兴工业保持稳健增长

2014 年美国新兴工业部门继续保持了稳健的增长势头。彭博社新能源财经和可持续能源商业委员会 2015 年 1 月联合发布报告称，2014 年，美国清洁能源投资同比增长 7%，从 2013 年的 480 亿美元提高至 520 亿美元，排在世界第二。2014 年，美国新建风机数量位居世界第二；新增太阳能装机容量位居世界第三。同时，美国继续保持全球规模最大的电动汽车市场的地位，2014 年的销量突破 10 万辆大关，达到 119710 辆，较 2013 年增加 22.7%。其中加州的销量最大，甚至超过了一些国家。另外，风险资本支持的美国生物医药公司迎来了丰收大年，2014 年兼并交易预付金额达到近 10 年最高，高达 45 亿美元。兼并金额最高的案例包括 Genentech 斥资 7.25 亿美元收购美国 Seragon Pharmaceuticals 以及强生以 17.5 亿美元收购生物制药公司 AliosBioPharma。

三、技术创新力度持续加大

制造业为美国提供了接近 17% 的就业机会，对美国的经济振兴具有举足轻重的作用。自从 2008 年奥巴马当选总统之后，先后通过加大资助制造业扩展伙伴关系（MEP），建立先进制造伙伴（AMP）等计划不断增加对美国制造业的投资。2014 年以来，奥巴马多次强调制造业复兴对美国的重要性。在 2014 年 1 月的国情咨文中，奥巴马明确表示美国应牢牢把握科学技术优势，带动制造业形成新一波发展热潮。2014 年 12 月，奥巴马宣布将继续投资支持学徒计划以及新建制造业创新中心。从 2011 年到 2014 年，美国联邦政府的制造业研发投资由 14 亿美元增至 19 亿美元，增长 35%。在此背景下，以高端制造业技术创新和清洁能源技术投资为代表的领域成为推动美国制造业复兴的关键，而以国家制造业创新网络（NNMI）为代表的政府促进的公私合作成为制造业复兴的驱动力。

四、贸易出口额度再创新高

出口在美国经济复苏中发挥了关键的作用。美国商务部 2015 年 2 月公布的数据显示，2014 年美国企业出口了 2.35 万亿美元的商品和服务，连续五年创出历史新高，出口值比 2009 年增长约 50%。其中，商品出口增加 2.7% 至 1.64 万亿美元，包括资本商品、消费者商品、汽油商品、食品、饲料和饮料、汽车与配件在内的关键领域创下最高纪录。以旅游、运输、知识产权使用费用和金融服务为主导的服务出口创下历史高位 7103 亿美元。服务出口贸易盈余达到纪录水平2318 亿美元，相比 2013 年增长 2.9%。自 2009 年以来，美国出口上升逾 7600 亿美元，为美国贡献了三分之一的经济增长，出口支持型岗位增加 160 万个，与出口有关的工作和其他工作相比，收入平均高了 18%。

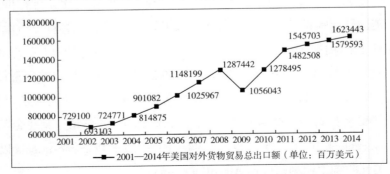

图2-2　2001—2014年美国对外货物贸易总出口额

数据来源：美国商务部，2015 年 2 月。

五、就业出现明显改善迹象

2014 年美国的就业状况大幅改善。美国劳工部统计局 2015 年 1 月公布的数据显示，2014 年，美国非农就业人数总共增加了 295 万人，是 1999 年以来新增就业人数最多的一年。平均每月新增 24.6 万个就业机会。2014 年 12 月，美国非农就业人数增加了 25.2 万人，失业率降至 5.6%，是自 2008 年 6 月以来的最低点。同时，从 2013 年 12 月至 2014 年 12 月，美国的失业率下降了 1.2%，为 1984 年以来失业率降幅最显著的一年。以上的数据反映了美国就业市场的积极一面。但是另一方面，2014 年 12 月，美国的就业参与率为 62.7%，降至 1977 年 12 月以来最低水平，表明很多人由于长期找不到工作选择退出了就业市场，显示美国就业市场暂时依旧疲软，距离实现质的改变还很遥远。

第二节　产业布局

美国工业的分布大体上分为三大地区。在东北部，所属十四个州的面积仅占国土面积的 8%，却集中了 50% 的制造业、80% 的钢产量和 90% 的汽车产量。在西部，航空、造船、电子和导弹等工业部门工业产值占全国工业产值的 10%。在南部，石油、化工、造船和军工等工业部门工业产值占全国工业产值的 20%。

美国工业的分布呈现出由东向西向南发展的历史趋势。西起密西西比河，东至大西洋沿岸，南起俄亥俄河和波托马克河，北至密执安湖、伊利湖和安大略湖岸以南，以及新英格兰南部的东西狭长地带被称为美国的制造业带，是美国工业发展最早的地区。战后，在西部太平洋沿岸的加州，一些与军事有关的新兴工业部门，如造船、飞机、导弹、电子、汽车装配等得到巨大发展。南部得克萨斯等州的产油区，逐步发展成为重要的石油化工中心。20 世纪 70 年代以来，经济和人口出现南移现象。被称为阳光地带的南部和西部工业发展较快，其速度大大超过东北部地区。近年来，越来越多的传统制造业开始向成本更低的美国南部地区集聚，美国南部地区制造业呈现快速发展势头。

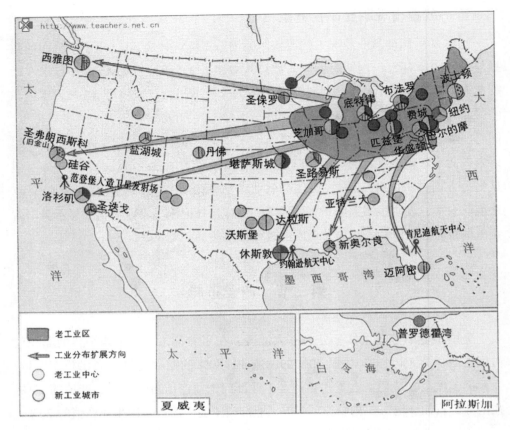

图2-3　美国工业分布地区的变化

数据来源：赛迪智库整理，2015 年 2 月。

第三节　政策动向

一、政策概述

2008 年金融危机之后，为促进美国经济复苏，奥巴马政府把重点放在重振制造业上，推出了一系列政策措施。2009 年 4 月，奥巴马首次提出重振制造业战略构想；11 月，再次提出美国"再工业化"战略；12 月，颁布《重振美国制造业框架》，美国重振制造业战略正式开始。2010 年 8 月，通过《制造业促进法案》，拟从 7 个方面破解制造业发展难题。2011 年 2 月，发布《美国创新战略：

确保经济增长与繁荣》，提出了未来一段时期推动美国创新的战略规划和措施；6
月，提出"先进制造伙伴计划"，加强对新兴制造技术的投资，提高美国制造业
的全球竞争力。2012 年 2 月，美国总统执行办公室国家科技委员会在"美国先
进制造业国家战略计划"中围绕中小企业、劳动力、伙伴关系、联邦投资以及研
发投资等提出五大目标和具体建议。2013 年 2 月，在国情咨文中，奥巴马表示
计划建设一个包含 15 个制造业创新中心的全国性网络，希望专注于 3D 打印和
基因图谱等各种新兴技术；3 月，美国白宫科技政策办公室发布了《机器人技术
路线图：从互联网到机器人》，总结了机器人和自动化技术在美国经济中的战略
重要性，勾勒出一个富有远见的研究和开发路线图。2014 年 1 月，在国情咨文中，
奥巴马承诺投资支持新计划，将利用行政命令再开设 4 家制造业创新中心；4 月，
奥巴马和拜登在宾夕法尼亚州的一家社区学院宣布将投入 6 亿美元为美国制造业
培训学徒；6 月，美国商务部在"选举美国"夏季论坛提出，袜子、玩具与信息
技术服务和有轨电车一样，也可以回流到美国本土生产，进一步提升了美国制
造业回流的深度和广度；同月，美国白宫首次举办了创客嘉年华（Maker Faire），
奥巴马宣布了由白宫主导的推动创客运动的整体措施；10 月，美国先进制造业
联盟指导委员会发布《振兴美国先进制造业》报告 2.0 版，该报告为 2011 年 6
月报告的延续，指出加快创新、保证人才输送管道、改善商业环境是振兴美国制
造业的 3 大支柱；11 月，经由美国众议院修改通过了《振兴美国制造业和创新
法案 2014》，对《国家标准与技术研究院（NIST）法案》进行修改，授权商务部
部长在 NIST 框架下实施制造业创新网络计划，在全国范围内建立制造业创新中
心；12 月，奥巴马在"总统出口委员会"会议上宣布，将投入近 4 亿美元支持"学
徒计划"以及新建两个制造业创新中心。综上所述，为了使美国保持全球制造业
的领先地位，美国政府将持续不断推出新的政策举措来助力推动。

表 2-1　2009—2014 年美国重振制造业的重要政策

时间	标题	主要内容	对制造业重要影响
2014年11月	振兴美国制造业和创新法案	在国家标准与技术研究院（NIST）框架下实施制造业创新网络计划，在全国范围内建立制造业创新中心	加快美国制造业的技术创新及商业应用的步伐

（续表）

时间	标题	主要内容	对制造业重要影响
2014年10月	振兴美国先进制造业2.0版	为美国的先进制造业发展总结了3大支柱：加快创新、保证人才输送管道及改善商业环境	保证美国先进制造业良好的发展势头
2014年4月	美国学徒计划	资助社区学院和雇主合作，设立适应未来工作需要的培训项目。投入学徒培训扩大计划，集中在信息技术、医疗以及高级制造业等领域	培训包括高级制造业、信息技术和医疗等行业所需的高级技术工人
2013年3月	美国机器人路线图	强调机器人技术在美国制造业和卫生保健领域的重要作用	提出了未来5到15年制造业机器人所要解决的关键能力
2012年3月 2013年1月	美国制造业创新网络计划	计划建设一个包含15个制造创新中心的全国性网络，专注于3D打印和基因图谱等新兴技术	利用高科技全面提升美国制造业，将美国转变成全球的高科技中心
2012年2月	美国先进制造业国家战略计划	围绕中小企业、劳动力、伙伴关系、联邦投资以及研发投资等提出五大目标和具体建议	促进美国先进制造业的发展
2011年11月	美国制造业复兴计划	从投资、贸易、劳动力和创新等方面提出了促进美国制造业复兴的四大目标及相应的对策措施	确定美国保持制造业全球竞争力的路径
2011年6月	先进制造业伙伴关系计划	创造高品质制造业工作机会以及对新兴技术进行投资	提高美国制造业全球竞争力
2011年2月	美国创新战略：确保经济增长与繁荣	新的创新战略提出了五个新的行动计划	在美国重点优先领域实现突破
2010年8月	制造业促进法案	大规模投资清洁能源、道路交通、改善宽带服务，消减企业部分关税	破解制造业发展难题
2009年11月	美国"再工业化"战略	促进制造业增长，让美国回归实体经济	推动美国制造业回归

数据来源：赛迪智库整理，2015年2月。

二、重大政策简析

（一）美国重振制造业框架

2009年12月的《重振美国制造业框架》从七个方面设计了重振制造业的政策框架。第一，为工人提供更多提高劳动技能的机会，提高劳动生产率。第二，为新技术研发进行大规模投资，创造有利于技术扩散的商业环境。第三，为制造业投资建立稳定而有效的资本市场。第四，发挥制造业和社区之间的良性互动作用，促进社区集聚和创新，为大规模制造业特别是汽车制造业的发展建立良好的基础。第五，投资于先进交通基础设施，改善电力、网络、通信等基础设施。第六，打开国外市场，为制造业产品创造更大规模的需求。第七，改善制造业所处的税收、金融等商业环境。

美国重振制造业框架从理论出发，结合制造业发展的特点，提出了具有针对性的政策措施，是美国重振制造业政策措施的纲领性文件。

（二）美国制造业促进法案

2010年8月，奥巴马签署《制造业促进法案》，拟从7个方面破解制造业发展难题，即：改善培训教育系统，使工人获得必要的劳动技能；为创造新技术和新的商业操作规范而进行投资，鼓励不能立即投入商业运营的基础性研究，保护知识产权；为商业投资提供稳定而有效的资本市场，资助中小企业，加强金融监管，使金融业服务实体经济；建设产业集群，完善产业结构，帮助相关地区和工人实现转型；投资于包括交通电池、高速铁路和下一代信息和通信技术在内的先进交通和信息基础设施；确保美国商品在国内和国际市场上拥有销路和公平的竞争环境；改善商业环境，使法律、税收和监管机制利于美国制造业的发展。

《制造业促进法案》使美国重振制造业框架成为正式法律条文，对大型和小型制造企业的发展都起到推动作用，进而带动美国经济的复苏。

（三）美国创新战略

2011年2月，美国政府发布了《美国创新战略：确保经济增长与繁荣》，提出了未来一段时期推动美国创新的战略规划和措施。新的创新战略对2009年发布的《美国创新战略：推动可持续发展，创造高水平就业》进行了深化与升级。从"创造就业"到"确保经济增长和繁荣"，这一措辞上的变化体现了美国政府对创新的重视和实施创新战略的决心。

美国创新战略的实施，以及知识产权政策的变革，将直接推动技术的进步，确保美国继续处于技术革命的前沿，这为美国继续占领制造业的高端领域提供了重要的技术支撑。

（四）美国制造业创新网络计划

2012年4月，奥巴马在发表演讲时建议设立全美制造业创新网络（NNMI），通过加强研究机构与制造企业之间的合作，为美国创造更多的就业机会，从而提振美国经济。

研究机构的研究重点将放在大规模制造技术、降低成本和商业化风险上，已经确立的研究领域包括：一是开发碳纤维复合材料等轻质材料，提高下一代汽车、飞机、火车和轮船等的燃料效率、性能以及抗腐蚀性。二是完善3D印刷技术相关标准、材料和设备，以实现利用数字化设计进行低成本小批量的产品生产。三是创造智能制造的框架和方法，允许生产运营者实时掌握来自全数字化工厂的"大数据流"，以提高生产效率、优化供应链，并提高能源、水和材料的使用效率等。截至2014年年底美国已经建成了8个制造业创新研究所（IMI）。

（五）美国机器人路线图

2013年3月，美国白宫科技政策办公室发布了《机器人技术路线图：从互联网到机器人》。该路线图强调了机器人技术在美国制造业和卫生保健领域的重要作用，同时也描绘了机器人技术在创造新市场、新就业岗位和改善人们生活方面的潜力。

该路线图是对2009年路线图的修订，主要包括五部分，分别是制造业机器人路线图、医疗机器人路线图、服务机器人路线图、空间机器人路线图以及国防机器人路线图。

其中制造业机器人路线图提出，未来5到15年要解决的关键能力包括重构装配、自主导航、绿色制造、灵巧操作、供应链整合与设计、纳米制造、非结构化环境感知、本质安全、教育和培训等。为了取得这些关键能力，制造业机器人需要加强学习和适应、控制和计划、感知、人机交互、建模与陈述以及"云"机器人与自动化制造等方面的技术研发。

（六）学徒计划

2014 年 4 月，奥巴马和拜登在宾夕法尼亚州的一家社区学院宣布把社区培训高级技术工人的模式经验推广到全国，并将投入 6 亿美元为制造业培训学徒。

奥巴马的学徒计划主要包括两部分，一是主要由美国劳工部拨款 5 亿美元资助社区学院和雇主合作，设立适应未来工作需要的培训项目；二是由劳工部投入 1 亿美元用于学徒培训扩大计划，主要集中在信息技术、医疗以及先进制造业等领域。

由于制造业复苏和一些人推迟退休年龄，到 2015 年底，美国高技术工人缺口将达 300 万。到 2020 年，机械师、电焊工等制造业高技术工人缺口将达到 87.5 万。要填补这些缺口，通过对工人进行再培训，提高其素质和应变能力非常关键。

（七）振兴美国先进制造业 2.0 版

2014 年 10 月，美国先进制造业联盟（AMP）指导委员会发布《振兴美国先进制造业》报告 2.0 版，指出加快创新、保证人才输送管道、改善商业环境是振兴美国制造业的 3 大支柱。

在促进创新方面，将在增加美国竞争力的新型制造技术领域大量增加投资。国防部、能源部、农业部及航空航天总局等政府部门将向报告所建议的复合材料、生物材料等先进材料、制造业所需先进传感器及数字制造业方面加大投资，总额超过 3 亿美元。以政府提供先进设备、部门与科研机构、高校联动，设立联合技术测试平台等方式促进创新发展。

在确保人才梯队方面，2014 年秋天美国劳工部设立 1 亿美元的"美国学徒奖金竞赛"，以促进新的学徒模式发展，在先进制造业等领域产生规模效应。先进制造业指导委员会的成员陶氏化学、美国铝业公司和西门子公司等知名企业已经开始进行学徒制试点，并为参加学徒制培训战略项目的雇员发放指导手册。

在改善商业环境方面，政府决定推出新工具及一项 5 年的初始投资，促进供应链上的小型制造企业的创新。商务部的制造业扩展联盟项目每年为 3000 个以上美国制造商服务，该项目将于未来 5 年降投资 1.3 亿资金，帮助小型制造企业发展新技术，推广新产品。

（八）振兴制造业和创新法案

2014 年 11 月，经由美国众议院修改通过了《振兴美国制造业和创新法案

2014》，将对《国家标准与技术研究院（NIST）法案》进行修改，授权商务部部长在 NIST 框架下实施制造业创新网络计划，在全国范围内建立制造业创新中心。

该法案明确了制造业创新中心重点关注纳米技术、先进陶瓷、光子及光学器件、复合材料、生物基和先进材料、混动技术、微电子器件工具开发等领域。如已经建成的制造业创新研究所（IMI）等愿意的话，仍被视为创新网络框架下的制造业创新中心，但不能获得本法案赋予的资助。2014—2024 财年商务部和能源部资助金额分别不超过 0.5 亿和 2.5 亿美元。

法案还授权商务部部长设立国家制造业创新网络计划办公室，职责包括对计划的监管、开发和定期更新战略计划、向公众公开项目情况、作为网络的召集人。该办公室还需将现有的制造业扩展伙伴关系（MEP）计划纳入到制造业创新网络计划中，确保中小企业参与。

第四节　发展趋势

从 2014 年主要经济指标来看，美国经济增长已回到稳步复苏的轨道，财政赤字和失业率大幅下降，制造业也持续复苏。国际货币基金组织（IMF）将 2015 年美国经济增长预测上调至 3.6%；世界银行（WBG）将美国经济 2015 年的增长从 3% 提升至 3.2%；经济学人信息部（EIU）将 2015 年美国经济增速从 3.3.% 调高至 3.4%。预计随着就业市场逐渐恢复和美联储的货币政策继续维持极度宽松，2015 年美国的经济活动势头将逐渐加快，美国的制造业也将继续稳定增长。

一、制造业将稳健复苏

金融危机以后，制造业的健康发展成为美国经济复苏的重中之重。美国生态学会（ESA）的调查显示，2009—2013 年，美国 75% 的研发经费、52% 的出口额、43% 的外商投资都发生在制造业，表明制造业正在逐渐摆脱金融危机的影响走向复苏。2014 年 12 月，美联储公布的数据显示，美国 11 月工业产出环比增 1.3%，创 2010 年 5 月来最大；11 月制造业产出环比增 1.1%，创九个月新高；11 月工业产能利用率 80.1%，创 2008 年 3 月来新高，表明美国制造业活动全面扩张。奥巴马的 2016 年预算案提议将美国国内的企业税率从 35% 降低到 28%，制造业企业的税率进一步降低至 25%，一旦通过将对美国制造业带来重大利好。此外，美国就业市场在改善、汽油价格下挫、消费者信心增强，都增加了居民消费需求，也会相应地推动工业产出增加，综上，2015 年美国制造业将继续稳健复苏。

二、工业互联网大发展

金融危机以来，美国奥巴马政府提出了"再工业化"的战略，企图抢占新一轮工业革命的制高点。软件和互联网经济发达的美国侧重于借助网络和数据的力量提升整个工业的价值创造能力。2012 年 2 月，通用电气（GE）提出了"工业互联网"（Industrial Internet）的概念，并在医疗和航空等领域迅速推出 9 个工业互联网项目。2014 年 3 月，思科、IBM、英特尔、AT&T 等企业参与进来，同GE 一起组建了工业互联网联盟（IIC），形成从政府到产业界的联动格局。与以往的工业革命不同的是，这一次的工业革命以智能机器为主要工具，融合了互联网技术、移动互联网技术、大数据、智能分析技术。按照 GE 的预计，工业互联网能够使美国的生产率每年提高 1%—1.5%，未来 20 年将使美国人的平均收入比当前水平提高 25%—40%，为全球 GDP 增加 10 万亿—15 万亿美元。

三、汽车业生态大变革

汽车业是美国制造业的重要支柱。金融危机以后，美国汽车业经过业务整合、资产重组，整个行业的效率大有改观。受经济回暖、家庭收入增加、低利率以及油价下跌的影响，预计 2015 年美国乘用车销量将达到 1700 万辆，触及 2001 年的最高值。在电动汽车领域，自奥巴马政府上台后，通过《美国复兴和再投资法案》《美国清洁能源与安全法案》、新的燃油经济性标准（CAFE）以及调整各类电动汽车的税收优惠等措施，多部门分工协作、共同推进，政府与市场分工明确，鼓励企业深度参与，引导美国汽车工业将重心转向插电式混合动力汽车和纯电动汽车（BEV）。此外，美国早在多年前即已启动无人驾驶汽车研究，从 2015 年开始，美国 10 座城市将开始无人驾驶汽车试点项目。到 2016 年末将有另外 12 到 20 座城市加入。到 2017 年，美国将有最多 30 座城市试点无人驾驶汽车。

四、清洁能源面临压力

自金融危机以来，美国非常注重清洁能源的发展。美国认为清洁能源创新将改善低碳能源技术的成本，效率以及可扩展性，是采取行动对抗环境变化的关键。近些年，美国已经在太阳能光伏、风电、高级电池、低能耗照明以及燃料电池等领域实现了长足的技术进步。美国计划 2020 年将温室气体排放降低 17%，同时鼓励更多地使用可再生能源和其他清洁能源。当前，美国的能源成本正在下降，原因是水力压裂法（Hydrofracturing Method）已经释放出庞大的页岩油气库存。对于使用天然气来发电的公用事业公司来说，其能源价格有所下降。不利的消息是，2014 年 6 月开始的油价下跌使得清洁能源的使用成本远高于传统石化燃料的使用成本，人们对于清洁能源的使用不再那么迫切。2015 年美国清洁能源行业将面临一些挑战，但是不会影响美国在降耗减排方面的长期战略计划。

第五节　企业动态

2014 年 7 月发布的《财富》世界 500 强显示，美国上榜公司数量较 2013 年减少 4 家，目前为 128 家，仍位居全球第一位。

一、主要跨国公司近期动态

2014 年，受美国经济复苏的利好影响，美国多个行业的跨国公司实现了良好的经营业绩。下面选取五家具有代表性的美国跨国公司，分析其最近的经营情况和发展动向。

（一）福特

在整个 2014 财年，福特的整体营业额同比下跌 1.9%，仅达到 1441 亿美元，税前营业利润为 62.8 亿美元，同比下降 27%，营业利润率从 2013 年的 5.4% 降至 3.9%，净利润更是从 2013 年的 71.8 亿美元暴跌 56% 至 31.9 亿美元。而汽车业务部门的总收入则为 1358 亿美元，也较 2013 年的 1394 亿美元有所下跌。2014 年，福特共在全球范围内售出了 632 万辆汽车，与 2013 年的总销量（633 万辆）勉强持平。在全球销量下滑的趋势下福特能够实现如此业绩基本依赖于北美市场和中国市场的强劲活力。福特期待在 2015 年通过在新产品和产能方面的投入，取得显著的销量增长，并改进目前的财政表现。

（二）波音

在整个 2014 财年，波音的营收为 907.62 亿美元，比 2013 财年的 866.23 亿美元增长 5%；净利润为 54.46 亿美元，比 2013 财年的 45.85 亿美元增长 19%；

每股收益为 7.38 美元，比 2013 财年的 5.96 亿美元增长 24%。不计入某些一次性项目（不按照美国通用会计准则），波音 2014 财年调整后每股收益为 8.60 美元，比 2013 财年的 7.07 美元增长 22%。波音在 2014 年创下了交付最多民用飞机的全球行业纪录，即一年内交付 723 架飞机，连续第三年保持了其作为世界最大飞机制造商的市场地位。2014 年，波音收获了 1432 架净订单，按照目录价格计算价值 2327 亿美元。公司的储备订单也创历史新高，达 5789 架。

（三）卡特彼勒

在整个 2014 财年，作为全球最大的建筑和矿山设备生产商，卡特彼勒的总销售额和营收为 551.84 亿美元，比 2013 财年的 526.94 亿美元下滑 1%；净利润为 36.95 亿美元，比 2013 财年的 37.89 亿美元下滑 2%；每股收益为 5.88 美元，比 2013 财年的 5.75 美元增长 2%。不计入重组成本，卡特彼勒 2014 财年调整后每股收益为 6.38 美元，比去年同期的 5.97 美元增长 7%。面对相对缓慢的全球经济复苏和原油、铜、煤和铁矿石等大宗商品价格的持续疲软，卡特彼勒将 2015 年营收预期由 550 亿美元调降至 500 亿美元。卡特彼勒的业绩暗示着全球经济成长放缓，油价持续下降可能拖累了美国经济。

（四）陶氏化学

在整个 2014 财年，陶氏化学的营收为 581.67 亿美元，高于 2013 财年的 507.80 亿美元；净利润为 38.39 亿美元，低于 2013 财年的 48.16 亿美元；每股收益为 2.87 美元，低于 2013 财年的 3.68 美元。塑料相关业务在全年营收中约占三分之二。其高性能塑料业务（包括庞大的聚乙烯业务）销售增长 2 个百分点以上至 224 亿美元，税前利润下滑约 2 个百分点，至 44 亿美元。其高性能材料和化学品业务（包括聚氨酯和环氧树脂）销售增长 2 个百分点，至 151 亿美元。税前利润大增一成，至 22 亿美元。聚氨酯业务四季度销售创下纪录，实现两位数增长。当前的低油价对于陶氏化学来说是一个相对积极的因素。

（五）IBM

在整个 2014 财年，IBM 净利润为 120.22 亿美元，每股收益 11.90 美元，这一业绩不及 2013 年。在 2013 财年，IBM 净利润为 164.83 亿美元，每股收益 14.94 美元。IBM 全年营收为 927.93 亿美元，比 2013 财年的 983.67 亿美元下滑 5.7%(计入汇率变动及业务剥离的影响为同比下滑 1%)。IBM 全年来自于持续运营业务的净利润为 158 亿美元，比 2013 财年的 169 亿美元下滑 7%；来自于持续运营业务的每股摊薄收益为 15.59 美元，比 2013 财年增长 2%。IBM 现已转向云计算、大数据分析、移动互联网技术领域，并开始有意识地剥离中低端层面的硬件业务，专注高端业务。

二、中小企业发展情况

中小企业一直是美国经济发展与创造就业的引擎，对于美国的经济与社会发展发挥着决定性作用。在过去的 20 多年里，小企业创造了美国超过三分之二的新增就业岗位，2800 万家小企业雇佣了 6000 万美国人，占私人部门劳动力的50%。

1953 年，美国政府出台了《小企业法》，并依法成立了美国联邦小企业署（SBA），SBA 对于美国小企业创新创业发展发挥了巨大的积极作用，提供了大量的投融资服务、政府采购服务、商业咨询服务以及其他多种形式的服务等。针对科技型中小微企业技术创新市场化支持不足等问题，美国推出了一系列政府公共财政专项资金，其中最为著名的是美国 SBA 小企业创新研究计划（SBIR）和小企业技术转移计划（STTR），它们促进了美国在前沿学科的领先地位，成为全世界效仿的成功典范。

自奥巴马担任美国总统以来，美国出台多项给小企业减税法案和小企业融资扶助政策。2010 年 9 月，美国国会通过了《2010 年小企业就业法案》。该法案强化了美国联邦小企业署（SBA）的传统贷款项目，并推出两个新的融资项目：各州小企业信贷计划（SSBCI）和小企业贷款基金（SBLF）。2011 年 2 月，美国联邦小企业署（SBA）发布了《2011—2016 年度战略》，出台可操作的政策评估指标体系，并且在绩效评估工作和运行机制上下功夫，真正推动中小企业迅速发展。2011 年 9 月，美国推出的就业促进法案提出要对中小企业的工资所得税进行减免。2012 年 4 月，美国出台了《2012 年促进创业企业融资法》，该法案旨在通过放宽金融监管要求来鼓励美国小微企业融资，扶植企业成长并创造就业机会，为美国中小企业的成长提供了更加宽松的市场空间。

2015 年 1 月，美国独立工商业者联合会（NFIB）发布报告称，2014 年 12 月美国小企业信心指数上升至 8 年多以来的最高水平。报告显示，2014 年 12 月 NFIB 小企业乐观指数上升 2.3 点，至 100.4 点，其 10 项子指数中有 8 项均有所上升。

报告同时显示，工人薪资触及自上一次经济扩张高峰时期以来的最高水平。2014年12月，美国雇员人数低于500的中小企业新增约17.6万个就业岗位。分行业来看，服务业新增就业岗位最多，达到19.4万个，高于11月的18.7万个，制造业增加就业岗位2.6万个，明显好于11月的1.6万个。接受调查的企业中，超过568家表示他们仍在进行招聘，计划招聘职位增长了4个百分点，预示着美国的小企业在2015年将会进入快速发展通道。

第三章 欧盟

第一节 总体情况

欧洲联盟（简称欧盟）是由欧洲共同体发展而来的，是一个集政治实体和经济实体于一身、在世界上具有重要影响的区域一体化组织。欧洲是资本主义经济发展最早的一洲，生产总值在世界各洲中居首位，其中工业生产总值占的比重很大，主要工业部门有钢铁、机械、化工、汽车、船舶、飞机、电子等。自2008年经济危机以来，欧洲工业发展明显衰退。2014年欧盟经济向好趋势更加明显，

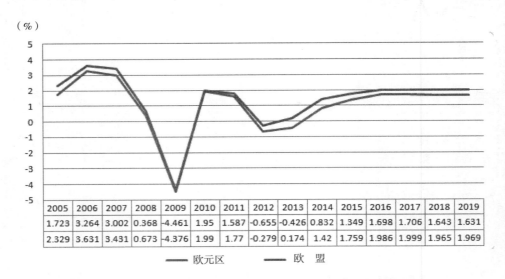

（%）	2005	2006	2007	2008	2009	2010	2011	2012	2013	2014	2015	2016	2017	2018	2019
欧元区	1.723	3.264	3.002	0.368	-4.461	1.95	1.587	-0.655	-0.426	0.832	1.349	1.698	1.706	1.643	1.631
欧盟	2.329	3.631	3.431	0.673	-4.376	1.99	1.77	-0.279	0.174	1.42	1.759	1.986	1.999	1.965	1.969

图3-1 欧盟27国、欧元区17国的GDP增长率（2014年以后为预测值）

数据来源：IMF，2015年3月。

前三季度 GDP 环比增幅均保持在 0.1％—0.2％左右。2014 年下半年以来的油价暴跌使得制造业投入资源成本创 5 年半以来最大降幅，加上欧元贬值的影响，欧盟经济前景预期良好。欧盟委员会 2015 年 2 月发布的冬季欧洲经济预测报告将 2015 年欧元区 GDP 增长预测从 11 月时的 1.1％ 上调至 1.3％，对 2016 年 GDP 增长的预测从 1.7％ 上调至 1.9％。欧元区各主要经济体中德国和英国的良好表现对欧洲经济复苏起到重要贡献。数据显示，德国经济于 2013 年下半年摆脱迟滞，2014 年保持了较高增长。2014 年英国经济增长 2.6％，增速创 7 年来新高，表现好于大多数发达经济体。

根据 2015 年 2 月数据编撰机构 Markit 公布的数据显示，进入 2015 年以来，欧元区制造业温和扩张，欧元区 1 月制造业 PMI 指数终值为 51.0，略高于 2014 年 12 月 50.6 的水平。德国、意大利、西班牙、荷兰、爱尔兰等国制造业景气程度得到改善，其中西班牙、荷兰、爱尔兰等三国成长稳健。法国、意大利、奥地利和希腊等国制造业衰退情况仍在继续，但法国和意大利的衰退幅度接近稳定，而奥地利和希腊制造业的窘迫局面仍在继续加剧。

图3-2　1998—2015年欧元区制造业PMI指数

数据来源：Markit ，2015 年 2 月。

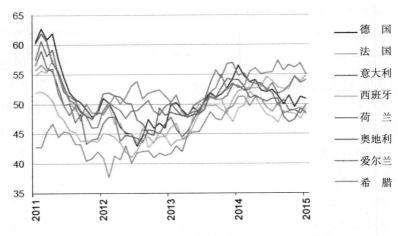

图3-3 2011—2015年欧元区各国制造业PMI指数

数据来源：Markit，2015年2月。

一、现状特点

（一）工业发展很不平衡

虽然形式上欧洲已经形成了一个统一的经济体，但是这个经济体的发展极不平衡，而且每一个经济体都有各自相应的政策和发展的目标，这导致了各成员的工业发展呈现区域不平衡的特点。受乌克兰危机影响，2014年德国对俄机械设备出口大幅下滑近40%，但德国制造业仍然保持了增长势头和欧盟范围内一枝独秀的局面，机械设备年销售额逾2100亿欧元，同比增长2%，创有史以来最高纪录。2014年英国经济表现抢眼，增速达2.6%并创7下年来新高，但其经济增长更加倚重于占GDP比重近80%的服务业（制造业占GDP比重不到15%）。英国制造业对欧盟成员国出口占绝大部分，而欧盟各国经济发展不景气的总体表现也在一定程度上拖累了英国出口增长。西班牙制造业终于在2014年摆脱了2011年来的衰退局面实现了正增长，法国和意大利的制造业仍继续呈现萎缩的趋势，复兴之路仍很漫长。

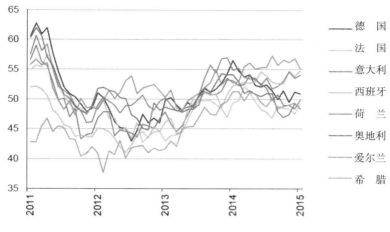

图3-4 2011—2015年欧元区各国制造业PMI指数

数据来源：Markit，2015年2月。

（二）汽车行业实现止跌回升

2014年，欧盟乘用车产销终于迎来多年不见的增长局面，乘用车产量1618万辆，同比增长近10%，全年销量超过1255万辆，同比增长5.7%。这也是欧盟地区新车销量七年来首次实现同比增长。汽车产业对于欧洲经济具有重要战略意义，多达290家汽车工厂分布在25个国家，直接或间接创造就业岗位1290万个，占就业总人口的5.3%，汽车工业是欧洲经济的发动机，对整个产业链有巨大影响。据欧洲汽车工业协会最新公布数据，汽车工业产值占欧盟GDP的6.0%，年研发和创新投入达320亿欧元，年注册专利9500项，是研发领域投入规模最大的私营行业，2013年该行业创造了957亿欧元贸易顺差。金融危机以来，汽车业遭到重创，复苏步伐艰难。另外值得注意的是，由于德国大众、法国PSA集团等自欧盟东扩以来不断在东欧设厂，捷克、斯洛伐克等国10年间汽车产量增长迅速，东欧国家汽车产量占欧盟总产量的比率已经从2003的7.5%上升到2013年的21.2%。

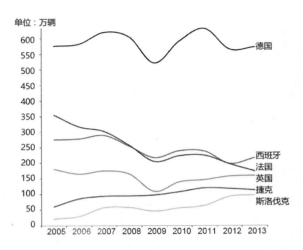

单位：万辆

图3-5　2005—2013年欧盟部分国家机动车产量

数据来源：欧洲汽车工业协会，2015年2月。

（三）企业实力持续下滑

笼罩在债务危机的阴影之下，欧盟入围《财富》世界500强的企业数量逐渐减少。根据2014年7月发布的《财富》世界500强企业排行榜显示，2014年欧盟成员国共有120家企业入围，而2011年为137家。从国家来看，上榜企业数量最多的欧盟国家依次是：法国31家、德国28家、英国28家、荷兰13家（其中联合利华为英荷合资）。从欧盟内部来看，英、法、德三强实力明显高于其他各国。但是，英、法、德三国的企业数量之和从2012年的91家以上下滑到了2014年的87家。其中，2014年德国企业所占数量比2011年减少了4家，法国减少了1家，英国增加了1家。

（四）就业情况未能得到有效改善

主权债务危机给欧盟各成员国就业带来巨大压力，希腊、西班牙等国失业率长期处于较高水平，有关各国政府支持率一再下滑。从2014年总体情况看，各成员国就业情况仍未得到有效改善，还在继续恶化，各界期盼的"后危机时代"仍未到来。其中，欧元区的失业率超过了11%，意大利年轻人的失业率接近40%，情况最为严重。西班牙的经济形势虽明显好转，但年内失业率却高达47%左右。法国总统奥朗德在2014年初曾宣称促进就业是其年内的"唯一目标"，但法国国内持续恶化的就业形势也使得其年内支持率大幅下滑至12%。

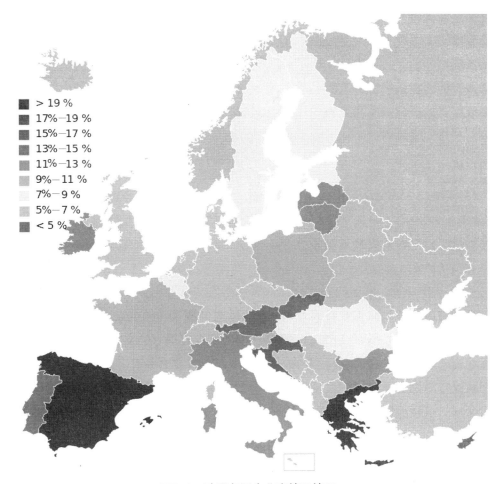

> 19 %
17%–19 %
15%–17 %
13%–15 %
11%–13 %
9%–11 %
7%–9 %
5%–7 %
< 5 %

图3-6 欧盟各国失业率情况情况

数据来源：欧盟统计局 ，2015年2月。

二、政策动向

（一）总体政策

进入21世纪以来，欧盟一共制定了两个中长期工业发展战略。2000年，欧盟在葡萄牙首都里斯本通过了首份十年经济发展规划,故又被称作"里斯本战略"。这成为2000—2010年引领欧盟经济发展的纲领性文件。"里斯本战略"总共制定了28个主目标和120个次目标。2009年以更加务实的态度重启"里斯本战略"，把经济增长和就业确定为优先目标，即到2010年将欧盟经济增长率提高到3%，就业率提高到70%。2009年12月1日《里斯本条约》正式生效后，欧盟加快了统一市场未来发展战略的制定。2010年3月3日，欧盟委员会公布指引欧盟发展的"欧洲2020战略"，提出欧盟未来十年的发展重点和具体目标。同年6月17日，"欧洲2020战略"在欧盟峰会上通过。这是欧盟历史上第二份十年经济发展规划。在公布2020战略后，欧盟制定了《全球化时代的统一工业政策》，内容涉及改善产业环境、强化统一市场、新工业创新政策、国际资本化、促进工业现代化五方面，确定了未来工业政策的基本框架。为实现目标，欧盟在创新、产业政策和消除贫困等领域提出了7项配套发展计划。在经历债务危机后，2012年欧盟确定了工业的核心地位，计划通过统一的工业政策提高欧盟竞争力，实现可持续发展。

（二）相关重大政策简析

（1）欧盟工业复兴战略

2014年3月，欧盟宣布将全面部署和落实"欧洲工业复兴战略"，以提振经济和创造就业。复兴工业将成为下一阶段欧盟经济工作的重点，预计随着多项双边自由贸易投资协议的生效，欧盟单一市场建设将继续完善，力争到2020年使工业占GDP比重达到20%。并将从以下几个方面着手落实：一是加强欧盟科研创新投入激励创新投资；二是鼓励在先进制造、关键使能技术、生物基产品、清洁交通、可持续建筑及原材料、智能电网等六大战略性、交叉性的优先领域加快技术投资；三是通过欧洲结构和投资基金鼓励成员国在上述六个战略领域，结合本国区域及工业政策，在各自优势领域集中创新投资；四是把云计算、大数据、增材制造、互联网新应用、智能工厂等数字技术作为提升欧洲工业生产力的核心。

此外，欧盟也非常重视商业服务业对于提升工业竞争力的作用。为解决内需不足的现状，充分释放内部市场的力，欧盟将从以下三方面加速欧洲单一市场建设：一是加强能源、交通、通信等基础设施网络一体化建设。二是加强内部市场开放一体化，继续积极推进无缝化的内部产品及服务市场。三是定期监测欧盟及其成员国的竞争力表现和商业环境，在欧盟层面提高立法质量和监管环境。

（2）欧盟空间工业政策

2013年5月30日，欧盟理事会通过了"欧盟空间工业政策：挖掘空间产业的经济增长潜力"政策。欧盟新空间政策的目标是：建立一体化的稳定的空间工业管理框架；加强中小企业参与，提高空间产业竞争力；开发空间应用和服务市场；确保欧洲空间技术和空间活动的独立性，建立独立、可靠、安全和高效的欧盟空间系统。为实现上述目标，新空间政策提出将完善空间产品制造及服务的立法和管理，建立空间产品和服务单一市场，监督并改进欧盟空间技术的跨境管控，加强标准化建设，推动欧洲空间企业进入全球市场，支持空间领域的研发创新，创新金融机制，加强对空间工业的融资支持，完善政府采购政策，使公共资金更多地流向空间产业。

（3）欧盟新电子产业战略

2013 年 5 月 23 日，欧盟委员会发表"欧盟新电子产业战略"，提出公共部门与私营机构携手合作加大对电子产业研发创新的投资，大力促进电子产业在研发创新领域的跨国合作，以确保欧盟在世界电子行业的领先地位和扩展欧盟先进的制造基地。"欧盟新电子产业战略"主要包括以下几方面：一是加大协调对电子产业研发创新（R&D&I）的投资，通过加强成员国之间的合作来充分发挥欧盟及其成员国投资的作用；二是加强和完善欧盟现有的三大世界级电子产业集群（分别位于德国的德累斯顿、荷兰和比利时的埃因霍温、鲁汶以及法国的格勒诺布尔）的建设，并且促进这三大产业集群与欧盟其他电子产业集群（如英国的剑桥、爱尔兰的都柏林和意大利的米兰等）的联系合作；三是通过研发创新让芯片的价格更低、速度更快、功能更多。

（4）绿色基础设施战略

2013 年 5 月 6 日，欧盟委员会通过题为《绿色基础设施——提高欧洲的自然资本》的新战略，旨在加强绿色基础设施，以实现环保和经济效益的双赢。根据此战略，欧委会将加强绿色基础设施基本数据的收集工作，加大有关技术研发力度；欧委会与欧洲投资银行 2014 年前将出台措施为绿色基础设施建设提供资金支持。绿色基础设施是近年逐渐流行起来的新概念。相对于人工设施组成的"灰色基础设施"，它将人工设施和自然环境有机结合起来，利用森林、湿地、绿化带等形成一个人工建筑与自然环境的有机整体，在改善生态环境、保护生物多样性的同时，也提供了新的经济增长点。

（5）清洁燃料战略

2013 年 1 月 24 日，欧盟委员会发布《清洁燃料战略》。这项政策的目的在于切实推进在欧盟全境设置替代燃料补给设施。该战略指出，推动利用替代燃料的相关调整措施不够充分。并且，作为利用清洁燃料的障碍，列举出了车辆价格较高、消费者接受程度较低以及缺少充电及燃料补给站 3 点。欧盟目前的纯电动汽车充电站总量为 11749 个，而战略要求在 2020 年之前增加到 79.5 万个。其中德国的目标最高，为 15 万个。欧盟委员会估算，按照提案进行建设，欧盟整体纯电动汽车充电站开发费用约为 80 亿欧元。并且，欧盟委员会还提出方案，作为欧盟通用的充电接口，采用德国提出、欧洲汽车制造协会(ACEA) 推荐的"Type2"作为统一规格。此次的提案还包括，除了电力外，还要促进利用氢、生物燃料、天然气、液化天然气 (LNG)、压缩天然气 (CNG) 及液化石油气 (LPG) 等替代燃料，并为此进行基础设施建设。

（6）创业 2020 行动计划

2013 年 1 月 9 日，欧盟委员会发布《创业 2020 行动计划》。该行动计划强调教育和培训的重要作用，高度重视在学校中提倡创业精神，希望以此造就新一代创业者，振兴欧洲经济。主要包括六个方面：第一，便利创业融资。在强化现有金融工具的同时，将推动创建欧洲小额贷款市场，简化税收系统，帮助中小企业通过私人直接投资实现融资，包括微型债券、个人合作投资平台、企业天使投资。第二，便利企业转让。放宽企业的出路，利用现有欧盟企业基金资助企业转让，改善企业转让的信息采集和咨询服务，取消尚存的阻碍企业跨国转让的壁垒。第三，帮助诚信的破产企业二次创业。要求成员国灵活执行企业破产的清偿立法，侧重帮助企业克服资金困难、实现重组、避免破产。第四，实行企业启动扶持。要求成员国采取措施，在培训、研发、创新产品商品化等方面资助创业者，并降低新企业的社会负担。第五，大力资助中小企业实行数字信息技术。第六，简化政府管理企业的程序。该创业行动计划还要求所有成员国在 2015 年将创业教育引入大中小学和成人培训，青少年在学校毕业时至少有一次创业实践，从经营微型公司到为公司和社会项目进行企业策划。

（7）汽车 2020 行动计划

2012 年 11 月 8 日，欧盟出台《汽车 2020 行动计划》。此行动计划在 4 个方面提出具体政策建议：（1）促进先进技术和清洁汽车创新领域投资；（2）改善市场环境；（3）为汽车行业进入全球市场提供支持；（4）增加技能和培训方面投入。从 2012 年 12 月 31 日起，欧盟对部分新款公交车和重型卡车执行"欧 6"排放标准的法规。由于欧盟在公交车与大卡车技术上一直引领世界标准，其希望借此继续保持汽车产业的优势。此次执行"欧 6"标准预示着欧盟急切要向"再工业化"转型。欧盟希望把汽车作为制造业全面复苏的驱动力，也声称要给予汽车工业"所有可能的政治支持"。欧盟希望通过支持汽车工业的振兴与产业升级来推动更多相关中小企业的发展，创造更多的高技能的就业岗位。

三、发展趋势

（一）工业有望扩大增长势头

2014年7月以来，欧元区的制造业企业受到内需减弱和出口放缓的双重压力影响表现疲弱，而2015年1月份由于受新订单温和增长以及消化既有订单的影响，欧元区制造业实现了6个月以来的最快增速，德国、西班牙、荷兰和爱尔兰等欧元区国家制造业PMI都实现了增长。1月份欧元区制造业就业人数实现了连续5个月正增长。由于欧元区制造业复苏势头微弱，欧洲央行决定大量购买主权债券的量化宽松计划，每月购买600亿欧元的债券直至2016年9月，拟将欧元区通胀从零以下提升至2%。分析家认为，量化宽松带来的欧元汇率下跌将增强欧元区各国制造业的出口竞争优势，欧元区工业有望扩大增长势头。

（二）汽车行业将略微增长

2012年11月，欧盟出台了《汽车2020行动计划》。欧盟希望通过支持汽车工业的振兴与产业升级来推动更多相关中小企业的发展，创造更多的高技能的就业岗位。同时通过推行欧6标准提高了中国汽车出口欧洲的门槛，相应地增加了欧盟本土汽车企业的销售量。随着欧元区经济触底反弹，欧盟汽车市场自2013年7月份开始逐步复苏，在欧盟主要汽车消费国中，德国、法国、英国和西班牙等国汽车销量均环比上升，意大利、荷兰等国汽车销量降幅收窄，标志欧盟汽车市场已度过最糟糕的时期，进入缓慢复苏阶段。2014年全年，欧洲地区乘用车注册量增长了5.7%，这也是该地区自经济危机后首度实现增长，不过2013年1255万辆的新车销量依然低于2007年1600万辆的峰值。欧洲央行近期推出量化宽松政策，旨在大幅增加货币供应，促进欧元贬值，以阻止通缩及刺激出口，欧洲汽车制造商协会ACEA近日预测，2015年欧洲车市将继续增长，但增幅或仅为2.1%，不足2014年增幅的一半。

（三）智能制造引领欧元区各国工业未来发展趋势

随着新一代工业革命时代的到来，欧盟各国尤其是德、英、法等工业强国愈发认识到智能制造对本国工业未来成长的重要性，纷纷出台相应政策，以在新一轮的全球竞争中继续保持领先地位。为了在 10 年时间内重振法国工业，法国政府于 2013 年 9 月推出了"新工业法国"战略，计划在环保和新能源、医疗和健康、前沿技术等三大领域开展行动，优先开发大数据、云计算、新一代高速列车、电动飞机及未来工厂等 34 个支点项目；德国政府于 2012 年"工业 4.0"正式纳入到了《德国高科技行动计划》的十大未来项目之中，将"工业 4.0"上升为国家战略，由联邦教育及研究部和联邦经济及科技部共同主导，结合传统机械业、电子电气及通信业，建立产官学"工业 4.0 平台"，以西门子、SAP、博世等大企业带小企业的方式向前推动。德国政府对新一代革命性技术的研发与创新的支持力度也大大加强，短期内（2012 至 2015 年）计划对包括"工业 4.0"在内的各项目的研发投入 840 亿欧元。英国政府也启动了对未来制造业进行预测的战略研究，拟通过分析制造业面临的问题和挑战，提出英国制造业发展与复苏的政策。2013 年 10 月，该研究报告——《未来制造业：一个新时代给英国带来的机遇与挑战》由英国政府科技办公室正式推出，将为未来英国智能制造发展提供战略导向。

（四）低碳经济推动工业绿色转型

欧盟视低碳经济为新的经济增长点，并将低碳经济列入欧盟未来发展战略规划中。欧盟在《欧洲 2020 战略》提出，将加大在节能减排、发展清洁能源等领域的投入，将低碳产业培育成未来经济发展的支柱产业。欧盟加大对低碳经济的投资将会促进欧盟经济的可持续发展，并将创造更多的投资机会和就业机会。预计到 2020 年欧盟仅再生能源行业的就业人数就可以达到 280 万，比 2005 年翻一番。为应对气候变化，欧盟高度重视新能源产业的发展。一是加大对新能源产业的科研投入。二是加快立法工作。2009 年欧盟出台《欧盟能源与气候变化一揽子方案》，还就碳排放交易权、可再生能源利用和碳捕获出台了相关规范文件。三是实行鼓励措施。例如，未来 10 年英国政府将投资数百亿英镑支持低碳产业发展。

第二节　重点国别

一、德国

（一）发展概况

德国是欧洲第一、世界第三经济强国。总体来看，德国工业的突出特点在于技术水平高，广泛应用新科技，注重创新和研发投入。德国制造业活动占经济总量的 20%，尤其是德国的机械制造业，其向全球市场提供的产品种类之多，超过其他任何国家。其中，在机械制造业的 31 个部门中，德国有 17 个占据全球领先地位，例如机械搬运、电力传输设备和印刷技术等；处于前 3 位的部门共有 27 个。截至 2014 年底，德国制造业企业约有 2 万家，从业人数近 500 万，销售额超过 1.6 万亿欧元。

　　金融危机以来，欧盟整体经济形势持续低迷，而德国经济也出现了波动。在 2010 和 2011 年，德国经济分别增长 4.2% 和 3%。但是 2012 年德国经济明显放缓，尤其在第四季度出现了 2009 年全球金融危机爆发以来的最大萎缩，环比下降 0.6%。进入 2013 年，随着欧元区经济进一步衰退所带来的不确定性，打击了德国的出口和商业投资，阻碍了德国经济增长。2013 年三季度以后，受产出和订单水平的提振，德国制造业产出保持长达 21 个月增长直至 2015 年初。从 2014 年整体情况看，由于受乌克兰危机影响，来自俄罗斯的订单大幅减少，加之亚洲国家经济不景气，2014 年四季度以来，德国制造业产出和相关就业增速也随之放缓。

图3-7　1996—2014年德国制造业PMI和产出指数对比

数据来源：Markit/BME/Bundesbank，2015 年 2 月。

（1）工业产品竞争力强，出口规模保持增长

德国是典型的出口导向型国家，是全球第二大出口国。德国的出口主要集中在汽车、机械和化工领域。其出口的主要商品有：汽车及配件、机械设备、化工产品、电信技术、办公和数据处理设备等产品。2014年，德国进出口及外贸盈余数据均打破历史最高纪录。德国联邦统计局日前公布的数据显示，德国2014年出口总额为11336亿欧元，同比增长3.7%。进口总额为9165亿欧元，同比增长2.0%。此前的历史纪录为2012年出口10958亿欧元和进口9059亿欧元。慕尼黑IFO经济研究所预测，德国将是2014年世界贸易顺差值最高的国家，甚至超过排名第二、第三位的中国和沙特阿拉伯之和。在有数据统计的32个细分领域中，德国生产商在16个领域世界第一，尤其是驱动、传动和农业机械方面，在9个领域德国生产商世界第三；如，2014年德国机械设备出口额为1791亿欧元，继续保持世界机械设备第一大出口市场的地位。

（2）就业人数稳定增长，制造业生产后劲足

与其他欧洲国家重视资本为主导的发展模式不同，德国更加重视以人为主导的生产。在国际金融危机期间，与其他国家的制造业部门大量裁员的做法不同，德国政府通过财政扶持和补贴、各大企业采取酌情减少工作时间、尽量不削减工作岗位等手段，政企共同努力，保证制造业就业稳定。2012年，尽管德国经济增速下降，但就业人数却逆势达到创纪录的4160万，平均失业人数均在290万以下，比2011年减少近8万，就业形势为1991年德国重新统一以来最好状态。2013年和2014年就业人数仍旧实现稳步增长，达4178和4260万人，同比增长分别达到0.6%和0.9%。随着就业人数的稳定增长，德国工业实现持续发展的动力将越来越强。

（3）关注新工业变革，加强工业核心竞争力

德国制造业在全球制造装备领域拥有领头羊的地位，很大程度上源于德国专注于创新工业科技产品的科研和开发，以及对复杂工业过程的管理。德国政府提出"工业4.0"战略，并在2012年3月正式列入《德国高科技行动计划》的十大未来项目之中，并将其上升为国家战略，以便提高德国工业的竞争力，在新一轮工业革命中占领先机。德国认为，"工业4.0"概念即是以智能制造为主导的第四次工业革命。旨在通过充分利用信息通讯技术和网络空间虚拟系统—信息物理系统相结合的手段，将制造业向智能化转型。目前，该战略已经得到德国科研机构

和产业界的广泛认同，弗劳恩霍夫协会将在其下属6—7个生产领域的研究所引入工业4.0概念，西门子公司已经开始将这一概念引入其工业软件开发和生产控制系统。

（二）产业布局

由于历史发展和资源禀赋的原因，德国各地区的工业区域布局情况存在一定差异。相对而言，西部和南部等原西德地区发展水平较高，但总体区域分布基本上处于相对均衡的水平，这主要归功于德国在实施产业布局政策方面所采取的财政补贴政策，促进了德国产业布局的合理化发展。德国既有由上而下的纵向财政转移支付制度，也有如统一税等由原联邦德国的较富裕的州补助原民主德国较贫穷州的横向财政转移的支付制度，纵横两种财政补贴制度对德国产业的区域布局的均衡发展起到了重要作用。

（1）汽车和汽车配件工业

宝马、奥迪、保时捷、博世和戴姆勒造就了慕尼黑和斯图加特的汽车产业；沃尔夫斯堡、汉诺威的经济完全取决于大众公司的经营状况；在卡塞尔的大众公司工厂为当地吸引了无数的供应商；在黑森州的吕塞尔斯海姆市拥有欧宝公司、在科隆市则存在着福特公司；福特、博世等国际汽车企业均在萨尔州设有工厂，汽车及配件制造业是该地区经济发展的动力之一，已经成为该州经济发展的最重要支柱。由于大众公司在东部摩泽尔河畔建厂，茨维考地区已经成为汽车及相关产业集聚地。

（2）电子电气工业

电气行业主要集中在德国南部。西门子公司主要集中在慕尼黑地区和纽伦堡—埃尔朗根地区，也是德国电气工业的重点地区。慕尼黑作为西门子公司总部所在地，集中了公司绝大部分通讯设备制造业务；同时也是西门子全资子公司欧司朗（OSRAM）和家电制造商博世—西门子总部所在地。纽伦堡—埃尔朗根地区则集中了西门子的自动化、医疗设备和能源等业务。由于汽车工业对小型发动机和各种调节器需求的持续增长，大批中间产品制造企业聚集在斯图加特和曼海姆所在的莱茵内卡地区，形成了又一个电气行业产业群。

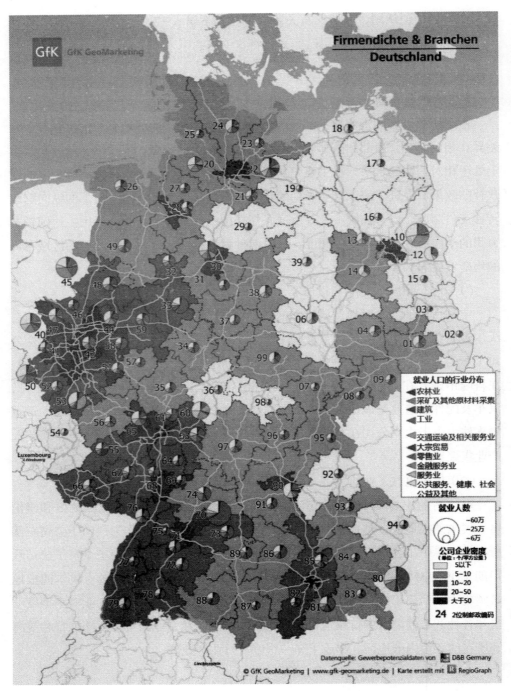

图3-8　德国就业人口的行业分布和公司密度

数据来源：D&BGermany，2015年2月。

（3）机械设备制造工业

德国机器及装备制造业企业集中分布在斯图加特周边地区，这个区域集中了德国三分之一的机器制造企业。其中，机床业集聚效应明显。巴登—符腾堡州拥有通快、因代克斯、埃马克等行业巨擘，占全国产值超过50%，首府斯图加特及周边地区共有110多家机床企业。斯图加特展览中心每年举办超过60个专业展览会，包括：斯图加特国际金属加工展览会（AMB），斯图加特国际机器视觉展览会（Vision），斯图加特激光材料加工系统解决方案展览会（Lasys），斯图加特表面处理及涂装技术展览会（O&S），斯图加特国际电池与能源储存技术展览会（BATTERY+STORAGE）等。另外两个工业大州巴伐利亚州和北威州分别占全国产值1/6和1/7。

（4）新兴产业

制药业、医疗设备、物流管理、研发和航空航天业在德国许多地区已经呈现良好发展势头。在斯图加特及周边地区汇集了从基础理论研究到应用，从产品生产到物流管理为一体的产业链。法兰克福／达姆斯达特地区是德国制药业的传统地区，图宾根／图特林根地区是德国医疗设备制造业传统地区。传统的法兰克福、汉堡、慕尼黑和柏林等物流中心，主要依靠航空、铁路、水运中心优势，发展起来的。近几年鲁尔区的多特蒙德市从一个老工业城市发展成为新的物流中心，吸引了众多物流企业，物流业已经成为多特蒙德的一个支柱产业。

（三）政策动向

德国采取的是社会市场经济模式，也称为政府引导型市场经济。其主要特点是，自由竞争与政府控制并存、经济杠杆与政府引导并用、经济增长与社会福利并重。德国国家宏观调控政策对其工业的成功有着重要影响。下文列出了近年来比较重要的德国政府出台的工业相关政策措施。

表 3-1　近年来德国工业相关政策措施

时间	标题	主要内容
2015年4月	新的德国工业4.0平台发布	在之前三大行业协会组建的工业4.0平台的基础上，将在更为广泛的包括政治及社会领域在内的基础之上建立一个新平台，并且在研究主题和组织结构上都将有新的定位。
2013年4月	德国工业4.0	主要分为两大主题，一是"智能工厂"，重点研究智能化生产系统及过程，以及网络化分布式生产设施的实现；二是"智能生产"，主要涉及整个企业的生产物流管理、人机互动以及3D技术在工业生产过程中的应用等。
2012年7月	生物精炼路线图	加强生物技术研发创新，推进传统化学工业的转型。
2011年8月	第六能源研究计划	第六能源研究计划被命名为"环保、可靠和经济的能源供应研究"，重点资助那些对加快德国能源供应结构调整步伐十分重要的战略优先领域，包括可再生能源、能源效率、能源储存系统、电网技术以及可再生能源在能源供应中的整合。
2010年8月	国家可再生能源行动计划	目标涵盖温室气体排放、可再生能源、能源效率等方面，其行动计划和措施要点则包括可再生能源开发、能效提升、核电和化石燃料电力处置、电网设施扩充、建筑物能源方式和效率、运输机车能源挑战、能源技术研发、国际合作总计七方面内容。
2010年7月	德国高技术战略2020	重点关注气候/能源、健康/营养、交通、安全和通信五大需求领域，并着眼于应对各个需求领域的最重要挑战来确定"未来项目"，以开发和引领世界新的未来市场。
2009年8月	电动汽车国家发展计划	这项计划耗资5亿欧元。德国政府计划投入1.15亿欧元在8个地区试验推广电动汽车，1.7亿欧元研发为电动汽车提供动力的电池并优先研制国内产品。
2009年6月	低碳经济战略	包含6个方面的内容：环保政策要名副其实；各行业能源有效利用战略；扩大可再生能源使用范围；可持续利用生物质能；汽车行业的改革创新以及执行环保教育、资格认证等方面的措施。
2007年9月	德国能源与气候一揽子计划（IECP）	该计划包括29项关键事项；另为配合计划推进，2007年12月，德内阁提出14项法规修订建议。

数据来源：赛迪智库整理，2015年2月。

（四）企业动态

　　由于历史传统及政府鼓励中小企业政策的原因，德国中小企业数量众多，仅有3%的德国企业的雇员人数超过1000人，规模不大但业务精专。根据2014年7月发布的《财富》世界500强企业排行榜显示，2014年共有29家德国的企业入围,所占数量比 2012 年减少了 4 家。较为知名的德国大企业有大众公司(VOLKSWAGEN)、意昂集团(E.ON)、戴姆勒股份公司(DAIMLER)、安联保险集团(ALLIANZ)、西门子(SIEMENS)、巴斯夫公司(BASF)、宝马(BMW)、麦德龙(METRO)、慕尼黑再保险公司(MUNICH RE GROUP)、德国电信(DEUTSCHE TELEKOM)、德国邮政(DEUTSCHE POST)、德意志银行(DEUTSCHE BANK)、博世公司(ROBERT BOSCH)、莱茵集团(RWE)、蒂森克虏伯(THYSSENKRUPP)等等。

根据德国科学基金联合会的调查统计显示,2009 年经济危机爆发后曾一度停滞的研发投入 2012 年增长了 7%,为多年来增幅最高的一次,投入额为 503 亿欧元。汽车业研发资金高达 160 亿欧元,占研发总额近三分之一。电气工业研发投入为 80 亿欧元,机械制造业、医药业、化工业各为 50 亿、40 亿和 30 亿欧元。大众以 60 亿欧元的投入排在德国研发投入排行榜的首位,戴姆勒、西门子分居第二、三位。在世界 15 大研发密集型企业中,大众居第六名,戴姆勒居第十三位。德国企业认为,研发是对未来的投资,即使在危机年代也不应受到影响,因此尽管欧元危机持续,经济前景尚不明朗,仍计划继续加大研发投入。

根据德国联邦统计局网站 9 月 13 日公布的数据显示,2013 年上半年,德国共有 6.7 万家新成立企业,这些企业从其法律形式和雇员数来看,具有较大经济影响力。联邦统计局数据显示,该数字同比下降 5.1%。新成立小企业数为 12.1 万家,同比减少 5.5%。具有代表性的德国公司包括大众公司(VOLKSWAGEN)、西门子(SIEMENS)、巴斯夫公司(BASF)等。

大众公司(VOLKSWAGEN)成立于 1938 年,总部位于德国沃尔夫斯堡,是欧洲最大的汽车公司,也是世界汽车行业中最具实力的跨国公司之一。集团目前拥有 9 大著名汽车品牌:大众汽车(德国)、奥迪(德国)、兰博基尼(意大利)、宾利(英国)、布加迪(法国)、西雅特(西班牙)、斯柯达(捷克)、大众汽车商用车(德国)、保时捷(德国)。大众汽车集团在全球建有 68 家全资和参股企业,业务领域包括汽车的研发、生产、销售、物流、服务、汽车零部件、汽车租赁、金融服务、汽车保险、银行、IT 服务等。2014 年实现税前利润 148 亿欧元(2013 年为 124 亿欧元)。

西门子(SIEMENS)成立于 1847 年,总部设在德国慕尼黑,是一间德国的跨国企业,在电机和电子领域是全球业界的先驱。公司的业务主要集中于 3 大业务单元：医疗、能源和工业服务。在这三大业务单元之下又分为信息和通讯、自动化和控制、电力、交通、医疗系统、水处理和照明等。西门子的全球业务运营分别由13个业务集团负责，其中包括西门子财务服务有限公司和西门子房地资产管理集团。此外，西门子还拥有两家合资企业：博世—西门子家用电器集团和富士通—西门子计算机（控股）公司。2014财年销售额达1061亿美元，比2013财年下降2.7%。

巴斯夫公司（BASF）成立于1865年，是一家德国的化学公司，总部位于莱茵河畔的路德维希港，是世界上工厂面积最大的化学产品基地，也是世界最大的化工康采恩。巴斯夫集团在欧洲、亚洲、南北美洲的41个国家拥有超过160家全资子公司或者合资公司。公司业务主要包括化学品及塑料、天然气、植保剂和医药等，保健及营养，染料及整理剂，化学品，塑料及纤维，石油及天然气。2011年以来，巴斯夫集团经营情况基本稳定，2014年全年销售额为743亿欧元，净收入达到52亿欧元。

表3-2　2011—2014年巴斯夫集团销售收入情况

年份	销售额（单位：亿欧元）	净收入（单位：亿欧元）
2011	735	52
2012	787	49
2013	740	48
2014	743	52

数据来源：赛迪智库整理，2015年3月。

二、法国

（一）发展概况

法国是发达的工业国家，主要工业部门有矿业、冶金、汽车制造、造船、机械制造、纺织、化工、电器、动力工业、日常消费工业、食品工业和建筑业等。新兴工业如核能、石油化工、海洋开发、军工、航空和宇航等部门均有较快发展。核电设备能力、石油和石油加工技术居世界第二位，仅次于美国。航空和宇航工业，仅次于美国、俄罗斯居第三位。钢铁工业、纺织业占世界第六位。但在工业中占主导地位的仍是传统工业部门，其中钢铁、汽车和建筑为三大支柱。近年来，随着第三产业的发展，工业在国民经济中的比重逐步下降。

金融危机发生以来，法国经济遭受重创。法国全国统计和经济研究所公布的数据显示，法国经济2012全年零增长，与2011年相比倒退1.7%，且低于法国政府此前增长0.3%的预期，失业率达到10.3%。进入2013年，情况仍没有好转。2013年第一季度，法国国内生产总值环比萎缩0.2%。随着国际和欧洲经济环境改善、国内需求增长和企业竞争力加强，法国经济出现了暂时的好转，国内生产总值第二季度环比增长0.5%。但是第三季度国内生产总值又重新出现了0.1%的萎缩。2014年，法国制造业产出除年初一季度呈现微弱增长态势之外，全年均表现疲弱，产出及就业均出现下滑。进入2015年1月，法国制造业PMI指数创下近8个月来新高，主要原因是制造业产出经历长时间下滑后有所稳定，新订单下滑趋势有所缓和，但数值仍处在50荣枯线之下，并且企业裁员及失业形势恶化、竞争造成的价格不断下降等状况显示出法国内需持续脆弱，今年经济仍面临严峻局势。

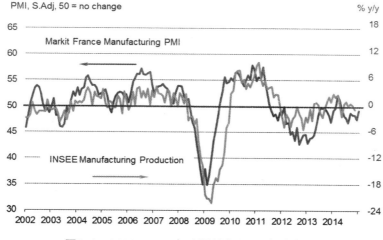

图3-9　2002—2014年法国制造业PMI与产出指数

数据来源：Markit，2015年2月。

（1）工业产出表现疲弱

自2008年三季度起，法国制造业产能利用率便一直低于其历史平均水平。进入2014年后，除3月份受购进价格下跌和新订单大幅增加影响，使得制造业PMI指数重回增长区间之外，年内其余时间继续徘徊在萎缩区间。法国2014年全年经济增长预计仅为0.4%，低于法国政府和欧盟预期的1%的增幅。国际信

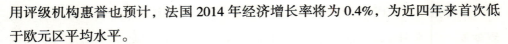

用评级机构惠誉也预计，法国2014年经济增长率将为0.4%，为近四年来首次低于欧元区平均水平。

（2）对外贸易继续保持增长

根据法国国家统计局12月公布的最新数据显示，2014年1—9月法国货物贸易进出口9503.8亿美元，比上年同期（下同）增长2.0%。其中，出口4375.9亿美元，增长2.3%；进口5127.9亿美元，增长1.8%。贸易逆差有所缓解，仍达751.9亿美元，同比下降1.0%。

（3）航空工业成为增长点

法国政府历来重视航空业的发展，一如既往地把航天业视为战略优先发展领域。根据统计，法国国家空间研究中心（CNES）将其研究与技术（R&T）预算从2005年的0.42亿欧元增长到2013年的1.31亿欧元，扩大三倍，其预算大约17%投入欧空局。欧空局2013年的总预算约为16亿欧元。到2015年，这一数字预计将超过1.5亿欧元。在过去三年，法国国家空间研究中心将运营费用从年均1.57亿欧元降为2013年的1.5亿欧元，预计未来几年费用将趋于平缓。尽管预算减少，但法国国家空间研究中心将继续保持国内竞争与工业竞争。

（二）产业布局

法国工业区主要分布在巴黎盆地，洛林铁矿和里尔煤矿间的钢铁工业区，地中海沿岸的福斯—马赛工业区。有机械、钢铁、有色冶金、石化、电力、核能、航空航天等工业。工业中心有巴黎（汽车，飞机等），敦刻尔克和福斯（钢铁），马赛（造船，炼铝）。汽车工业主要集中在巴黎、里昂、斯特拉斯堡、圣艾蒂安；航空航天工业主要分布在巴黎、图卢兹、波尔多、马赛、特尔贝斯等；电力工业主要在布列塔尼、卢瓦尔河流域和罗讷河地区比较集中；化学工业主要有里昂、巴黎、南锡等都是传统化学工业中心。

（三）政策动向

法国非常重视工业发展，在国家层面出台了多项综合发展战略，针对新能源汽车、风电、光伏发电、潮汐能发电以及生态工业等重点行业颁布了多项政策措施。2010年3月，时任总统萨科齐提出多项旨在振兴法国工业的政策。如将创建由总理领导的"国家工业会议"机制，负责制定和实施更有效的工业政策；投入5亿欧元为进行环保改造的企业提供优惠贷款；投入2亿欧元鼓励企业在法国境内投资；投入 3 亿欧元调整工业结构；从工业部选派人员担任国家持股企业的职务等。2013 年 9 月，现任总统奥朗德宣布了未来十年振兴工业 34 项行动计划，提出要建设"新的工业法国"，通过工业创新和增长促进就业，推助法国企业竞争力提升，使法国竞争力处于世界的最前列。在法国财政紧张的情况下，奥朗德宣布国家将投入 35 亿欧元支持上述项目，并将鼓励私人投资，保证企业科研工作。政府层面的推动有力地支持了法国工业的再复兴。

表 3-3　近年来法国主要工业政策一览表

时间	标题	主要内容
2013年9月	新工业法国	重振计划涵盖了多个重要工业领域，总体可以归为能源转型、医疗健康、数码技术、交通运输四大类。共包括34个具体项目。
2012年10月	电动汽车补贴政策	将购买一辆电动汽车可享受7000欧元（约合9036美元）环保津贴的政策延长至2013年，同时把优惠对象扩大至企业和公共机构用车。
2012年1月	"生态技术目标"行动计划	"生态技术目标"行动计划共提出了87项措施，这些措施旨在增强绿色工业的竞争力，该行动计划将从2012年开始实施。
2010年	光伏系统补贴政策	政策补贴分为两类：普通集成系统和高审美度集成系统，分别给予不同程度的补贴，在某些特定地区，政策补贴额将会大大增加。
2009年	电动汽车和可充电混合动力汽车发展计划	显示了法国政府发展低碳汽车的决心。

数据来源：赛迪智库整理，2015 年 2 月。

（四）企业动态

根据 2014 年 7 月发布的《财富》世界 500 强企业排行榜显示，法国的企业一共有 31 家入围，所占数量比 2012 年减少了 1 家。包括道达尔公司（TOTAL）、安盛（AXA）、苏伊士集团（GDF SUEZ）、法国巴黎银行（BNP PARIBAS）、家乐福（CARREFOUR）、法国兴业银行（SOCIETE GENERALE）、法国农业信贷银行（CREDIT AGRICOLE）、法国电力公司（ELECTRICITE DE FRANCE）、标致（PEUGEOT）、法国 BPCE 银行集团（GROUPE BPCE）、欧尚集团（GROUPE AUCHAN）、法国国家人寿保险公司（CNP ASSURANCES）、法国电信（FRANCE TELECOM）、圣戈班集团（SAINT-GOBAIN）等等。

2014年法国经济表现疲弱，制造业产出及就业均出现下滑，但下滑趋势放缓，显示出触底反弹的迹象。企业破产数量为62586个，相比2013年下降0.8%，但仍高于2012年。这些企业的破产使24.44万个就业岗位受到威胁。其中，制造业破产企业数为2850，比2013年减少4.5%，达到10年来最低值。此外，农业食品、企业服务、交通运输、信息等领域的企业破产数均有所下降。

具有代表性的法国公司包括空中客车公司（AIRBUS）、道达尔公司（TOTAL）、苏伊士集团（GDF SUEZ）等。

空中客车公司（AIRBUS）成立于1970年，总部设在法国图卢兹，是欧洲一家飞机制造公司，是欧洲最大的军火供应制造商欧洲航空防务航天公司（EADS）旗下企业。空客的装配厂位于法国的图卢兹、德国的汉堡和中国的天津。空客的现代化综合生产线由四个非常成功的系列机型组成：单通道的A320系列、宽体A300/A310系列、远程型宽体A330/A340系列、全新远程中等运力的A350宽体系列，以及超远程的双层A380系列。截至2014年底，空客共售出了13200架飞机，向500多个客户/运营商交付7900架商业民用飞机。军用飞机方面，空客共售出了1089架飞机，已交付870架。2014年1456架净订单数量是空客历史上年度订单量第二高的年份，最高的是2013年，净订单数量达到1503架。截至2014年年底，空客的储备订单量攀升至业内最高的6386架，以目录价格计算，价值9193亿美元。

道达尔公司（TOTAL）是全球四大石油化工公司之一，总部设在法国巴黎，在全世界130多个国家开展润滑油业务。旗下由道达尔（Total）、菲纳（FINA）、埃尔夫（ELF）三个品牌组成。业务遍及全球130余国家，涵盖整个石油天然气产业链，包括上游业务（石油和天然气勘探、开发与生产，以及液化天然气）和下游业务（炼油与销售，原油及成品油的贸易与运输）。2014年实现销售额2279亿美元，比前一年下降2.7%；净利润为112亿美元，比前一年下降18.5%。

苏伊士集团（GDF SUEZ）是世界级能源巨头，全球最大的能源和公用事业企业之一，由苏伊士集团（Suez）和法国燃气集团(Gaz de France，GDF)于2008年7月16日合并而来。主要业务是电力和天然气开发、传送、分销，工程服务与咨询，以及水务和垃圾处理。2014年销售额1186亿美元，亏损123亿美元。

三、英国

（一）发展概况

英国是世界上第六大经济体，欧盟内第三大经济体，英国主要工业有：采矿、冶金、化工、机械、电子、电子仪器、汽车、航空、食品、饮料、烟草、轻纺、造纸、印刷、出版、建筑等。生物制药、航空和国防是英国工业研发的重点，也是英最具创新力和竞争力的行业。英国是欧盟成员国中能源资源最丰富的国家，主要有煤、石油、天然气、核能和水力等，但主要工业原料依靠进口。能源产业在英国经济中占有重要地位，近年来英国政府强调提高能源利用效率和发展可再生能源，确立了建设低碳经济的目标。

从英国统计数据来看，2013年第三季度以后，英国经济开始出现复苏势头。2013年全年英国制造业和建筑业等关键部门实现了鼓舞人心的增长。2015年1月27日，英国国家统计局发布数据显示，全年英国经济增长2.6%，增速创下2007年以来的新高，失业率目前已降至6年来最低，并且薪资水平增速也开始高于通胀水平。但第四季度经济增速明显放缓，环比增速由上一季度的0.7%降至0.5%，为一年来最差表现。第四季度经济增长仍然主要依赖于服务业，服务业增长8%；但建筑业萎缩1.8%；能源供应行业下滑2.8%；制造业虽连续23个月扩张，但1月涨幅仅在0.1%，为两年来最差表现。分析认为，英国经济目前面临5月大选和国际经济形势带来的不确定性等风险因素，但油价和借贷成本维持低位将继续有助提振经济，英国2015年经济增速料将维持平稳。

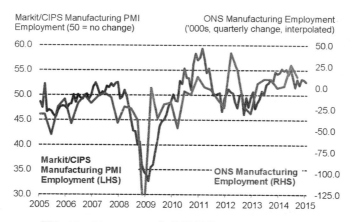

图3-10　2005—2014年英国制造业PMI和产出指数

数据来源：Markit，2015年2月。

（1）工业产出温和扩张

据 2015 年 1 月英国皇家采购与供应学会发布数据显示，由于近期原油价格暴跌，工业采购价格创下了 5 年半以来的最大跌幅，英国各制造业企业也是 5 年来第二次下调了产品出厂价格，致使新订单和工业产出明显增长。英国制造业 2015 年开局良好，1 月制造业 PMI 指数达 53.0，虽然是三个月以来的低值，但自 2013 年 4 月以来连续 23 个月一直保持在 50.0 荣枯线以上，制造业中间产品和投资性产品成长稳健，制造业产出增加 0.2%，仅比 2013 年四季度增加 0.1%。总体上讲，英国制造业占 GDP 比重不到 15%，1 月份温和扩张，对 1 季度总体经济增长贡献不大。

（2）出口严重依赖油气资源

欧盟是英国最主要的贸易伙伴和出口市场，2008 年全球经济危机之后，英国的进出口贸易随之下滑。在经历了 2009 年早期的低谷之后，英国自欧盟的进口增长一直持续到 2013 年末，2014 年出现短暂小幅下滑。英国自欧盟的进口增长则延续到 2011 年，2012 年出现下滑，并保持相对稳定直到 2014 年初，随后又进一步下滑。2014 年全年，英国对欧盟出口额达 1480 亿英镑，较上年 1500 亿英镑下降 2.2 个百分点；自欧盟进口则比 2013 年的 2190 亿英镑小幅增长 0.6% 达 2200 亿英镑，2014 年英国对欧盟贸易逆差达 686 亿英镑，较上年 734 亿英镑有所收敛。德国多年来一直保持对英国的最大进出口国地位。汽车超出其他商品是英国自欧盟进口最多的商品，而矿物质燃料一直是英国最大的出口产品。与非欧盟国家方面，美国一直以来是英国最大产品进口国（瑞士偶尔超过美国），这一位置在 2013 年被中国所取代，

目前，全球经济增长下滑和欧元区经济前景黯淡等外部风险正在对英国经济增长造成威胁。IMF 日前将 2015 到 2016 年全球经济增长预期分别下调至 3.5% 和 3.7%。另外，欧盟是英国最主要的贸易伙伴和出口市场，其经济发展不景气无疑将拖累英国出口。据欧盟 2014 年发布的秋季预测报告，2015 到 2016 年净出口将拖累英国经济 0.1%。进入政治不确定性的新阶段。英国将迎来的大选也是一个影响稳定的因素。

（3）汽车行业成为增长点

英国汽车业已从传统的汽车制造形态向先进制造和高附加值领域转变，如把更多创新精力放在技术和设计上，使得英国豪华车和赛车一直保持全球领先地位。

此外，在节能技术方面，英国汽车业也享有盛名，如近年来推出的低碳汽车创新平台。英国是捷豹路虎、宝马、日产、本田、丰田和通用汽车等汽车制造商的主要制造中心。在政府推动下，无论是高新燃机、新型轻质材料和创新工艺等都有明显进步，并取得不错的市场反响。据 2015 年 1 月英国汽车生产商与经销商协会 SMMT 公布数据显示，英国 2014 年的汽车产量同比上升了 1%，达到了 153 万辆，创 2007 年以来新高。英国国内消费需求增长促使产量上升，这也将会带动欧洲及其他地区的经济恢复发展。此外，在过去的两年中有超过 70 亿英镑（约人民币 660 亿元）的投资注入英国的新车研发与生产。宏观政策方面，受欧洲央行量化宽松政策影响，英国汽车制造商的竞争力也将进一步增强。

（二）产业布局

（1）英格兰东北区域

该地区是英国最重要的工业区，素以造船、采煤、炼钢等相关产业著称。依靠其丰富的煤、铁矿资源，英格兰东北地区发展了采煤、钢铁制造、造船等传统重工业，并曾在英国经济中占据相当重要的地位。近几个世纪以来该地区上述重工业逐渐衰败，其他产业虽有一定发展，但与其他地区有一定差距，经济发展日益落后于英格兰东南部等地区。

（2）英格兰西北区域

英格兰西北部是英国除伦敦以外最大的经济区。英格兰西北部是全欧洲最大且最具经济多样化发展的地区之一。该地区长久以来一直是从事商务的宝地。该地区的首都是曼彻斯特市。曼城拥有 250 万人口、120 万劳动大军，是排在伦敦之后的英国最大的城市。曼城坐落在英国工业集聚地的中心，在其 2 小时车程为直径的集聚地内居住着 1200 万人口。

（3）约克郡与恒伯区域

约克郡与恒伯河畔位于奔宁山以东，亨伯河沿岸。该地区是英国第三大制造业基地，以毛纺织、机械制造、采煤、冶金和化工为龙头。主要中心是以利兹（人口 70 多万）和布拉德福德（人口 46 万）为核心的西约克都市区，人口 200 多万。约克的第二个工业中心是本区南端的谢菲尔德（人口 50 多万），它是电炉炼钢、军火和机械制造中心，以产优质钢及其制品而著称。

（4）英格兰西密德兰

在奔宁山脉南端，以伯明翰为中心的西密德兰，煤铁资源皆丰，又位于伦敦和利物浦两大海港之间的铁路线上，水陆交通皆便，为英国最早的重工业区。该地区是英国的交通运输行业的中心，以其汽车、飞行器、摩托车和铁路交通技术而著称。伯明翰曾有"世界车间"美称，工业以冶金、电气设备、飞机、汽车、化工等为重要。伍尔沃汉普敦和沃尔索尔是汽车、机械和电子工业中心。考文垂是汽车、飞机、有色冶金和合成纤维等工业中心。斯托克是英国著名的陶都。

（5）英格兰东密德兰区域

东密德兰是英国第四大行政区，也是英国最适宜居住的地区之一。主要城市有：德比、莱斯特、林肯、北安普敦和诺丁汉。东密德兰富藏煤铁资源，也是英国最早发展的冶金、机械和化学为主的重工业区。诺丁汉和莱斯特为主要中心，以机械工业、化学和纺织为主。英国的赛车工业占据了全球市场份额的80%，英国著名的"赛车谷"的中心位于东密德兰的北安普敦。

（6）东英格兰区域

东英格兰地区地理位置优越，物流方便。该地区位于伦敦东北部，紧邻伦敦。从伦敦北行的公路、铁路网络经过此地区通往英国腹地；该地区内坐落着四个国际机场；该地区的七个主要海港全都朝向欧洲大陆，处理着全英国近60%的集装箱运输量。亚马逊英国公司、阿斯达—沃尔玛公司等均选中此地作为物流运营基地。东英格兰地区是英国传统经济发达地区，拥有信息、生物、环保等领域世界一流的专业技术。其研发费用是英国平均水平的三倍。

（7）伦敦

近两千年来伦敦一直是全国政治、经济、文化及交通中心。伦敦位于英格兰东南部，泰晤士河从西向东穿过城市中心，面积1610平方公里，人口770万（2009年），居英国城市人口之冠。在大伦敦议会下有32个市区和世界著名的金融中心伦敦城。伦敦还是英国最大的加工工业中心，尤以通用机械和电机业著称。伦敦拥有5个机场和1个港口，是英国的最大港口。

（8）英格兰东南区域

东南英格兰是英国经济的发动机，是高科技产业和研发业集聚的地方。围绕一系列中小城市，特别是沿着M4和M3走廊，形成了重要的研发基地。这里有6540个跨国公司的分支机构。在南安普顿就有IBM和Phillips等的科技研发机构。南安普顿郊区的Chilworth科技孵化园，就集聚了众多的生物制药公司。研发方面的投入更是位居英国首位。

（9）英格兰西南区域

英格兰西南有着多元化的经济，优势尤为集中在：航空航天、尖端工程—汽车制造、半导体设计、无线通信、光电、数字多媒体、食品与饮料、海洋科技以及生物科技等。目前已有1200个国外公司都把欧洲分部或是研发中心设立在英格兰西南，其中不乏世界一流的公司，如空中客车（Airbus），劳斯莱斯（Rolls-Royce），本田（Honda），东芝（Toshiba）等。

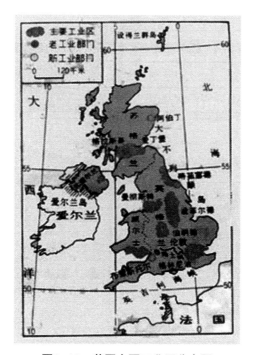

图3-11　英国主要工业区分布图

数据来源：赛迪智库整理，2015年2月。

（三）政策动向

英国政府在2003年首次以政府文件的形式提出低碳经济概念，推出了一系列具有开创性的政策法规和配套措施，将低碳经济视为未来国家竞争力的核心所在，并希望借此重塑国际政治经济地位。尤其在金融危机后，英国希望通过推行一系列政策来实现绿色发展，助推经济复苏。

近年来，在经历金融危机以后，英国政府也对以往过分依赖虚拟经济的政策进行了反思，决心实现英国经济再平衡，改变经济对于消费支出的严重依赖。从统计局公布的数据来看，英国经济要实现均衡发展仍任重道远。服务业稳坐英国经济龙头老大，而制造业及出口仍然是其发展软肋。为改变这一现状，英国政府启动了对未来制造业进行预测的战略研究，拟通过分析制造业面临的问题和挑战，提出英国制造业发展与复苏的政策。2013 年 10 月，该研究报告——《未来制造业：一个新时代给英国带来的机遇与挑战》由英国政府科技办公室正式推出，将为未来英国智能制造发展提供战略导向。

表 3-4 近年来英国推动工业发展的主要政策

时间	标题	主要内容
2013年10月	未来制造业：一个新时代给英国带来的机遇与挑战	分析制造业面临的问题和挑战，提出英国制造业发展与复苏的政策
2012年11月	2012能源法案	支持低碳式发电，计划到2020年将总发电规模提高两倍
2011年8月	绿色经济转型计划	以政府投资为主导，大力促进商用技术的研发推广
2010年10月	国家基础设施规划	加大资金投入，支持低碳经济的科技基础设施建设
2010年4月	绿色产业振兴计划	发展和普及电动车，建设更多风力电场
2009年7月	低碳工业战略	将核能发展作为向低碳能源经济过渡的主要部分
2009年7月	可再生能源战略	加强对可再生能源电力、热力和交通运输燃料的利用，确保到2020年英国能源供应的15%来自可再生能源
2009年7月	英国低碳转换计划	这项计划是英国到2020年的行动路线图，它要求所有方面都向低碳化发展

数据来源：赛迪智库整理，2015 年 2 月。

（四）企业动态

根据 2014 年 7 月发布的《财富》世界 500 强企业排行榜显示，其中来自英国的企业一共有 28 家，所占数量比 2012 年增加 1 家。包括英国石油公司（BP）、汇丰银行控股公司（HSBC HOLDINGS）、乐购（TESCO）、英国保诚集团（PRUDENTIAL）、英国劳埃德银行集团（LLOYDS BANKING GROUP）、英杰华集团（AVIVA）、沃达丰集团（VODAFONE GROUP）、联合利华（UNILEVER）、英国法通保险公司（LEGAL & GENERAL GROUP）、巴克莱（BARCLAYS）、力拓集团（RIO TINTO GROUP）、苏格兰皇家银行集团（ROYAL BANK OF SCOTLAND GROUP）、南苏格兰电力（SSE）等。

从英国破产服务局 2014 年 11 月公布的数据显示，随着经济的复苏以及国内消费拉动，英国企业破产数量去年继续大幅下降，为 1998 年以来最低。官方数据显示，2014 年，在英格兰和威尔士，只有约 2 万个企业宣告破产。而历史上的 2007 年破产数量峰值约为 7.5 万个。

具有代表性的英国公司包括英国石油公司（BP）、力拓集团（RIO TINTO GROUP）、南苏格兰电力（SSE）等。

英国石油公司（BP）成立于 1909 年，总部设在英国伦敦，是世界最大私营石油公司之一，也是世界前十大私营企业集团之一。经营范围涉及油气勘探、开采、炼制、运输、销售、石油化工及煤炭等多方面。BP 国际化工公司在乙烯、聚乙烯和醋酸的工艺技术和生产方面有专长。乙烯、聚乙烯生产能力居欧洲第二位。拥有用气相法生产高密度聚乙烯和低密度线型聚乙烯的新工艺。醋酸生产能力占整个欧洲的三成。BP 国际石油公司在润滑油加氢精制、馏分油加氢精制、加氢裂化、石蜡加氢精制、催化脱蜡等方面拥有专利技术。2014 财年营业额达到 3962 亿美元。

力拓集团（RIO TINTO GROUP）1873 年成立于西班牙，集团总部在英国，澳洲总部在墨尔本。1954 年，出售大部分西班牙业务。1962 年至 1997 年，兼并了全球数家有影响力的矿业公司，在 2000 年成功收购了澳大利亚北方矿业公司，成为在勘探、开采和加工矿产资源方面的全球佼佼者，被称为铁矿石三巨头之一。主要产品包括铝、铜、钻石、能源产品（煤和铀）、金、工业矿物和铁矿等。

南苏格兰电力（SSE）是英国第四大能源公司，由多个电力和电信公司组成。SSE 为工业、商业和家庭客户提供发电、传输、配电和供电服务。该公司还从事能源贸易、天然气销售以及电气和公共设施承包业务。

第四章　日本

第一节　发展概况

日本作为亚洲最大的发达经济体，经过战后快速发展，在电子制造和汽车工业等领域具备了相当重要的竞争实力。随着东日本大地震后恢复工业生产、日元贬值、量化宽松政策的影响，日本产业结构在保持传统优势的同时，逐渐向产业服务化和绿色化方向发展。日本一批全球知名企业近两年也经历了经营状况下降、亏损严重等问题。

2014年，日本经济刺激政策不断发酵，刺激作用有所减弱。其中，上半年由于消费税等因素影响，日本内阁府数据显示，2014年上半年，日本国内生产总值同比实际增长1.4%，其中二季度同比下降0.1%；经季节调整后，二季度国内生产总值实际环比下降1.7%，折年率下降6.8%。二季度日本名义国内生产总值折年数为4871919亿日元，环比下降0.1%，折年率下降0.4%；实际国内生产总值折年数为5258017亿日元，环比下降1.7%，折年率下降6.8%。2014年上半年，日本名义国内生产总值相当于中国大陆同期国内生产总值的53.69%，比上年同期61.91%下降8.2个百分点。进入下半年以来，日本制造业景气判断指数处于下降趋势。2014年12月制造业景气判断指数从上月13下降为10，汽车和运输设备影响严重。第四季度大型企业信心基本保持稳定，其中非制造业企业对未来判断较为良好，而制造业企业信心不足。因全球油价大幅下跌，俄罗斯、法国等欧洲国家以及其他新兴经济体的不利形势，对日本经济发展增加了诸多不确定因素，全球市场避险情绪再次成为各国经济的主要表情。日本多家机构预测，日本2014年经济增长将呈现负增长。

日本制造业PMI指数2014年全年处在较高水平，除4、5月位于50的分界线下方以外，其他月份均高于 50，受到 2013 年经济刺激政策影响，最高值出现在 2014 年 1 月为 56.6，自 6 月开始呈现稳中有升的趋势，12 月为 52，2015 年 1 月持续这一水平。日本经济产业省数据显示，2014 年 11 月工业生产较前月下降 0.6%，为三个月以来的首次下降，日本经济从衰退中的复苏仍显脆弱。

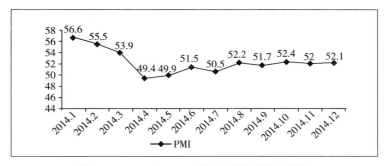

图4-1 2014年1—12月日本制造业PMI指数

数据来源：汇丰银行，2015 年 2 月。

一、工业生产增长日益放缓

2014 年，除 4、5 月外，日本制造业采购经理人指数均在 50 以上的扩张阶段，2015 年 1 月该数值升至 52.1。2014 年，日本经济产业省公布的工业生产指数数据中，制造业生产指数最高值出现在 1 月，为 103.9，8 月跌落至 95.5，11 月回落至 96。2014 年工业生产指数高于 2013 年各月的平均水平。产能指数从 1 月开始呈现出逐月下降趋势，10 月从最初的 96.1 降为 94.9。随着 2013 年安倍内阁出台的一系列经济刺激政策效应逐渐减弱，加之日本国内债务高企、人口老龄化、制造业空洞化等问题依然未得到实质性解决。2014 年以来，日本工业生产数据回升日益缓慢，增长动力不足，日本经济复苏依然面临困境。2015 年 1 月，日本制造业景气判断指数已连续两个月下降，而该指数在非制造业中也不断下滑，日本工业生产和经济复苏仍然脆弱。

二、消费者信心缓慢下滑

2014 年，日本消费者信心指数，较 2013 年有所下滑，平均低于 40，而 2013 年的平均值达到 43。由于 2014 年经济刺激政策的效应逐步减弱，2014 年该数据显示日本人民对经济前景存在一定的不确定性，个人消费趋向于保守。同时，自2014年5月起，连续多个月份家庭支出较上年同期呈下降状态。其中11月家庭支出较上年同期下降2.5%，进一步显示出消费信心不足，对市场不确定性增加。

三、投资支出状况进入上升通道

2014年第一季度，日本在厂房和设备方面的资本支出比2013年同期增长7.4%，2013年第四季度企业资本支出增长了4.0%。企业投资势头有所扭转，对日本国内经济增长有一定的助推作用。同时，显示日本企业投资状况的另一重要指数核心机械订单指数显示，由于化工产业需求增加的拉动，日本2014年7月的核心机械订单环比增长3.5%至7717亿日元（约72.6亿美元），其中制造业部门机械订单环比增长高达20.3%至3639亿日元（约32.2亿美元）。受日本4月1日消费税上调政策影响，2014年4月和5月的核心机械订单指数大幅下滑，下降幅度分别达到为9.1%和19.5%，而从6月开始，该指数出现上升。

四、企业积极进行研发投入

2014年12月4日，欧盟委员会发布了2014年全球企业研发投资排行榜，对全球的2500家企业进行了调查，其中包括日本387家企业和中国的199家企业。榜单中统计结果显示，2013年全球企业净销售额较2012年增长为2.7%，而研发投资额平均水平增长约为4.9%。从全球各大区域来看，日本企业研发投资增长高于全球平均水平达到5.5%，而欧盟和美国企业研发投资较上年增加分别为2.6%和5%。日本企业研发投入达856亿欧元，占全球研发投入总量的15.9%。从行业来看，全球电子信息产业中的软件和计算机服务类企业的研发投入增长水平最高，其次为生物医药行业。其中在排行榜前10名中日本企业有1家，前100日本占17家。

五、产品贸易呈小幅上升趋势

据日本媒体《日本经济新闻》报道显示，通过日本财务省的贸易数据来看，2014年日本进出口总额达159万亿日元，其中出口额和进口额分别为73.1万亿日元和85.9万亿日元，同比分别增长了4.8%和5.7%，贸易逆差为12.8万亿日元，日本贸易逆差连年增长，自2011年开始持续4年增长，已经成为日本可比经济统计数据建立以来最大值。日本贸易赤字的增加，部分原因是由于日元贬值，能源进口和半导体进口额增长，2014 年末虽然全球能源价格显著下降，但仍未能挽回该数据扩大的势头。此外，从进出口两个方面分别来看，由于全球经济仍然处在较为低迷的状态，国内国外需求增长有限，日本国内制造业空洞化，日本在出口方面增长迟缓，除向美英两国的汽车出口和对中国的液晶设备、半导体等出口稳步增长外，其他方面表现欠佳；而从澳大利亚等国进口的天然气产品和从中国进口的太阳能电池和电脑设备等产品大幅增加了日本的进口水平。其中，从进出口产品细分来看，2014 年全年日本累计进口锰铁 13.45 万吨，2013 年为 12.95 万吨，比 2013 年增涨 3.9%，12 月日本进口达 13829 吨。2014 年日本农林水产品出口额为 6117 亿日元，比 2013 年上升 11.1%，首次突破 6000 亿。其中，农产品出口增长 13.8% 至 3570 亿日元，木材等林产品增长 38.5% 至 211 亿日元，水产品增长 5.4% 至 2337 亿日元。

六、制造业新增岗位增加，失业率稳中有降

据日本有关媒体报道，由于近期日本制造业发展形势较好，2015 年求职岗位将进一步增加。日本各主要制造企业的招聘计划显示，新日铁住金公司计划在新年度新录用 600 人，比 2014 年增加 80%；而马自达汽车公司将新录用 250 人，比上一年度增幅达 60%；JFE 钢铁公司招聘计划也增加了 80%。除钢铁行业企业外，造船业、机械制造等行业由于经营状况有所好转，也纷纷扩大了招聘计划。根据日本厚生劳动省公布的数据，2014 年，日本失业率水平小幅波动，4 月失业率最高水平为 3.9%，最低水平出现在 12 月为 3.4%，其中，12 月日本新增就业岗位比前一个月增加了 4.7%，而比 2013 年同期增加为 5.6%。

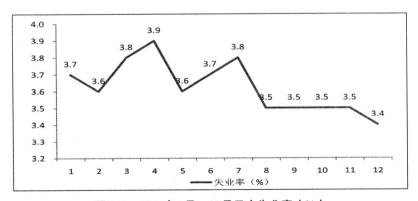

图4-2　2014年1月—12月日本失业率（%）

数据来源：日本总务省，2015 年 2 月。

第二节 产业布局

日本的工业结构已超越重工业时代，以附加值高、消耗资源少的技术密集型产业为主导。随着 IT 技术的世界性变革，日本产业结构逐渐向技术信息化和产业服务化方向发展。汽车、电子、机械、化工等产业作为日本的传统强势产业，一直在全球范围内处在重要地位。但近年来，由于国内经济衰退、经营目标失误以及创新缓慢等原因，日本制造业相继减产，传统行业竞争力优势不再、发展缓慢。尽管如此，日本的汽车、航天、机器人、电子信息、新材料等行业领域仍在全球产业分工体系中居于重要地位。

一、总体情况

从地理分布来看，日本的工业主要集中于太平洋带状工业区，包括该地区沿岸的东京湾、骏河湾、伊势湾、大阪湾和濑户内海等海域狭长地带。该地带占全国总面积的 20%，集中了全国人口的 60% 以上以及 9 个百万人口以上的大城市，占据全国工业产值的 70%、其中钢铁工业产值和化学工业产值的 80% 左右来自该工业带。在战后日本经济起飞过程中，形成了主要的 9 个中小工业区，即北海道、八户、常磐、鹿岛、东海、关东内陆、北陆、大分和有明海沿岸工业区。沿海地区分布成为日本工业区的分布的一个明显特点。在全国大小 14 个工业区中，除关东地区属于内陆工业区外，其余 13 个都处沿海地区，在这 13 个工业区中，有以太平洋沿岸为主，除北海道、北陆和有明海沿岸工业区外，其余 10 个都在太平洋一侧，形成了太平洋沿海带状工业地带。该工业布局特点与日本地理条件、区位优势、自然禀赋情况以及对外贸易在日本经济中的地位有关。太平洋沿岸工业带曾为日本大大节省了能源资源的物流运输费用，经济效益十分明显。

（一）京滨工业区

京滨工业区地处东京湾沿岸，其核心为东京都和横滨市，扩展至关东平原。战后，在原有的工业基础上京滨工业快速发展，工业区域范围明显扩大。京滨工业区主要向海上填海造地区，以及陆地上的东京都郡部、神奈川县、千叶县、埼玉县、茨城县、栃木县和山梨县等地区扩展。京滨工业区的辐射半径超过 50 公里，目前还尚在向半径为 100 公里的周围地带扩大，成为日本最大的工业区。

（二）阪神工业区

阪神工业区以大阪湾为中心，后与广阔的近畿为冲积平原相连接。二次大战后，该工业区扩展很快，同时向西、南两个方向扩展。即顺着尼崎、西宫、神户、明石等沿海城市向兵库县的西面方向发展，同时顺着堺市、岸和田、阪南等沿海城市向和歌山县等南部方向扩大。从战后 50 年代到 1975 年，在堺市、泉北地区填海形成的工业用地达到 1705 公顷。

（三）中京工业区

中京工业区南北部分别与伊势湾、三河湾及浓尾平原相接，面对太平洋。50 年代末和 60 年代初期，与日本政府投资治理伊势湾台风灾害相伴，该地区进行填海造地、整顿工业用水、用地、港口、道路等，为工业发展特别是当时重化工业的发展提供了较好条件。据统计，在 1967 年至 1970 年期间，中京工业区形成的沿海工业用地大大超过同期京滨工业区(2445 公顷)和阪神工业区(1096 公顷)，达 4207 公顷。借助伊势湾的港湾优势，通过大量原油、铁矿石等原材料的进口，中京工业区的钢铁、化学和机械工业等快速发展，机械工业的发展成为该工业区最为引人注目的部分。

（四）北九州工业区

北九州工业区地理位置处于日本九州岛的北部，是日本历史最为久远的重工业基地之一，其核心位于福冈县。从战后 40 年代到 50 年代中期，以八幡制铁公司（现在的新日本制铁公司）为首的大工厂在洞海湾的狭长海岸边分布。受到工业圈扩大对土地的需求限制，因此，战后北九州工业区的发展主要局限在原有区域内部进行设备更新、技术改造，进一步对原有的产业区域进行合理分工与布局，如把原料向户烟工厂的高炉和转炉集中，使八幡公司发展为加工工业基地；发挥老工业基地人力资源优势和技术基础优势，向高附加价值生产领域发展。由于各大工业区的快速发展，虽然北九州工业区的地位相对下降，但是在钢铁工业产品的品种、质量上，北九州工业区仍占有比较重要的地位。

（五）濑户内海工业区

四国岛与本州岛西南部之间的内湾海域被称为濑户内海，向来有"日本地中海"的称号。随着战后大规模的工业投资，使该区域经济迅速发展，原有的 4 大工业区容量日趋饱和。在这样的背景之下，濑户内海成为于50年代末开始崛起的新兴工业区。该工业区域由环濑户内海的冈山县、广岛县、山口县、香川县和爱媛县构成。50年代末到70年代初期，该工业区利用价格上的资源进口优势，主要发展钢铁、化学和机械工业，在濑户内海沿岸兴建大型港口和工厂，濑户内海已然变成了一条"产业运河"，在日本工业经济中的地位甚至已经超越北九州工业区。

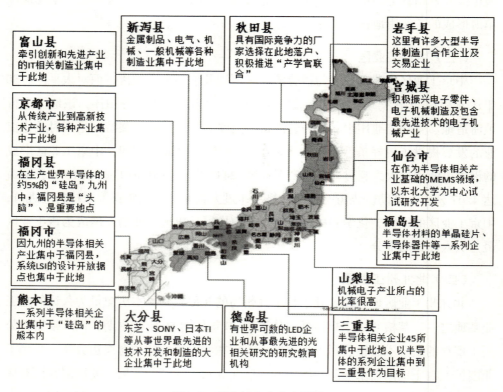

图4-3 日本核心产业布局图

数据来源：赛迪智库整理，2015年2月。

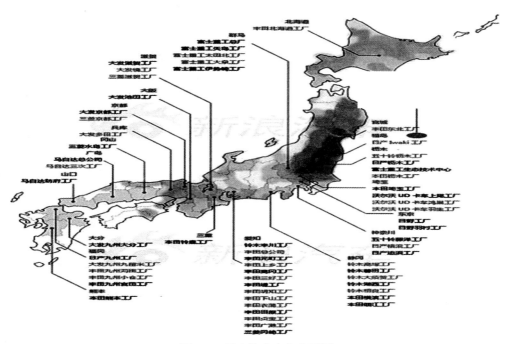

图4-4　日本汽车产业布局图

数据来源：新浪汽车，2015年2月。

二、产业布局变化趋势

（一）传统工业向电子信息工业转变

上世纪70年代之前，日本的产业结构主要是传统工业。自70年代开始，为配合工业污染的治理，同时随着经济的发展和科学技术的进步，日本提出了调整产业结构的设想，将产业结构从劳动、资本密集型向技术和知识密集型调整。进入20世纪80年代，日本加快了以电子技术、生物技术和新材料技术为重点的高技术产业的发展，特别是以个人用电子计算机为核心的电子信息产业快速迅速发展，轻工、纺织、钢铁、造船和普通机械等传统产业在经济中的地位逐步被电子和信息行业所取代。上世纪90年代以后，日本将传统产业逐步转移到亚洲其他国家和地区，利用其劳动力价格相对便宜的优势，进一步加大了产业结构调整的力度。

近年来日本产业调整又出现了由资本密集型向知识密集型转变，产业结构日益向软件化方向发展、工业布局出现了分散化、产业经营组合化等趋势。这是日本利用新科技对产业进行调整的结果，钢铁、机械等"重厚长大"型产品产量比重下降，而"轻薄短小"的电子相关产品产量增长迅速，在节约资源和能源方面突破重大。日本的工业布局逐渐出现由沿海转向内地、由中心城市转向地方城市的现象，产业经营相互依存度提高，电子产业与通讯、信息产业相结合，形成新的高尖端产业群，新兴尖端产业之间相互渗透、相互依存的趋势正在不断发展。

（二）推动主导产业集群发展

日本通商省每隔 10 年上下提出一个中长期的促进产业结构高端化的总体规划，即产业结构长期构想。在发展临港产业、振兴沿海工业带等经济发展思想的引导下，日本政府集中选择了某些具有临港优势的产业进行重点扶植，起到了导向的作用，引导企业向这一产业领域进行大量投资，使这些临港产业迅速成长。不同时期出台了不同的重点扶持产业，不同产业配套不同的政策引导措施。20世纪六七十年代日本产业结构设想主要是推行重化工业和以知识密集型产业为中心转变产业结构重心的设想。这些产业构想直接促进了日本临港产业发展中主导产业类型的选择和产业结构调整。根据日本产业发展要求，2001 年日本政府推行了以新的产业与区域发展政策为核心的产业集群政策。其目标是通过营造企业创新环境，提高创新能力，推动全国各区域利用本区域产业资源，发展新产业和创建新企业。为此，日本集群政策包括营建企业的网络环境，增强企业间的横向和纵向网络联系，形成跨产业合作的网络关系，以产业、学术、政府、企业环境的"新融合"，促进区域创新，促进企业合作，从而形成产业集群。

第三节 政策动向

一、总体政策

2013 年以来，日本陆续从税收制度、政府补贴和货币政策等方面出台了相关政策，试图重振日本制造业和整个经济增长。然而由于日本债务高企、人口老龄化严重、复苏动力不足等问题，目前来看，这些政策尚未实现日本恢复长期增长的目标。

表 4-1　近年来日本主要扶持工业发展的政策措施

时间	标题	主要内容	对制造业重要影响
2014年 12月	新版量化宽松政策	进一步扩大正在实施的量化和质化宽松政策	为制造业复苏提供货币政策刺激
2014年 11月	290亿美元经济刺激计划	刺激计划将于2014年12月27日定案，主要是向地方政府提供资金，将作为家庭购买燃料等其他商品的补贴费用	重振日本地方经济
2014年 4月	日本上调消费税	从2014年4月1日起将消费税率从目前的5%提高至8%	影响企业投资积极性
2013年 4月	日本新经济增长战略2013	日本政府提出了新经济增长战略，将医疗和健康产业作为未来日本新经济增长战略的重心	从医疗产业促进日本经济的发展
2013年 1月	日本央行实施量化宽松政策	发表"关于摆脱通货紧缩、实现经济可持续增长"的共同声明，力争实现物价上涨2%的目标，取代此前1%的通胀率目标，维持基准利率在0—0.1%区间不变	提供货币政策刺激制造业复苏
2012年 7月	日本再生战略	提出今后将重点投资节能环保、健康医疗和农林渔业三个领域	提高日本制造业全球竞争力
2010年 6月	新经济增长战略	战略指出要着重拓展有望带来额外增长的六大领域：环境及能源、医疗及护理、旅游、科学技术、促进就业及人才培养	确定日本保持制造业全球竞争力的领域
2009年 5月	工业复兴与创新战略法案	主要包括生产力提高支持计划和业务重振公共组织两部分，旨在企业重建，承接新企业和提高生产力	推动日本制造业的重振
2006年 1月	IT新改革战略	推进IT结构的改革里，以真正有效地利用为目标	在日本IT领域实现突破

资料来源：赛迪智库整理，2015 年 2 月。

二、相关重大政策简析

（一）日本上调消费税

2013 年 10 月，由首相安倍晋三宣布，自 2014 年 4 月 1 日起日本将消费税率从目前的 5% 提高至 8%，这是从 1997 年来日本第一次提高消费税率。此前日本经济一直陷入低增长陷阱，专家认为日本提高消费税并不合时宜，然而受到日本日益恶化的财政状况和来自国际货币基金组织的压力，日本最终还是将税率上

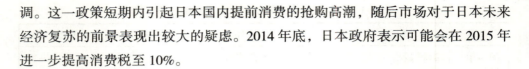

调。这一政策短期内引起日本国内提前消费的抢购高潮，随后市场对于日本未来经济复苏的前景表现出较大的疑虑。2014年底，日本政府表示可能会在2015年进一步提高消费税至10%。

（二）政府推出290亿美元经济刺激计划

日本政府推出的290亿美元经济计划于2014年12月27日定案，该计划主要面向地方政府，为其提供资金，从日本家庭在燃料方面的消费进行补贴。此次经济刺激计划的资金来源主要是政府额外的税收及上一年度预算未用完的资金，而非其他新的举债方式融资。该计划旨在重振地方经济，主要措施包括向低收入家庭发放优惠购物券或提供燃油补贴。政府还会寻求通过降低政府房贷机构的抵押贷款利率为楼市提供支撑。由于受到2014年4月消费税上调的影响，日本经济复苏前景更加不清晰，包括消费支出在内的一些领域依然疲软。在安倍经济学中实施的积极货币和财政刺激措施已开始推动股市和汇率好转，对于出口型制造企业和机构投资者来说都是有利的。但同时日元贬值使得进口成本上升，加之消费税上调提高生活成本，不利于低收入人群、小型企业和农村地区发展。

（三）新版量化宽松政策

日本央行2014年11月宣布进一步扩大正在实施的量化和质化宽松政策。新版量化宽松政策主要内容：将每年的基础货币宽松规模从目前的60万亿至70万亿日元扩大至80万亿日元；进一步增购国债，从每年50万亿日元扩大至80万亿日元，同时延长国债的增持期限，从7年最长延至10年。日本近年来政府债务负担大大加重，财政状况逐年恶化，2011年日本政府的一般债务余额与GDP之比升至212.7%，远远超过IMF设定的国际安全标准。新版量化宽松政策是对这一问题的短期缓解，但无法真正解决债务问题。此外，为刺激资本市场，日本央行还决定增加购买高风险的股市联动型基金，未来一年将购入3万亿日元的交易型开放式指数基金(ETF)和900亿日元的房地产投资信托基金(REIT)。

第四节　发展趋势

一、工业经济实现快速增长较为艰难

日本目前的经济发展情况显示日本经济复苏基础仍显薄弱，2013年安倍经

济学出台的三阶段的策略无法支撑日本维持长期经济增长，同时，在日本经济增长战略中的一些改革要点执行起来仍显困难。日本的经济改革任重道远，长期来看未来经济实现快速增长较为艰难，无法大幅度提振经济增长。日本在 2014 年12 月宣布将在 2015 年 10 月进一步提高消费税税率至 10%，此前的 2014 年 4 月 1 日消费税率已经提高至 8%，对日本民众和企业产生了一定的负面影响。如果未来继续提高消费税税率，那么企业将面临更大的税负压力，所得税即使下降经济增长也可能依然会受到影响。

二、对外贸易逆差逐步下降

由于日本在增税前，大众已经对增税有了一定的预期，因此造成了一定程度上的提前消费；日本大地震后核电站的重启使日本对能源的进口需求有所下降；此外加上日元贬值得到短期抑制和全球经济复苏等因素的影响，未来日本进出口贸易上的表现可能又会有所变化，贸易逆差会逐步缩小。但是基于日本本身的能源结构所限，对海外能源依赖较大，制造型企业对海外投资不断扩大和人口老龄化加剧等根本性因素影响，贸易逆差短期内还将持续一段时间。

三、依靠工业投资拉动经济空间缩小

作为拉动日本经济的重要手段之一，未来依靠投资拉动经济的空间可能会逐步缩小。公共投资在 2008 年金融危机爆发之后一直是日本政府提升经济的主要依赖，但日本财政背负着很高的负债，债务规模对公共投资增长造成了阻碍。2014 年随着安倍经济学的刺激逐步放缓减弱，第二季度的数据显示公共投资和民间投资规模都有所下降，一定程度上阻碍了经济复苏。此外，消费税带来的需求下降也直接导致工业企业投资意愿的下降，2014 年下半年的工业产出数据下降已经显示出制造业增长的动力不足。

四、新一代电子信息产业有望增长

厂商间竞争加剧、服务使用成本降低、通讯与分析技术进步、外围环境完备是支撑日本物联网等新一代信息技术市场持续成长的主要因素。以物联网为例，目前导入物联网的行业以制造业和交通业为主，未来可望扩及能源业与零售业。由于智能电表的普及，很多企业都可以轻松使用 IOT 服务。对厂商而言，短期内与在特定垂直市场拥有优势的伙伴合作，创造解决方案导入环境是关键，从中长期角度来看,日本需确立在全球新技术体制的地位,积极完善行业相关法律法规。

五、外部因素带来的不确定性增加

全球市场带来的外部因素增加了日本经济的不确定性。当前全球大宗商品价格大幅下降,主要石油供给国并未因此减少供给,俄罗斯经济受到重挫,卢布汇率大幅下跌,石油需求国工业能源成本下降。随着全球主要经济体逐步退出量化宽松,日本金融市场可能将面临利率升高。2015年美国、欧盟等主要经济体经济复苏的脚步能否持续,亚洲市场中中国和韩国的竞争力进一步上升,以及经贸关系变化,都将对日本经济未来的发展走向造成影响。

第五节　企业动态

在最新的全球500强企业中,日本拥有的世界500强企业数量有所下降,从2012年的68家降至2014年的57家。排名前50位的日本工业企业有丰田汽车、日本邮政控股公司和本田汽车三家企业,且排名变化不大。丰田汽车在排行榜中超过大众公司,排名第9位。在前100名中,日本仅有7家企业,除日本邮政控股公司外,通信和制造业企业有6家,各家企业的排名均有小幅下滑,下降幅度在1—24名之间。

一、主要跨国公司近期动态

(一)丰田汽车

2014年日本丰田汽车公司在全球销量排名中位列第二,仅次于德国大众汽车公司。销量达到了981.86万辆,同比增幅达到2.3%。丰田在中国市场表现也不俗,2014年中国市场销量为103万辆汽车,比2013年上升12.5%。从最新的2015年1月数据来看,销量达到94700辆。2015年,丰田汽车在中国市场的目标为110万辆。2014年丰田在全球市场合作上较为活跃,出售其持有的美国特斯拉汽车公司部分股权,出售后丰田持股约为2.5%。丰田还将在2015年投资10亿美元在拉美地区的墨西哥兴建工厂,未来丰田公司将持续其全球化的经营策略。

(二)日产汽车

日本另一汽车制造厂商日产汽车1999年与法国雷诺公司结盟,雷诺购得

36.8% 的股份。在 2014 年全球汽车销量排名中以雷诺—日产联盟排名全球第四，销量为 794.76 万辆。日产汽车在日本国内销量排名第二。2015 年 1 月，日产汽车在中国销量为 11640 辆，比 2014 年同期增长 22.2%，与 2014 年相比从销量下降转为上升。2014 年 11 月和 12 月在华销量分别下降 11.8% 和 9.1%。受到 2014 年日产汽车在美国召回事件影响，近期美国还将对日产汽车的安全性能方面展开进一步调查。

（三）索尼

索尼公司的最新财报中显示 2014 财年公司继续亏损局面，2008 年至 2014 年的七年中，除 2012 年实现盈利外，其余六年均为亏损状态，2014 年净亏损额约为 1700 亿日元。虽然索尼业绩仍为亏损，但要好于预期，主要是由于其在游戏和芯片业务中的表现较好。2013 财年亏损为 1284 亿日元，是在 2012 年扭亏为盈后再次亏损，虽然索尼此前积极从公司经营出发谋求改革，但仍未摆脱困境。由于索尼员工多数并非属于日本电气电子和信息工人工会，目前正经历调整期的索尼在 2015 年预计将会下调平均薪酬。此外，索尼预计图像传感器业务市场会进一步增加，已将公司重心转移到图像传感器业务中，而减轻了此前电视和移动业务的比重。

（四）小松制作所

株式会社小松制作所（即小松集团，以下简称"小松"）是全球最大的工程机械及矿山机械制造企业之一，成立于 1921 年，迄今已有 90 年历史。小松集团总部位于日本东京，在中国、美国、欧洲、亚洲和日本设有 5 个地区总部，集团子公司 143 家，员工 3 万多人，2010 年集团销售额达到 217 亿美元。小松主要从事建筑机械、车辆、小型辅助机械等领先产品、领先服务和领先解决方案的开发和导入业务，同时也在 ICT 技术系统、建筑机械运输、半导体、安保等相关领域开展业务。所谓领先产品，是指其他公司花费 3—5 年都无法超越的，拥有先进性优势的产品。主要代表性产品包括：适用 Tier4 系统，混合动力挖掘机，无人翻斗车运行系统（AHS）和 ICT 推土机。

二、中小企业发展情况

目前，日本中小企业在经济生活的多层次、多侧面中对提高大企业的生产效率以及整个社会的效率起到了直接或间接的作用，表现为吸收大量劳动力，社会稳定器；发挥生产的辅助作用，支持重化工业化；有利于生产力的平衡布局，缓和地区发展的不平衡；满足人们多方面消费需求等。可以说，日本中小企业已成为日本经济发展的基础。

在世界主要发达国家中，日本中小企业的比例相对较高，在国民经济中的作用也比较突出。根据日本总务省的"事业所、企业统计调查"，日本国内企业（公司数＋个人事业者数）以中小企业规模为主，数量超过400万家，在企业总量中占比超过99%；国内从业人员（公司常用雇员数＋个人事业所从业人员数）3000多万人，其中中小企业员工数量占从业人员总量超过70%。中小企业是日本整个国民经济的基石，其健康、稳定的发展对于日本经济发展具有十分重要的意义。

第五章 金砖国家

　　2002年至2012年，金砖国家经济平均增速超过10%，被视为世界经济发展的新希望。2013年，金砖五国国内生产总值为157224.62亿美元，经济平均增速为5.5%，高于全球平均增速3.1个百分点，金砖五国GDP占全球（IMF189个成员国）比重为21.25%。2013年，金砖国家间的贸易额近3500亿美元，比6年前增长了2.5倍。但在世界经济复苏乏力、地缘政治复杂多变的背景下，2014年金砖国家经济受到内外部挑战，经济增速有所放缓。2014年，中国经济增速为7.4%；巴西经济增长率为0.15%，4年前这个数据为7.5%；印度经济也进入增长慢车道，经济增速为5.6%，低于之前8%至9%的年均增速；受乌克兰危机及国家油价下跌的影响，世界银行在2015年1月13日发布的《全球经济展望》中预计2014年俄罗斯GDP将仅增长0.7%。随着各国经济增速的放缓，工业增速明显下滑。

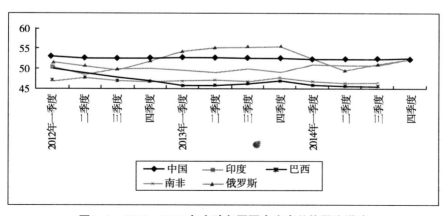

图5-1　2012—2014年金砖各国国内生产总值同比增速

数据来源：各国统计局，2015年2月。

2014年中国制造业PMI整体呈现先升后降的态势，下半年以来呈现趋势性下降。2014年印度的制造业表现突出，为近两年来最佳；巴西制造业持续保持低迷状态，11月制造业PMI指数为48.7，已连续3个月位于50以下。面对危机，金砖国家采取了积极的经济政策，加速推动结构改革，积极扩大内需，加大政府投资，广泛开展经贸合作，助力经济复苏。

第一节　巴西

一、发展概况

巴西位于南美洲东部，幅员辽阔，是拉美第一大国，世界第五大国。巴西拥有拉丁美洲最为完善的产业体系，经济实力居拉美首位。受世界经济增速放缓，国内需求减少，贫富不平等增加、通膨率上升等因素影响，2014年巴西经济增长率仅为0.15%，该增速是自2009年以来的最低增速。据巴西地理统计局的数据显示，2014年1—10月巴西工业生产总值同比下滑3%，其中，2014年10月份巴西工业生产总值同比大幅下滑3.6%。巴西全国工业联合会于2015年1月14日公布的一份国家竞争力排名报告显示，在15个国家中，巴西国家竞争力连续三年排名倒数第二。

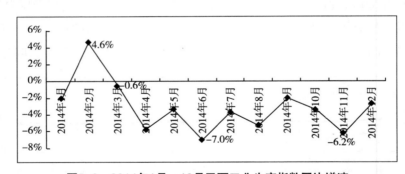

图5-2　2014年1月—12月巴西工业生产指数同比增速

数据来源：巴西国家地理统计局，2015年2月。

（一）工业生产不断萎缩

据巴西国家地理与统计局（IBGE）统计数据显示，2013年巴西工业就业同比下降1.1%，为连续第二年下滑（2012年下降1.4%）。其中制鞋和皮革加工降幅最大，为5.3%，产品加工下降4.1%，机械设备制造下降2.3%，服装业下降2.7%，纺织业下降3.6%。2014年，受国内总统大选、融资成本高昂、银行利率过高等因素影响，巴西工业持续萎缩。据巴西工业联合会（CNI）发布的数据显示，2014年6月，巴西工业设施利用率为80.1%，创2009年6月以来最低。随着巴西工业生产的不断下滑及生产成本的上升，企业在工业领域的投资信心也受到打击。2014年10月，雇员指数为47.1点，低于50点的分界线。2014年11月份巴西工业信心指数大幅下跌至44.8点，为1999年1月以来的最低水平。

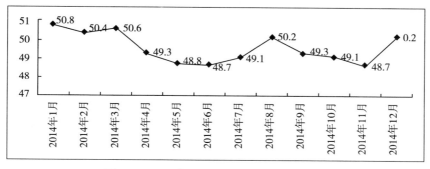

图5-3　2014年1月—12月巴西制造业PMI值

数据来源：汇丰银行，2015年2月。

（二）传统产业不景气

因受到价格调整、信贷紧缩、收入低增长和民众信心不足的影响，2014年巴西传统产业发展不景气。在汽车行业，受2014年7月巴西政府将工业产品税（IPI）由3%提高至7%政策的影响，汽车生产量不断下滑。2014年1—11月，巴西汽车生产量累计294万辆，同比减少15.5%。其中，2014年11月，汽车生产量环比下降9.7%，轿车、商务车、卡车和大巴的销售量仅为29.47万辆，环比减少4%，年内销售量累计减少8.4%。虽然巴西政府及时出台了鼓励购买新车等一系列措施，并出资50亿雷亚尔信贷来振兴汽车产业发展，但巴西汽车企业还是面临裁员的窘迫。如，2014年2月巴西汽车经销商标致雪铁龙公司发布一项计划，中止了旗下650名员工的合同。在纺织服装行业，最近10年巴西纺织品进口额增长了25倍，出口不断减少，一些纺织服装企业出现了工作岗位不断流失和倒闭的现象。根据巴西工业发展和外贸部的统计数据显示，2014年1—9月份巴西纺织品出口额下降了6.1%。

（三）出口大幅下滑

受中国经济增速放缓、美联储退出量化宽松货币政策、大豆和铁矿砂等大宗商品价格持续下跌等因素影响,严重打击以大宗商品出口为主的巴西经济的发展,巴西外贸形势严峻。2014年,巴西对外贸易14年来首次出现贸易逆差。2014年1—11月,巴西累计贸易逆差额达到42亿美元。铁矿石是巴西最主要的出口商品之一,由于全球外需不足,铁矿石需求减少,巴西的铁矿石出口量不断减少,出口价格降低。2014年1—11月,巴西铁矿石出口量仅占全国总出口总量的11.5%,铁矿石均价降到每吨75美元,比2013年每吨减少23美元。

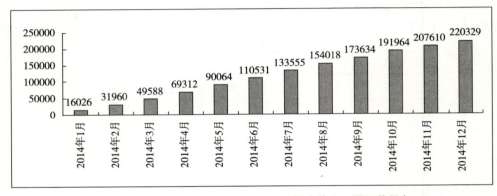

图5-4　2014年1月—12月巴西出口金额（单位：百万美元）

数据来源：巴西统计局,2015年2月。

（四）中小企业经营面临困境

近年来,巴西的通胀水平一直居高不下。巴西国家地理与统计局发布数据显示,2014年通胀率为6.41%,接近巴西政府设定的6.5%的上限。2014年与住房相关的支出上涨8.8%,牛肉价格上涨22.21%,洋葱价格上涨23.61%。较高的通胀率导致巴西货币贬值,影响投资者对巴西的投资热情。同时,巴西一直居高不下的通货膨胀率也会对需求产生一定的抑制作用,企业订单受到影响,居民所需的各类消费品价格都有所增长,抑制居民消费水平的增长。由于政策不断地收紧,中小企业融资难问题一直难以解决,中小企业获得资金支持的难度将进一步提高,其面临的生存和发展环境恶劣。

二、产业布局

二战后，巴西吸引外资水平增加，重工业比重得到大幅提升，工业结构趋向多元化发展。东南部沿海也是殖民者最早入侵的地方，工业基础好，巴西工业主要集中在东南沿海地带。里约热内卢和圣保罗位于巴西东南部沿海地区，气候条件适宜，对外交通便利，是巴西人口分布最密集的地区，经济发展速度快。因此，圣保罗、里约热内卢等地区是巴西的重工业主要集中地。其中，圣保罗邻近的米纳斯吉纳斯州水资源较为丰富，且拥有铁、锰、镍等资源，农产品主要以咖啡、棉花、甘蔗为主，其优越的资源条件为其工业发展提供了有利条件。在近海地区的库巴唐建有大型炼油厂和钢铁企业，其周围集聚了一些新的工业区。

巴西钢铁业主要集中在东南部，粗钢产量占生产总量的 93.5%；在此之外，南部占 3.9%，北部占 2.6%。钢铁生产主要分布在巴西 27 个州中的 9 个州。其中，米那斯吉拉斯州占 37.4%，里约热内卢州占 21.9%，圣埃斯皮里图州占 16.9%，圣保罗州占 17.3%，南里奥格兰德州占 2.5%，巴西利亚州占 1.7%，巴拉那州占 1.4%，帕拉伊巴州占 0.7%，塞阿拉州占 0.35%。

三、政策动向

面对近年来巴西经济的不佳表现，为有效抑制通胀，实现高就业率，促进工业等各产业的发展，2014 年以来巴西政府出台了一系列政策措施，确保经济恢复增长。在工业领域，2014 年 5 月，巴西政府公布了一项 80 亿雷亚尔的政府投资计划。该投资计划包含对州际公路、环形岛、环城公路、桥梁、立交桥、城市道路等 400 余个基建项目招标计划，除达到刺激金融市场释放更多贷款外，还将带动承包工程、工程设计和项目咨询行业的发展。2014 年 6 月 18 日，巴西政府公布了工业刺激计划，以减少中央银行制定的汇率对出口商的负面影响。主要内容包括：一是延长低息贷款，将投资扶持计划实施时间延长一年至 2015 年底，继续通过国家经济社会发展银行等国有银行向企业提供低息贷款。二是将税收抵免临时措施常态化，政府向出口加工企业提供 0—3% 的税收抵免。三是政府采购向本国企业倾斜，巴西企业在政府采购中享有优先权，且在报价上最多可享受高于外国企业报价 25% 的优惠，有关措施在 2020 年前有效。四是调整欠税追讨政策。2014 年 8 月 20 日，罗塞芙政府又推出新的一揽子刺激贷款措施，主要包括向银行系统注资、简化贷款发放手续、加强对汽车制造业和房地产业的资金支持等，将为市场新增 250 亿雷亚尔贷款。

在贸易领域，巴西政府不断对现有的贸易保护机制进行改革。巴西工业联合会（CNI）扩大对产品出口国出口补贴的认定范围，除产品来源国对出口到巴西产品的生产、出口和运输过程中的补贴之外，任何其他相关的经济行为中的补贴措施都应视为产品来源国的出口补贴。此外，CNI 认为出口国的货币贬值政策同样可视为对出口商的补贴政策。

四、发展趋势

（一）工业竞争力短期难以提升

受国内外经济环境的影响，2014 年巴西国内通货膨胀高企，就业形势严峻，建立在内需基础上的经济增长显得难以为继。同时，巴西工业受国际市场波动影响较大，制造业多以初级加工品为主，不利于本国工业竞争力的提升。再加上巴西央行的不断加息，增加了企业的融资成本，降低了企业的投资意愿。在全球经济复苏乏力、内部缺乏资源的条件下，工业增长前景不容乐观。巴西经济总的来说在 2015 年处于微弱的发展阶段，工业发展十分缓慢，经济放缓现象严重。

（二）外贸形势仍然严峻

在全球经济体经济复苏缓慢、中国经济增速放缓、国际大宗商品价格繁荣景象不再的背景下，全球能源、原材料新增需求放缓。外部需求的减少对巴西出口产生了全方位影响，即便是最具竞争力的出口产品，如铁矿、蔗糖、大豆等，也遭遇了国际市场价格的下跌。以资源出口为主的巴西受到冲击，出口前景难以乐观。随着各大经济体经济增速放缓，全球保护主义势头不断上升，巴西贸易前景十分严峻。

（三）绿色工业发展势头迅猛

为了降低过度开采等给自然带来的灾难，巴西政府也在积极采取措施，开展低碳经济。近年来，巴西在矿业和能源产业的投资逐年增加。目前巴西政府不断加大对新能源技术的研发力度，巴西的 27 个州已经有 23 个州建立了开发生物柴油的技术网络。同时，巴西政府推出各种信贷优惠政策、设立专项信贷资金等一系列金融支持政策。巴西正利用自身的独特优势，借助新技术减少对传统能源的依赖，在新技术新能源的利用上实现节能减排，积极发展绿色工业。

五、企业动态

巴西潜在的市场消费能力、丰富的自然资源吸引了大量外资。2013年，巴西吸引外资640.46亿美元，占拉美和加勒比地区总引资的32%。巴西吸引外资较多的产业有自然资源、矿业、汽车工业等，分别吸引外资108.92亿、33.43亿和26.21亿美元。利润较高的产业有汽车、饮料、金融服务、零售和电信等，其中汽车产业利润高达32.9亿美元，同比增长35%。

进入2014年以来，巴西制造企业发展较快，跨国企业也不断增加在巴西的投资。2014年第一季度，巴西飞机制造公司（Embraer）交货量达34架，比2013年同期增长17.2%。其中商务机14架，公务机20架。2014年4月，雷诺公司宣布，将在巴西投资2.4亿欧元（约合3.31美元），生产新型号汽车，并建一个物流中心，设在巴拉那州库里奇巴市的雷诺组装厂，将在2014—2019年间获得投资1.62亿欧元，用于生产两型新车。另外7800万欧元将用于物流中心建设，支持该地区雷诺销售网的零配件供应。在能源领域，近年来巴西政府逐步采取比较开放的能源政策，不断加大对能源基础设施的投资力度，这使得巴西能源公司的盈利水平不断增强。如：2014年入围世界500强的巴西淡水河谷（Vale），2014年铁矿石产量将达3.12亿吨，同比增长4%。其中，Vale第三季度镍矿产量达72000吨，同比增长16.4%。另外，随着巴西2016年奥运会的到来，对建筑企业和建筑设备的需求将不断增加，这将为巴西跨国企业提供很多投资机会。

第二节　印度

一、发展概况

印度位于亚洲南部，是南亚次大陆最大的国家，也是世界上经济发展最快的国家之一。印度因其拥有充裕的廉价劳动力，以及巨大的成本优势，在全球经济形势复杂多变、新兴经济体经济放缓的大背景下，印度却是个明显的例外。2014年，印度经济表现出强劲的复苏势头，制造业发展持续增长，商业运营环境明显改善，经济增速达至5.8%。据国际货币基金组织(IMF)公布的《世界经济展望报告》显示，印度2014年经济总量有望达到2万亿美元，到2019年将达到3万亿美元，或跃居世界第7大经济体。联合国发布《世界经济形势及2016年前景》报告预计，2015年印度将引领南亚地区经济增长达5.4%，将创4年来新高。在印度政府大力发展制造业的政策环境下，2014年印度制造业获得了较快的发展。2014年11月，印度制造业产量实现3%的增长，22个制造业中的16个产业与2013年同期相比已显示出正增长迹象。服饰、毛皮染色产业增长最高，达19.8%，其次是汽车、挂车、半挂车，达17.5%，金属制品（除机械和设备产品外）为12.8%。

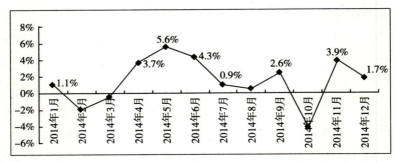

图5-5 2014年1月—12月印度工业生产指数同比增速

数据来源：印度统计局，2015年2月。

（一）工业领域增长较快，先进制造业发展优势明显

2014年，印度工业领域发展迅速。2014年5月，印度工业生产连续增长两个月，年均增速达到4.7%，其中，制造业生产年均增速为4.8%，采矿业生产年均增速为2.7%。汇丰银行数据显示，2014年12月印度制造业PMI值大幅增至两年内新高，从11月的53.3增长54.5。随着国内经济的不断增长，通胀减缓，企业采购原材料的成本也有所下降。截至2014年12月，印度的新订单已经连续14个月呈增长趋势。其中，制造业国际化智能化发展趋势明显。福特(Ford)、现代(Hyundai)等许多公司都在印度建造世界最先进的工厂，工厂里配备了大量机器人。许多跨国汽车制造商把印度视为一个重要的出口基地。

（二）传统制造业发展迅速

2014年印度传统制造业发展迅速。在粗钢领域，由于印度钢铁商产能扩张和产能利用率的提高，粗钢产量也出现了大幅增长。据联合钢铁部，印度2014年粗钢产量预计将达到8600万吨，印度去年粗钢产量约8100万吨。在汽车行业，随着印度经济的不断恢复，印度汽车需求明显改善，汽车产、销量增长显著。2014年4—9月，汽车产量同比增15%，达到1183万辆。印度汽车需求增长推动冷板和镀锌产量增加，2014 年 4—9 月，印度冷轧板卷消费超过 270 万吨，同比增 8%，镀锌板卷增近 3%，约 290 万吨。2014 年 6 月，印度塔塔钢铁与新日铁住金合资的连续退火和酸洗生产线正式投入运转，年产能 60 万吨，确保对当地汽车业供应高质量的汽车钢板。在纺织领域，印度为世界第二大丝绸生产国，在 2013—2014 年，印度丝绸的生产量达到 26480 顿，同比增长了 11%。2014—2015 年，印度计划将丝绸的生产量提升到 28500 顿。

（三）吸引外资能力增强

由于政府放宽了投资限制，再加上利率稳定，2014 年印度吸引外资能力增强。据印度商工部发布的统计数据显示，自 2000 年—2014 年 11 月间，印度累计利用外资 3509.63 亿美元。其中，2014 年 1—11 月印累计利用外资 266.23 亿美元，较 2013 年同期的 209.36 亿美元，大幅增长 27%。从 FDI 来源地上看，前三大来源地分别为毛里求斯、新加坡和英国。从 FDI 投资领域看，前三大领域分别为金融和非金融服务业、建筑业和电信业。其中，2000 年 4 月—2014 年 11 月，我国累计对印度投资额为 4.53 亿美元，占印度利用外资总量的比例为 0.19%，在所有国家和地区中排名第 28 位。

二、产业布局

印度独立之初，工业高度集中在少数沿海大城市，仅孟买、加尔各答和阿默达巴德三个邦的工业产值占全国工业总产值的 70% 以上。近年来，印度工业过分集中的状况已有改善。目前，印度有五个比较重要的工业区：一是以加尔各答为中心的工业区。该工业区以纺织服装行业和机械制造业为主，也是全国最早形成的工业区，其纺织服装产值占全国纺织服装总产值的 40%，机械制造产值占全国机械制造总产值的 30%。二是以孟买—浦那为中心的工业区。该工业区主要以棉纺织工业为主，机械、化工、炼油等产业近来也发展较快。该工业区棉纺织工业占全国棉纺织工业总量的 30%。三是以阿默达巴德为中心的工业区。该工业区主要以纺织、钢铁、机械制造等传统工业为主，规模相当于加尔各答的一半。四是以马德拉斯—班加罗尔为中心的工业区。该工业区是发展最快的工业区，规模接近于加尔各答区。该工业区大力发展电力、飞机制造、造船、炼油等工业部门，轻工业和重工业并举推进。五是以那格浦尔为中心的工业区。该工业区有印度的"鲁尔区"之称，为 50 年代发展起来的重工业区。

三、政策动向

印度总理莫迪自 2014 年 5 月 26 日上台后，推出一系列改革措施，包括推行税制改革，吸引外资，出售国有资产股份，开启私有化进程，大力发展制造业等，在排除政治阻力推进改革方面显示出大刀阔斧的决心。其中，基础设施建设、制造业和智慧城市成为莫迪经济改革战略的三根支柱。在基础设施建设领域，莫迪改革计划中包括增加 8000 亿美元的基础设施开支，以便让印度经济实现 7% 的增长目标，同时还允许银行购买基建债券，以盘活债券市场交易。2014 年年底，莫迪还从中国争取到了 200 亿美元基础设施投资。所有这些措施让印度有能力对不堪重负的交通运输系统进行升级，为更多地区提供生活用水和电力，并让技术的应用范围扩大到全国。

在莫迪的强力推动下，"印度制造"运动的势头不断加大。2014 年 9 月，莫迪启动了一项以"印度制造"为口号的国家形象营销活动，提出未来要将印度打造成新的"全球制造中心"，以吸引全球商业投资和制造业进入印度，促进第二和第三产业的发展，改善印度经济的全球形象。印度内阁经济事务委员会（CCEA）通过一项名为"提高印度生产资料竞争力"的计划，这项计划主要涵盖发展印度纺织机械、机床、建筑及采矿机械等领域，旨在促进印度经济的发展，提高印度生产资料在全球范围的竞争力。该项计划预计投入 93 亿卢比，除建设常规的工业设施中心外，还将重点围绕生产资料的技术加工创造。在国防制造业领域，为了促进印度国防生产自力更生、鼓励更多私人制造商进入国防部门、削减进口成本并预防腐败，2014 年 6 月印度政府宣布，除负面清单列明的产品以外，生产国防用途产品以及军用和民用两种用途的产品不再需要工业许可。这样，仅在生产军用飞机、空间飞行器及部件、坦克及其他装甲战车、各种战舰及武器弹药等产品时才需要工业许可。莫迪政府计划允许外国投资在国防企业中最多持有100% 股份。目前印国防部门允许外资一般情况下最多持有 26% 股份。从 2014 年下半年起，印度政府又大力推广"数字战略"，努力实现以民众为中心和公开透明的政务系统。该计划旨在通过提供基础性服务，确保居民在本地能享有所有政府服务，在居民可承受的价格下保证服务的效率、透明度和可靠性，以满足居民的基本生活需求。

在对外贸易领域，印度政府延续外商直接投资政策，并放开包括保险、铁路和国防在内的受限领域。 贸易协定的潜在原则是提高该国的价值增值和制造业，这要求进口关税较低而加工品及成品关税较高。2014 年 5 月，印度新政府重审其贸易安排，包括自由贸易条款下的可能损害国内制造业的关税结构。印度政府消其中不合理的部分以便消除印度制造商的成本劣势。该建议的目标有两个：遏制对涉外经济形成挑战的进口以及促进国内制造业。2014 年 8 月，为寻求促进制造业和出口，印度商工部宣布新的五年外贸政策（2014—2019），该政策重点将涵盖一系列问题，例如服务业出口，产品标准和品牌。同时，印度劳动力市场也得到明显改善。目前印度的一些邦已采取措施减轻中小企业负担，精简繁杂的审查流程。2014 年 10 月，印度政府为让市场发挥更大作用，印度政府解除柴油价格管制并提高天然气费用，以吸引能源投资、促进市场竞争。这项措施被认为是印度总理莫迪迈向削减补贴、刺激能源生产和活络经济最重大的措施。2014 年 12 月，印度政府内阁发表声明表示将允许医疗设备领域外国直接投资占比达到 100%，这将鼓励外国投资流入这一领域。并且投资者无须得到外国投资促进委员会的允许就可以在该领域进行并购或设厂。

四、发展趋势

（一）工业基础设施建设投资将持续升温

制造业是印度经济发展的短板，尤其是印度基础设施建设滞后，这不仅拖累了工业的发展，也对吸引外资带来不利影响。2014 年 9 月莫迪政府宣布的"在印度制造"系列新政致力于增强在印度投资兴业的吸引力，给计划投资的国内外企业提供一站式服务，并改革劳动法律和税收，简化审批程序，吸引各界在印度投资设厂，扩大当地就业。随着莫迪政府在制造业和外国直接投资领域改革措施的生效，各国企业前往印度投资基础设施和制造业，未来印度制造业将有很大的增长空间。

（二）纺织产业发展势头强劲

由于印度劳动力资源丰富，使得劳动密集型的印度纺织业具有劳动力成本低廉。加之印度纺织原料品种的多样化，传统设计技术先进及庞大的国内市场等优势，纺织产业市场潜力巨大。最近印度政府出台了一系列新纺织政策和发展计划，包括投入巨额资金建设纺织工业园区、打造基础设施中心提高纺机等行业的竞争力等措施，极大地促进纺织服装业的发展。2014 年财年印纺织品出口额有望达500 亿美元。政府还将建立 25—30 个纺织品园区和若干产业群，以发展纺织产业。

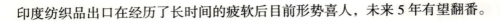
印度纺织品出口在经历了长时间的疲软后目前形势喜人，未来 5 年有望翻番。

（三）吸引外资能力有望进一步增强

随着需求日益上扬，印度经济进入周期性复苏阶段的阻力正逐步减少。印度总理莫迪近来开展的外交之旅，为印度带来接近 360 亿美元的外国直接投资。联合国发布的"全球投资趋势监测"报告显示，2014 年印度外国直接投资流入同比增长 26%，达到 350 亿美元。其中，电力、燃气、水、信息通讯等服务业吸引外资增长最快。基于工业发展的迫切需求，莫迪政府希望在基础设施建设等重点领域吸引更多投资。随着印度政府宣布放宽建筑领域的 FDI 政策，其中重点强调印度政府将于 2020 年前建设完成 100 个智能城市的计划，未来印度吸引外资能力将会进一步增强。

五、企业动态

随着印度经济的快速发展及其本身具有的人力资本优势，2014 年印度企业发展活跃，不断扩大产能，开拓国际市场，跨国企业经营绩效不断攀升。2014 年《财富》世界 500 强企业中，印度入选 8 家。其中，印度钢铁巨头塔塔钢铁和塔塔汽车榜上有名。2014 年上半财年中塔塔集团累计营业收入增至 12524.7 亿卢比（202.9 亿美元），同比增幅达到 20.8%。在制药领域，印度领先的制药公司——太阳制药（Sun Pharma ceutical）2014 年 4 月 7 日宣布，耗资 40 亿美元从日本第——三共制药（Daiichi Sankyo）手中收购陷入困境的印度仿制药生产商兰伯西（Ranbaxy Laboratories）。此次收购使 Sun Pharma 成为印度最大的制药公司，同时将缔造全球第 5 大仿制药生产商，年收入预计达到 42 亿美元。在汽车工业领域，2014 年 11 月，印度本土品牌玛鲁蒂（Maruti）销量同比增长 17% 至 100024 辆，市场占有率扩大至 46.1%，排在第二和第三的分别是现代和本田。渣打银行对中国、印度、印尼和马来西亚四个国家，年营业额介于 3000 万至 1 亿美元的中型企业首席执行官 (CEO) 和首席财务官 (CFO) 展开的调查显示，印度受访企业最为乐观，其中 97% 相信公司将在未来五年实现增长。此外，71% 的印度企业计划拓展新的国际市场。

第三节　俄罗斯

一、发展概况

俄罗斯位于欧洲东部和亚洲大陆的北部，是全球国土面积最大的国家。俄罗斯一向重视工业发展，特别是重工业中的能源与采矿业。近年来，俄罗斯逐步由单一重视重工业发展转向轻工业和通信等行业多元化发展。受西方经济制裁、国际石油价格大跌的影响，2014年俄罗斯经济陷入困境。2014年俄罗斯名义国内生产总值为70.98万亿卢布（1万亿美元），经济增长仅为0.6%，平均物价指数上涨6.6%。其中，2014年11月俄罗斯国内生产总值萎缩0.5%，这是俄经济自2009年10月以来首次出现萎缩。随着经济的疲弱，俄罗斯工业发展也出现萎缩。2014年，俄罗斯工业生产指数同比下降0.1%，工业需求指数下降1.7%。

（一）工业生产出现严重萎缩

2014年，俄罗斯工业领域生产出现严重萎缩。在消费品行业，2014年俄罗斯伏特加产品产量下降22.3%，工厂出货量下降24.8%，这是俄罗斯历史上创纪录的下降。在汽车行业，2014年俄罗斯轿车市场销量为230万台，同比减少11%。由于卢布大幅贬值，俄罗斯车市容量从739亿美元下降到596亿美元，降幅达19%。在能源领域，2014年俄罗斯天然气产量为6403.3亿立方米，与2013年指数相比减少4.2%。

（二）工业投资活力快速下跌

由于受投资设备进口迅速减少等因素影响，2014年俄罗斯投资商品供应减少。2014年俄罗斯固定资产投资下降了2.5%，投资商品供应量下降了4.6%。其中，2014年第四季度，俄罗斯经济中的投资商品供应量下降2.6%，2014年12月份的投资商品供应量下降2.8%。与此同时，自2014年5月开始下降以来，经济中的投资商品供应量减少了13.5%。2014年，机械和设备产量略有下降，其中第四季度下降了3%。

（三）对外贸易增速大幅回落

受乌克兰危机及卢布汇率大跌等多重挑战，2014年俄罗斯贸易量下滑严重。根据俄罗斯经济发展部的统计数据显示，2014年俄罗斯实现外贸总额7938亿美元，与 2013 年相比下跌了 5.7%。其中，出口额为 5072 亿美元，同比下降 3.8%，进口额为 2868 亿美元，同比下降 8.9%。分地区看，2014 年，俄罗斯与欧洲国家的双边贸易总额 3810 亿美元，缩减 8.8%，其中，外贸出口额为 2632 亿美元，下降 7.1%，进口额为 1179 亿美元，下跌 12.2%。2014 年俄罗斯同中国的贸易额为 881 亿美元，增速下降 0.8%，俄罗斯同中国的出口额为 375 亿美元，出口增速为 5.4%。

（四）资金外流现象严重

在美欧日等西方国家的经济制裁与国际油价下跌的双重打击下，2014 年俄罗斯经济出现严重的资金外逃现象。根据俄罗斯央行的统计数据显示，2014 年俄罗斯资本净流出额为 1515 亿美元，约为 2013 年的 2.5 倍，超过了 2008 年金融危机时的资本流出规模。其中，2014 年一季度到四季度俄罗斯资本净流出额分别约为 482 亿美元、224 亿美元、77 亿美元、729 亿美元。2014 年第四季度的资本流出规模尤其大，达到 729 亿美元。

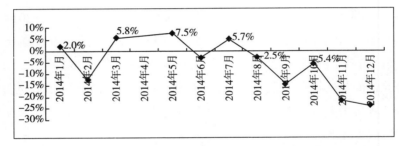

图5-6　2014年1月—12月俄罗斯出口增长率

数据来源：俄罗斯央行，2015 年 2 月。

二、产业布局

俄罗斯工业建立在丰富矿产资源的基础上，工业主要是大型重工业、森林工业、军事工业。主要分布在欧洲部分，有莫斯科和圣彼得堡工业中心。俄罗斯的主要工业区包括西伯利亚工业区、圣彼得堡工业区、莫斯科工业区和乌拉尔工业区。其中，西伯利亚工业区以石油、机械、森林工业和军事工业为主。圣彼得堡工业区以石油化工、造纸造船、航空航天、电子为主。莫斯科工业区以汽车、飞机、火箭、钢铁、电子为主。乌拉尔工业区以石油、钢铁、机械为主。

俄罗斯的欧洲部分集聚着俄罗斯重要的工业部门——国防工业。中央联邦区、伏尔加河沿岸联邦区和西北联邦区等三个联邦区是俄罗斯国防工业企业的集聚地，企业数量占整个联邦国防工业企业数量的80%、工业产值占整个联邦国防工业产值的64%、职工人数占整个联邦国防工业职工数量的76%，其中仅中央联邦区就拥有约一半的俄罗斯国防企业。与此同时，国防工业在各联邦区内的分布极不均衡。如西伯利亚联邦区80%以上的国防企业都集中在西西伯利亚，而新西伯利亚州、鄂木斯克州和阿尔泰边疆区的国防企业数量竟占全区的70%。

三、政策动向

为了应对西方国家制裁，扶持本土生产商，保护本国消费者利益，促进工业复苏，2014年俄罗斯政府采取了大规模增加黄金储备、实施食品进口限制及刺激农业机械生产等一系列应对举措，吸引其回流俄罗斯，促进国内投资，对遏制危机的蔓延取得了一定的效果。但由于俄罗斯经济结构比较单一，行业垄断现象普遍、外资投资领域限制多、政策法规不健全等因素使得投资政策的效果成效甚微。

2014年3月，俄罗斯联邦政府公布刺激农业机械生产措施。"关于2014年及2015和2016年规划期联邦预算"联邦法规定，在2014年对农业机械设备制造商的补贴额为19亿卢布。农业机械制造商可获得政府补贴的设备清单，增加了专业拖拉机，用于粮食收割后加工的农业设备，用于挤奶，牛奶运输和储存的畜牧设备。由于农业机械清单扩大，提供补贴的规则也相应补充了若干技术操作规程，用于在俄罗斯联邦境内生产这些技术设备。除这一法令外，还规定了用于提供补贴的农业机械价格计算规程。

2014年5月，俄罗斯经济发展部宣布"提高劳动生产率计划"，该计划将使工业的生产力到2018年提高50%，制造产业增长77%，机器制造业增长90%。内容主要包括包括鼓励投资对生产进行现代化改造，国家对企业的扶持措施与要求企业引进先进工艺挂钩，扩大项目融资机制的应用。此外，鼓励企业技术更新，包括借助淘汰陈旧工种，对企业资产重新估价。该计划对职业发展和专业人才培训给予了特别关注。

2014年5月，俄罗斯工业和贸易部计划到2025年俄国家预算将拨款约7000亿卢布投入航空工业的发展。该政府令指出，到2025年航空工业发展国家计划的国家预算拨款额将达7142亿卢布。除此之外，从预算外渠道至少还将吸引

2775 亿卢布的资金。在该计划实施过程中，至 2025 年俄罗斯在世界航空工业中所占的比重，以货币形式表示为：在民用和军用飞机制造领域分别达到 3.2% 和 10.9%；在民用和军用直升机制造领域分别达到 12% 和 16.5%；在民用和军用航空发动机制造领域分别达到 1.4% 和 12.9%；在民用和军用航空组件制造领域分别达到 4.4% 和 5.4%；在民用和军用航空仪表制造领域分别达到 10.9% 和 21%。

2014 年 8 月 6 日，俄罗斯总统普京签署总统令，要求俄联邦各国家机关及法人实体在未来一年内禁止或限制从对俄制裁国家进口部分农产品、原材料及食品，同时增加俄国产商品的供应，旨在"以特定经济措施确保俄联邦的安全"。根据该项《关于采取特定经济措施以确保俄联邦安全》的总统令，联邦各国家机关、联邦机构、地方自治机构、依据俄联邦法律组建及联邦法律辖下的各法人实体、组织及个人，自该项总统令签署之日起一年内，应采取行动，禁止或限制从已决定对俄进行经济制裁的国家进口部分农产品、原材料及食品。总统令责成俄联邦政府就上述"进口限禁令"开列实施细则清单；采取措施防止俄境内农产品、食品价格加速上涨、确保商品市场平衡；实时监控商品市场；视本国农产品、食品价格及市场平衡等因素，划定限禁进口的具体商品类别；总统令要求俄政府协同生产商、销售商等增加俄国产商品的供应；普京还授权俄政府，可颁布其他措施以确保上述总统令的实施，并可在必要时建议缩短或延长该总统令所规定的一年期限。

2014 年 8 月 28 日，俄罗斯联邦政府和俄罗斯工业和贸易部宣布启动汽车报废回收计划，该计划将从 2014 年 9 月至 12 月实施，并涉及载重汽车。当车主将旧车报废，或是以旧换新时，可以通过厂商或经销商获得新车折扣。购买新卡车的折扣将达 35 万卢布。按照以旧换新系统的付款将为 30 万卢布。任何超过 6 年以上的汽车均可报废。

2014 年 10 月，俄罗斯再次启动了报废旧汽车优惠买新车计划，推出此计划的目的是为了在危机条件下扶持国产汽车工业的的发展。为实施该项目俄联邦政府划拨了出了将近 100 亿卢布作为补贴。该项目的宗旨是为了拯救濒临危机境地的俄罗斯国产汽车制造业。

2014 年 10 月，俄罗斯工业和贸易部制定了 2020 年前贸易发展战略。在相关国家执行权力机关和贸易协会的参与下，俄罗斯工业和贸易部最终确定并通过了 2014—2016 年及 2020 年前俄罗斯联邦贸易发展战略草案，该战略的目标指标以及实施该战略的行动计划，其重点在于：发展多种形式的贸易和为贸易领域开展竞争创造条件；确保贸易网点货物配送透明和非歧视性条件；研究制定综合评估系统，对俄罗斯各联邦主体实施的贸易政策效率进行评估；发展贸易领域的自我调节机制；发展移动，非固定，公平，市场贸易和确保经营者布置贸易设施权利的长期性和稳定性；扩大居民的贸易场所保障率。此外，俄罗斯工业与贸易部应会同俄罗斯通信与大众传媒分析研究远程贸易问题，同时考虑到联邦国家单一制企业"俄罗斯邮政"下属机构的能力。

四、发展趋势

（一）工业有望实现微弱复苏

由于受美欧对俄的一系列制裁措施、国际油价暴跌、俄罗斯经济低迷导致的外需不振、潜在产出量限制等不利因素影响，过度倚重能源经济的俄罗斯在能源市场回暖的情况下，卢布贬值，导致产品价格上涨，竞争力下降。从 2015 年 1 月份开始，卢布兑美元汇率继续走低，到 1 月底俄罗斯卢布兑美元重新跌破 70。进入 2 月份以来，尽管卢布汇率缓慢回升，但是受制于能源价格持续低迷、乌克兰局势动荡影响，卢布仍然维持在 60 以上区间。目前俄罗斯国内的投资环境和市场氛围并无显著改善，加之预算收入的减少给俄罗斯投资增长和工业发展带来了不利影响。为了促进工业增长，俄政府已制定了包括增加基础设施建设投资、扶持中小企业发展等一系列经济刺激措施，如果上述政策措施能及时到位，俄罗斯工业有望恢复增长。

（二）绿色工业发展前景良好

近年来，为了实现工业的绿色可持续发展，创造新的就业机会，俄罗斯政府开始积极发展应用先进清洁能源技术，优化提升本国传统能源消费结构，通过制定一系列发展绿色经济的国家政策，大力发展绿色低碳经济。2015 年俄罗斯工业和贸易部提出刺激工业的税收优惠新措施，计划总值将达 1590 亿卢布支持企业投资开发，对现有产能进行现代化改造，加快俄罗斯高科技设备的折旧速度，利用技术进步促进节能减排，增强工业生产活动的发展动力。此外，俄罗斯的大型矿产开发企业不断增加对环保研发领域的投入。俄罗斯政府已经批准"2012 年—2020 年国家环境保护计划"，旨在发展绿色经济，减少企业对环境的污染。

（三）汽车产业将有望实现快速增长

汽车产业作为俄罗斯重要支柱产业，对俄罗斯经济发展一直起着重要的作用。但近两年来，受俄罗斯经济低迷及 2013 年底汽车贷款优惠结束等不利因素影响，俄罗斯汽车市场不景气。2014 年上半年俄罗斯轻型汽车销量较 2012 年同期相比下降 8.9%。针对当前俄罗斯汽车产量下降和进口车需求下降的现状，俄政府表示 2015 年将加大对汽车产业的扶持力度，政府预算将继续支持汽车消费市场，包括提振市场需求、提供以旧换新补贴等。同时，俄政府希望汽车制造企业推出适度保守的价格政策，竭力为消费者创造方便的购车条件。在俄罗斯政府大力支持下，汽车产业有望进入全新发展阶段。

五、企业动态

由于俄罗斯经济的不断萎缩，2014 年俄罗斯企业亏损比较多。据俄罗斯联邦国家统计局的数据显示，2014 年上半年，企业和机构（不包括小企业，银行，保险公司和预算机构）的结余财务结果为 35883 亿卢布。其中，有 3.85 万个企业和机构获利 45149 亿卢布，1.84 万个企业和机构亏损 9266 亿卢布。2014 年 1—6 月份，俄罗斯亏损企业比重与 2013 年同期相比增加 0.1 个百分点，达到 32.4%。与此同时，燃料和能源矿产开采企业的亏损比重从 38.2% 增加到 39.9%。2014 年上半年制造业亏损企业比重为 31.9%。作为俄罗斯的能源巨头企业，2014 年 1—9 月，俄罗斯天然气工业公司总收入为 2.86 万亿卢布（约合 609 亿美元），同比增长 1.5%，净利润为 358 亿卢布（约合 7.6 亿美元），同比下降 92%。

在汽车工业领域，2014 年上半年俄罗斯重型卡车制造商卡玛斯汽车厂股份公司亏损 15 亿卢布，收入下降 10.44% 至 476.1 亿卢布。占有重型卡车市场 45% 左右的卡玛斯汽车厂，在俄罗斯的销量为 1.61 万辆，下跌 7.2%，产量为 2.032 万辆，下降 17%。卡玛斯汽车厂股份公司在继续实施价值 7008 亿卢布的投资计划，对生产进行现代化改造，重新设计和开发新车系。

第四节　南非

一、发展概况

南非属于中等收入的发展中国家，也是非洲经济最为发达的国家，其国内生产总值约占非洲国内生产总值的 1/5。南非以矿产资源丰富闻名，是世界五大矿产资源国之一。受全球经济增长放缓及美国退出量化宽松政策等因素的影响，2014 年南非经济持续低迷，增长乏力。2014 年第一季度南非经济增速出现 0.6% 的同比负增长，第二季度经济增长仅为 0.6%，2014 年第三季度南非经济增速同比增长 1.4%。同时，失业率居高不下，基础设施建设不足，货币贬值引发高通胀等一系列风险困扰着南非经济的发展。受国内经济增长放缓，电力短缺和需求不旺等因素影响，2014 年南非工业发展缓慢。根据南非统计局公布数据显示，2014 年 8 月，南非制造业产值同比下降 1.2%，矿业因铂族金属产量影响，产值同比下降了 10.1%。

（一）制造业走势不断改善

由于南非 2014 年上半年经历了史上时间最长的铂矿罢工，给南非工业发展带来严重影响。2014 年第一季度，南非国内生产总值环比增速为 -0.6%，采矿业缩减 24.7%，为近 50 年来的最大跌幅。但是随着长达五个月的铂金矿工大罢工告一段落，南非制造业生产开始复苏。根据南非投资机构 Kagiso 的数据，2014 年 9 月，南非采购经理人指数（PMI）小幅回升至 50.7，是 2014 年 3 月以来首次呈现生产活动的增长趋势。2014 年 10 月，南非制造业采购经理人指数为 50.1，该指数连续第三个月指数上升。

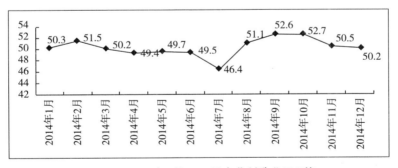

图5-7　2014年1月—12月南非制造业PMI值

数据来源：汇丰银行，2015 年 2 月。

（二）贸易赤字不断扩大

受国外市场需求不足、国内供应体系出现问题、南非矿业罢工事件等国内外因素的共同影响，南非贸易赤字困境加剧。据南非国税局统计，2014 年 1—6 月，南非货物进出口额为 933.4 亿美元，比上年同期增长 3.1%。其中，出口 444.5 亿美元，增长 8.1%；进口 488.9 亿美元，下降 1.1%，贸易逆差 44.4 亿美元，下降 46.7%。2014 年 11 月，南非出口额 839.5 亿兰特，进口额 896.6 亿兰特，贸易逆差 57.1 亿兰特。

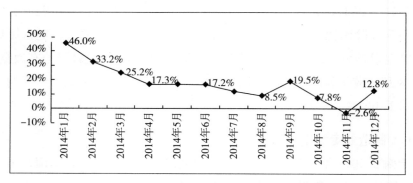

图5-8　2014年1月—12月南非出口同比增速

数据来源：南非纳税服务部 ，2015 年 2 月。

（三）就业形势严峻

南非是失业率较高的国家，其失业率长期保持在约 25% 的高位，增加就业一直是南非政府经济政策的核心目标。由于南非经济走势低迷，劳动力增长快于就业岗位增加，致使 2014 年南非失业率不断上升。据南非统计局统计，南非失业率已连续三个季度攀升。2013 年第四季度和 2014 年第一季度分别为 24.1% 和 25.2%。2014 年第一季度共减少就业岗位 12.2 万个，是 2011 年以来同比减少岗位最多的，主要削减岗位涉及交通、社区、社会服务、贸易和私人经济领域，失业人数增加了 23.7 万，总计 510 万。2014 年第二季度升至 25.5%，创六年来最高点，失业人数最大将增至 520 万人，为 2008 年以来新高。

（四）汽车产业发展迅速

根据南非国家汽车制造商协会（Naamsa）公布的数据显示，2014 年 8 月南非出口新车整车 25027 辆，同比增长 18.5%。2014 年 9 月南非国内汽车销售逆势上扬，共售出 60854 辆，实现同比增长 11.5%。 2014 年第二季度南非汽车产能利用率为 52.6%，第三季度南非汽车产能利用率上升明显，提高至 73.1%。2014 年 10 月，南非新车销售同比增长 4.7%，共计 59262 辆，出口汽车达到 32165 辆的历史新高，同比增长 33%。2014 年毕马威调查报告显示，在汽车投资理想地排名中，南非名列第五。43% 的金砖国家汽车业领导者和 30% 的日本、西欧和北美汽车业领导者表示计划或加大在南非的投资。

二、产业布局

南非产业集中于几个大城市及周围地区，而广大黑人居住地及城镇则没有稍有规模的工业。长期以来，南非工业集中于四个地区，它们是比列陀利亚地区—维特瓦特斯兰德—弗里尼欣三角地区、德班—派思城地区、伊丽莎白港—尤膝哈格地区和开普半岛。这些地区只占全国面积的 3%，却拥有全国 73% 的工厂，生产全国 80% 的工业品，有 76% 的工人。这四个工业区，除威瓦斯兰工业区是因为当地矿业兴起应需要而建立的工业区外，其他三区均为海港，是利用海港运输上的便利，辅以当地较廉价的劳工及市场而兴起的工业区。其中，威瓦斯兰工业区西起兰德芳坦，东至斯普令，长约 100 公里，为南非共和国最大的工业区，产品约占全国工业成品的 40%，主要有机械工业（以制造矿用机械为主）、服装工业、钻石工业及日用品工业等。开普敦工业区是为利用港口输入原料便利而兴起的工业区，有纺织工业、服装工业、汽车装配业及炼油工业，工业产品约占全国的 15.5%。德班工业区是以造船工业、化学工业、炼油工业为主，占全国产品的 15%。伊利莎白港工业区主要是轮胎工业、制鞋工业及汽车装配业等。

三、政策动向

在南非经济发展形势不甚乐观的当下，南非政府一直致力于促进产业发展，出台了一系列应对危机和促进产业的政策，包括工业行动计划、支持中小企业发展、扩大生产性投资等。2013 年 4 月，南非政府制定了一个为期三年的工业政策行动计划 (IPAP)，以帮助国内纺织、服装和鞋类部门提高制造能力并创造就业机会。该计划由南非工业贸易部第四次制定更新，旨在应对全球经济和贸易环境变化，执行期限为 2013—2015 年。南非工业贸易部将连同南非国家能力基金对技术人员、工程师和生产经理进行人才培养，并开发新的技术。为增加就业，保持社会稳定，南非政府大力鼓励中小企业发展。2014 年 3 月，南非财政部在预算报告中表示，未来三年内将投入 65 亿兰特支持中小企业的发展。财政部还对中小企业获得的所有援款免税。主要措施包括：一是修改当前税制以减轻微型企业负担，二是考虑用可偿还的纳税信用代替当前的小企业税收结构。

为进一步实现新增长计划，推进南非工业的发展，2014年南非政府颁布了发展南非特别经济工业区（SEZ）政策。在已建立的三个临海工业区基础上，向内陆扩展。所有的SEZ将统一管理，对能增加就业的制造业和深加工行业给予更多的补贴。2014年10月，南非总统祖马宣布正式启动都比贸易港工业园建设。都比贸易港工业园位于德班港和理查德湾港之间，该工业园是南非第六个工业园，也将是非洲首个货运航空城（Aerotropolis），主要设施有货物码头、农业区和城中城等。各工业园享有特区身份，投资园区的企业将获得多项税收减免优惠，目前都比贸易港工业园已吸引了超过9亿兰特的投资。在新能源领域，为给生物科学研究和创新投资提供指导，南非发布生物经济战略。该战略指出南非具有发展生物经济的优势，占率目标是到2030年，生物经济将成为南非国民生产总值的重要贡献领域。

从2009年到2014年南非出台的一系列产业政策可以看出，南非政府不断拓宽产业道路，推进工业生产向内陆转移，鼓励投资和制造业深加工的发展，提高就业率和中小企业数量。

四、发展趋势

（一）制造业有望平稳增长

由于南非各经济体的罢工、交通发展瓶颈、劳动力市场问题、疲软的国内市场需求和国际能源资源价格波动较大等，南非经济形势不断恶化。目前国内经济金融风险有所上升，制约经济增长的短期因素和中长期因素复杂交织，经济低速缓慢增长态势已成定局。随着短期内南非劳资纠纷或电力故障问题进一步恶化，基础建设部分放缓，南非制造业发展后劲不足。为促进制造业发展，提升制造业竞争力，南非贸工部推出金额达57.5亿兰特的制造业竞争力提升计划。中国是南非最大的贸易伙伴，一批有实力的中资制造企业纷纷落户南非。从全球产业转型的大趋势来看，南非与中国完成产业的转移和承接，将会有助于南非制造业实现平稳增长。

（二）出口将保持在低速增长水平

出口对南非经济具有举足轻重的影响，约占南非GDP的30%。其中，欧盟是南非最大的制成品市场，目前南非对欧洲的出口约占南非总出口的20%。东南非共同市场早在2000年就启动成员国90%的产品互免关税，现在扩大到东非共同体、南部非洲发展共同体，这对南非来讲，将面临一个扩大两倍的市场。南非政府近年来出台的一系列保增长、促就业的经济调整政策，以及新兴经济体对南非投资和贸易的不断增长，将在一定程度上促进南非贸易的发展，使南非出口保持在低速增长的水平上。

（三）工业绿色转型步伐不断加快

南非的工业发展正由传统模式向绿色工业经济转型，南非政府已经出台一系列鼓励措施包括对环保和绿色经济企业的政策倾斜和税收优惠，鼓励私营企业投资绿色经济。在南非政府推出的"可再生能源保护价格"、"可再生能源财政补贴计划"、"可再生能源市场转化工程"、"可再生能源凭证交易"以及"南非风能工程"等一系列财政措施支持下，南非绿色工业将得到快速发展。在新能源领域，南非政府大力推动核电的发展，出资1万亿兰特建设核电站项目，未来十年内，南非新核电站将发电960万千瓦，核能将有望成为南非未来能源发展的主要趋势。

五、企业动态

为促进经济增长、扩大就业，南非政府积极吸引外商投资。据联合国贸易与发展会议报告，2013年注入撒哈拉以南非洲的外国直接投资为130亿美元，其中南非吸引外国直接投资80亿美元，较2012年增加35亿美元。同时，南非政府在能源、电信、制造等领域鼓励企业在海外扩张，南非政府推出的应对框架和新增长计划也都为跨国企业的发展提供了新机遇。2014年4月，为顺利进入澳大利亚市场，南非高端零售业巨头沃尔沃斯决定出资214亿兰特购买澳大利亚百货业巨头大卫·琼斯25.4%的股份。这项收购将创立南半球最大的零售业公司，新公司收入额将突破510亿兰特。2014年4月，福特公司将加大在撒哈拉以南非洲的营销和生产。作为福特在中东和非洲地区的唯一生产点，福特南非公司将从这项政策中受益。目前，福特南非公司还有相当的生产潜力，其65%的产品出口149个目的地，增产前景看好。2014年5月南非最大的水泥生产商PPC宣布，到2017年将年产量提升至1400万吨，年均增速达到75%，南非以外的非洲市场销售总额占40%。目前南非水泥生产商PPC已在卢旺达、刚果、津巴布韦和埃塞俄比亚四国拥有该项目。2014年10月，南非石化能源巨头萨索公司（Sasol）将投资89亿美元在美国路易斯安那州建立一座乙烷裂化和衍生物工厂，这一项目将成为该公司投资最大的单一项目。

第六章　拉美

第一节　发展概况

一、现状特点

2014 年，拉美地区经济增长整体放缓，而各国发展状况显示出较大的差别。2014 年拉美和加勒比地区经济增长达到 1.1%，是自 2009 年以来增速最低的一年；其中各国的增速中值为 2.8%，和 2013 年的增速持平。其中拉美地区的巴拿马和多米尼加共和国经济增速最快，达到 6.0%，其次是玻利维亚、哥伦比亚和尼加拉瓜，增速分别为 5.2%、4.8% 和 4.5%；阿根廷、委内瑞拉和圣卢西亚等三国经济增速为负，分别为 –0.2%、–3.0% 和 –1.4%，2014 年拉美地区最大经济体巴西的经济增速仅达到 0.2%，其他主要经济体增速在 0.5% 和 4% 之间徘徊。

从次区域数据分析来看，将拉美和加勒比地区分为南美、中美洲、墨西哥和英语及荷语加勒比，经济增长分别为 0.7%、3.7%、2.1% 和 1.9%；与 2013 年相比南美洲和中美洲分别放缓 2.1 个和 0.3 个百分点，墨西哥和英荷加勒比分别有小幅加快。从 2014 全年经济增长来看，第一季度和第二季度的经济增速明显减慢，下半年三、四季度增速有所回升，第二季度的放缓最为严重，当时达到连续第四个季度放缓。

2014 年拉美地区经济受全球经济波动和政策影响较大，其中对拉美经济具有较大影响力的美国 2013 年退出量化宽松货币刺激政策，在短期内会造成一定的市场波动，在中短期内也会影响投资。此外经合组织国家经济增长复苏动力不足，未来拉美地区吸引外商投资将备受影响。

与其他新兴市场相比，拉美国家未来经济增长的潜力较弱。一些经济和制度结构问题致使拉美国家在生产能力和增长能力上有限，政府应该从税收系统上实施改革，扩大政府税收基础以增加政府收入。根据研究报告显示，2013年拉美地区经济年增长率约为2.6%，低于2012年的3.1%，2014年预测拉美地区经济增长率将达1.4%，为近几年的较低水平。下图为拉美主要国家制造业增加值数据。

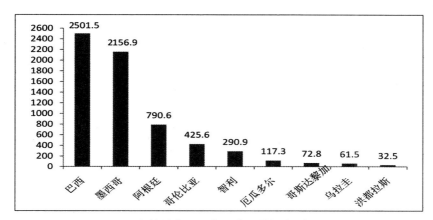

图6-1　2013年拉美主要国家制造业增加值(单位：亿美元)

数据来源：世界银行，2015年2月。

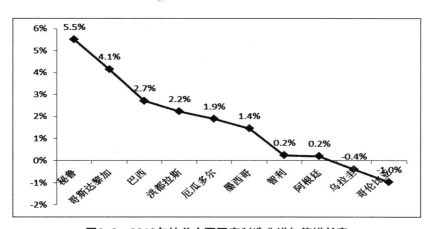

图6-2　2013年拉美主要国家制造业增加值增长率

数据来源：世界银行，2015年2月。

　　拉美工业发展较快的国家为秘鲁、哥斯达黎加和巴西，钢铁、有色冶金、机械、炼油、石化、纺织、食品等部门都有相当发展。总体而言，拉美工业发展主要呈现以下特点：

（一）区域工业发展不平衡

2013年拉美区域工业增长依然呈现不平衡和内部区域差异化加大。就国别而言，秘鲁和哥斯达黎加在工业增加值增速方面表现较好，但两国经济体量不大，因此对于拉美地区整个工业影响力有限。而第一大经济体巴西和第四大经济体墨西哥则表现一般，工业产值分别同比增长2.7%和1.4%。从次区域看，南美洲保持较快复苏步伐，秘鲁、巴西工业增速达5.5%，仍然是拉美地区经济的主要引领者；中美洲的哥斯达黎加近年来保持不错的发展势头，工业增速达5.5%。哥伦比亚和乌拉圭表现较差，工业增速均呈下降趋势。

（二）主要国家出口表现差异较大

拉美地区贸易条件进一步恶化。首先，拉美地区原材料出口价格持续下滑，贸易条件下降2.6%。中美洲、墨西哥等国是美国的主要进口来源国，在出口贸易上表现较好，而南美部分国家贸易表现较差，商品和服务出口增速为零，较差出口表现以巴西、阿根廷、委内瑞拉、智利、秘鲁等国为代表。拉美地区各国的进口同比下降了1.0%，是六年内的首次下滑。外汇储备较为稳定，拉美和加勒比外汇储备占GDP的比重从14.0%升至14.2%。

（三）吸引外资能力有所下降

受美国量化宽松政策结束影响，对拉美的投资主要倾向于证券投资领域，特别是债券。但拉美外部融资条件受到的影响不大，能源和矿业仍处投资周期低潮，该地区吸引外国直接投资规模下降25%至30%。根据联合国贸发组织公布的最新数据，2014年拉美地区吸引外国直接投资1530亿美元，同比减少19%。其中巴西作为拉美地区最大的经济体吸引外资总额最多，达620亿美元，比2013年同期下降4%；墨西哥吸引外资220亿美元，同比下降52%；阿根廷吸引外资45亿美元，同比下降60%。哥伦比亚和秘鲁吸引外国直接投资分别为158亿和74亿美元，都比2013年有所下降。

二、发展趋势

（一）工业增速有望实现回升

拉美多数国家属资源出口型国家，矿产资源和农产品在对外贸易中占比较高，对大宗商品过度依赖。受全球大宗商品价格不振，全球油价持续大幅下跌影响，未来与拉美国家开展贸易的中国、美国和欧洲市场对拉美的矿产和农产品需求有可能增加。根据世界银行的最新预测数据,2015年大宗商品价格可能会持续下跌,能源、农产品价格分别下跌4.6%和1.1%,金属价格有望上涨1.2%。作为矿产品的主要出口地区,拉美各国矿业很可能会迎来增长。

(二)工业领域国际合作日益活跃

近年来,拉美地区工业主要以传统产业的发展为主,电子信息和通信业、新能源新材料等新兴产业发展不尽如人意。未来拉美地区在工业领域会进一步深化与美国、日本、中国、欧盟等国家的合作。在汽车领域,拉美各国已经同全球主要汽车品牌展开深入合作,日本的本田汽车将在墨西哥建厂,中国的奇瑞、江淮等自主品牌也已在巴西设立工厂开展整车生产。在新能源领域,从智利到巴西,从秘鲁到洪都拉斯,拉美发展可再生能源的自然条件和产业发展条件都已具备。智利已经批准了76个太阳能和风电项目,巴西在2014年提高柴油燃料中混合生物燃油的比例至7%。

(三)区域一体化进程亟待加快

拉美地区市场规模广阔,潜在需求蕴藏巨大,但目前拉美地区国家区域一体化程度不高。加强区域一体化程度有助于提升区域内部的贸易活跃程度,通过价值链、内部生产能力和基础设施的整合提高生产效率和竞争力。金融一体化和区域合作可提高抵御外部冲击的能力。近年来,拉美地区的净出口对经济增长的贡献率为负,应进一步挖掘拉美地区内需,通过基础设施建设等公共投资拉动需求。

第二节　重点国别

一、墨西哥

(一)发展概况

工业是墨西哥国民经济中最重要的部门之一,墨西哥拥有比较完整且多样化的工业体系,基础设施完备,主要分为轻工业和重工业两大部门,其中轻工业包括食品、纺织、制革、服装、造纸等行业,重工业以钢铁、化工、汽车、机器制造等为主。其中,制造业尤为突出,2014年墨西哥制造业增加值年增长率达到1.45%,占GDP的17.8%。墨西哥是非欧佩克产油国,石油工业为墨西哥财政做出了重要贡献。目前在石油生产方面墨西哥排名全球第六，日均生产原油约 257.6 万桶，日均生产天然气量为 70.20 亿立方米。2013 年，墨西哥工业增加值下降 0.691%。目前墨西哥国内工业经济不振，主要由于消费者消费能力下降；加之全球经济危机导致外需减少，外贸出口受到影响，此外国内劳动力就业率增长放缓，国内的州、市等各级政府财政收入大幅缩减等因素叠加。2013 年 1—4月，墨西哥主要工业行业如采矿业、建筑业和制造业发展都呈现出现大幅减缓的趋势，仅有发电行业保持增长。其中汽车产业发展表现较为突出，2014 年 1—8 月，墨西哥汽车出口收入 545.11 万美元，前 8 个月累计汽车产业顺差 317.95 亿美元，同期墨国际贸易赤字高达 23.52 亿美元。

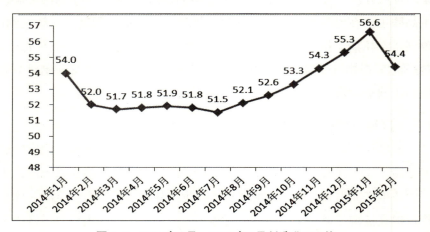

图6-3 2014年1月—2015年2月制造业PMI值

数据来源：汇丰银行，2015 年 3 月。

1. 出口加工制造业在拉美地区制造业分工中遥遥领先

自墨西哥签订北美自由贸易协定以来，墨西哥依靠对美国的贸易出口大大提升了在全球制造业的地位。由于美国与墨西哥在地理上接壤，政治和经济上关系密切，目前美国已经成为墨西哥最大的贸易伙伴和投资来源国，墨西哥出口总额的 83% 左右来自美国。根据美洲开发银行《拉美贸易趋势评估报告》数据，墨西哥在拉美地区总出口中占据 40% 的比重，2014 年墨西哥出口额达 3970 亿美元，相比 2013 年出口额增长 178 亿美元，同比增长 5%，其中对美国市场出口增加了 6%，美国占墨西哥出口市场的 80%。墨西哥制造业的汽车产业出口大幅增长，非石油工业出口增长 7%，而石油工业出口则下降了 10%。墨西哥从地理上到经济上与美国的关系都非常紧密，随着美国经济的复苏，在全球主要的新兴市场国家中，墨西哥从中受到的经济利益最大，未来经济增长的渗透效应会越来越明显。

2. 汽车产业产能快速提升，成为工业发展热点

近年来，墨西哥汽车产业快速发展，成为拉动工业发展的重要动力。2014年1—8月，墨西哥汽车出口收入545.11万美元，前8个月累计汽车产业顺差317.95亿美元。这一收入与同期石油出口收入、侨汇收入和旅游收入相比分别为1.8倍、3.5倍和4.9倍。2014年1—10月，汽车产量为272.65万辆，出口量为220.99万辆，占总产量的83%，产量比2013年同期增长8.5%，内销国内89.05万辆，比2013年增加5.6%。墨西哥国内汽车生产企业主要为日系和美系厂商，通用、尼桑和克莱斯勒为外销前三大汽车生产商，占到汽车出口总量的半数；尼桑、通用和大众为内销前三大汽车厂商，约38.8万辆，占内销总量近的半数。墨西哥汽车主要出口国家仍以美洲为主，北美的美国和加拿大以及拉美的巴西是墨西哥出口主要对象，墨西哥汽车占据美国市场的11.5%，与此同时，亚洲也成为出口重要市场。

3. 受国际油价影响墨能源部门亏损严重

墨西哥矿产资源储备丰富，主要的能源矿产资源包括石油、天然气、铀和煤等多种矿产品。据美国地质调查局（USGS）2000年对全球待发现油气资源所作的评估，墨西哥待发现的石油资源量为31亿吨，天然气为1.39万亿立方米。墨西哥丰富的自然资源为工业增长提供了重要支撑。2013年底，为推动本国产业结构调整和升级，墨西哥启动了石油改革法案，能源改革将允许私人和外国企业进入墨能源市场，将打破垄断，大幅减少发电成本。同时也将推动其他相关服务业和新兴产业的发展，例如，海底铺设管道、深海钻探、造船、化肥生产等。受国际油价大幅下跌和墨西哥比索的大幅下跌的影响，2014年墨西哥石油部门收入12133.48亿比索，同比减少7.5%，这一下降导致政府公共财政收入减少523.77亿比索。受其影响墨西哥石油公司债务负担也创造了历史，2014年的债务高达11432亿比索（约合7500美元），同比增长35.9%。

4. 充裕的廉价劳动力推动劳动密集型制造业的快速发展

根据ALIX PARTNERS公司统计，2011年墨西哥制造业成本低于越南、印度、俄罗斯和中国。另外，墨西哥1.12亿人口中有一半以上不到29岁，因此该国至少一直到 2028 年都将拥有充裕的廉价劳动力，而且他们的教育水平越来越高，这为墨西哥承接全球劳动密集型产业转移创造的重要条件。目前美国多家制造厂商纷纷将生产地转向墨西哥，自北美自由贸易协定签署以来，这种热情日益高涨。2010 年以来美墨两国贸易增长了 30%，受中国人工成本的上涨，曾经在中国投资的美国公司纷纷将橄榄枝伸向墨西哥。

（二）产业布局

20 世纪 80 年代以来的贸易自由化使得墨西哥产业布局改变，工业开始向靠近美国市场的北部洲转移，北部和西北部的墨—美边境地区成为墨西哥新的制造业中心，并以此为中心向周边地区辐射。墨西哥中部和南部地区出现了非工业化和第三产业化的趋势。中部地区服务业增长迅速，也是全国服务业最发达的地区，外国跨国公司拥有的金融服务业、民航和商业机构主要集中在墨西哥城及周围城市。由于经济的开放和宏观经济政策的调整，中部地区的传统工业部门面临国外进口产品的激烈竞争，处境困难。中部地区除了纺织业和电子产品、汽车业仍然具有一定竞争力外，其他传统产业都逐渐萎缩。南部地区主要从事农业、农产品的加工以及石油化工。近年来随着中部和北部劳动力价格的上涨，北部、中部的一些劳动密集型的产业开始向南部地区转移，但目前该地区经济仍然以农业为主。

依行业来看，墨西哥纺织行业主要集中在墨西哥州及周围地区，墨西哥州占 31.5%；墨西哥联邦区占 17.5%；普埃布拉州占 11.7%；依达尔戈州占 7.0%；哈利科州占 4.5%；阿瓜斯卡连特斯州占 3.5%；其他州占 24.3%。瓜达拉哈拉是美国在墨西哥电子产品的生产基地。美国著名的电子产品连锁店"电子城"出售的索尼网络电视顶置盒、3corn 的掌上电脑、惠普新的打印机和强生血糖测试仪，都是美国的费雷克电子公司在墨西哥瓜达拉哈拉的工厂产品。通用、奔驰和尼桑汽车公司在阿瓜斯卡利埃特洲、瓜纳华多洲建有汽车厂。

（三）政策动向

2014 年 8 月 29 日，墨西哥总统办公室在《联邦官方日报》颁布了一项制造业方面的法令，规定须采取措施促进生产力、竞争力和打击鞋业部门价值低估行为。由于目前墨西哥国民经济的诸多部门都不同程度地受到由有害贸易行为造成的内部市场冲击，其主要表现在进口商品在报关文件中的完税价格低于其实际应付的价格，有时出现严重的价值低估，甚至低于用于制作商品的原材料价格。产生这一现象的原因是墨西哥税务管理中通过第三方虚开发票、更改或伪造商业文件等方式造成的漏洞。未来墨西哥需要在财税管理中建立预防和打击价值低估行为的措施框架，这项框架的建立需要在不影响一般进口税的税基，不危害财政收入的前提下。否则会影响本国工业发展，无法为失业人口提供新的就业机会，降低投资水平，进而促进非正规经济增长。

2014 年 12 月，墨西哥出台了针对本国纺织服装业发展的保护性措施。墨经济部会同 26 个战略性生产部门制定了增强行业生产力和竞争性的相关政策，该政策将会涉及超过 5.4 亿比索的投资。政策包含从产业发展、海关领域和金融领域等多方面支持墨西哥本国的纺织服装业发展。墨西哥国家金融银行（NAFIN）中小企业支持计划、农业部 ACERCA 计划和墨西哥外贸银行（Bancomext）国际化融资方案等都会针对墨西哥纺织企业的不同发展需求提供各类融资方案。

（四）企业动态

在 2014 年世界 500 强排名中，墨西哥有 3 家企业入选。其中，墨西哥国家石油公司位列第 36 位，与 2013 年排名持平，墨西哥国家石油公司（Petroleos Mexicanos，PEMEX）是墨西哥最大的石油和化工公司、全球第三大原油生产企业和第八大石油和天然气公司，是墨西哥唯一的石油公司。美洲电信公司位列 156 位，比 2013 年上升两位。墨西哥国家电力公司（CFE）位列 380 位，2013 年名列 491 位，是墨西哥电力工业中的主导力量，占墨西哥发电容量的 92% 并且拥有全部的输配电系统，此外还拥有所有地热发电和核电容量。CFE 是墨西哥国家电网的所有者，提供发电、输电和配电一体化服务。在对外合作方面，2014 年墨西哥国家电力公司宣布将通过战略伙伴关系与美国等国私营企业合作推动可再生能源的发展。2015 年中国吉林省农业委员会将与墨西哥艾特尔现代农业公司开展在玉米高产栽培领域的合作。

二、阿根廷

（一）发展概况

自 20 世纪 30 年代起，阿根廷逐步进入进口替代的工业发展阶段，逐步由农牧业国发展成为以农业为基础、工业占主导地位的国家，工业占国民生产总值的比例为三分之一。阿根廷是拉美国家中发达程度最高和最富裕的国家。阿根廷经济在 2003—2007 年持续高速增长，年均增速达 7%—8%。阿根廷 2012 年 GDP 构成中，农业、工业和服务业的占比分别为 10.3%、30.6% 和 59.1%。2012 年，阿根廷克服了国际金融危机带来的负面影响，经济同比增长 1.8%。阿根廷工业门类较齐全，主要有钢铁、电力、汽车、石油、化工、纺织、机械、食品等。钢产量居拉美前列。机器制造业具有相当水平，其生产的飞机已打入国际市场。食品加工业较先进，主要有肉类加工、乳制品、粮食加工、水果加工和酿酒等行业。2013 年阿根廷 GDP 增长率为 2.92%。GDP 总量为 6098.9 亿美元，人均 GDP 为 14715 美元。通胀率高达 18.2%。对外贸易额增长率为 –3.7%。阿根廷工业体系主要以进口装配为主，在生产过程中涉及的生产设备、零部件等多依赖进口，外汇收入成为制约阿根廷经济发展的瓶颈。据阿根廷工业联合会研究中心发布的数据，阿根廷工业产值从 2013 年第二季度开始复苏，同比增长 5.5%。其中汽车、非金属矿产增幅较大，分别为 39.1% 和 9.8%，而金属工业和纺织工业产值下降较大，分别为 –4.5% 和 –3.2%。2014 年 1—6 月，阿根廷工业产值同比下滑 3.2%，其中作为支柱产业的汽车制造业产值同比下滑高达 20.5%。

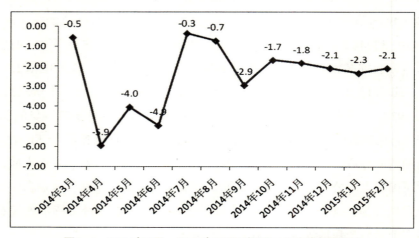

图6-4　2014年3月—2015年2月阿根廷工业生产指数(%)

数据来源：阿根廷统计局，2015 年 3 月。

1. 工业发展呈现下降趋势

据阿根廷国家统计局数据显示，2014 年全年阿根廷工业指数同比下降，其中 2014 年 1 月降幅高达到 –5.44%，2014 年 3 月，同比下降 5.93%。其中 2014

年1—8月阿根廷工业生产同比下降5.1%。由于阿根廷国内经济不振，消费能力减弱，从1—8月，阿根廷的主要支柱产业汽车业，产销量均呈现出下滑趋势，分别达到24.3%和24.5%。阿根廷汽车业在发展中存在着新车型开发动力不足和竞争力欠佳等问题。同时受拉美地区巴西、墨西哥等国经济不振影响，阿根廷汽车出口量显著下降，消费、出口同时下滑。阿根廷政府希望通过政策能够在短期内缓解汽车行业发展困境，包括降低汽车消费税、放松汽车进口限制和提高国内购车信贷优惠等措施。

2. 贸易顺差大幅下滑

由于出口产品竞争力不足、外汇管制、通货膨胀高企、出口商品结构问题、本地生产不足导致进口增长、公共和私营部门投资率低、贸易管制严格和贸易融资困难等多项原因，阿根廷贸易顺差显著下降。据阿根廷统计局数据显示，2014年阿根廷货物进出口额为1326.7亿美元，比上年（下同）下降10.5%。其中，出口674.2亿美元，下降9.3%；进口652.5亿美元，下降11.8%。阿根廷对其最大的贸易伙伴巴西出口额下降12.5%，对阿根廷的第二、三大贸易伙伴中国美国出口额下降幅度也较大。目前，阿根廷政府正面临着能源贸易逆差扩大、外汇储备减少和外汇市场重组，贸易顺差的大幅下滑无疑对阿根廷工业发展造成较大冲击。

3. 汽车工业产量下降严重

根据阿根廷汽车制造商协会ADEFA数据显示，2014年阿根廷汽车产、销量以及出口量与2013年相比均出现下降。除2014年12月汽车出口量有所上升外，其他方面数据均为下降。阿根廷2014年累计汽车产量为617329辆，较2013年的791007辆下跌22.0%，2014年累计汽车销量同比锐减36.3%至613848辆。2014年12月，阿汽车出口量为29047辆，同比增加21.7%，2014年全年出口量仍下跌17.4%。

（二）产业布局

阿根廷工业分布不均衡，主要集中在布宜诺斯艾利斯省和科尔多瓦省，内地省份工业基础薄弱。核工业发展水平居拉美前列，现拥有三座运行中的核电站。罗萨里奥市经济十分发达，已成为阿根廷重要的工业港口城市。该市拥有先进的食品加工、制革、造纸、机械工业，有发达的公路及铁路网与阿根廷各地相连。从罗萨里奥到拉普拉塔河道沿海地带是阿根廷工业中心。阿根廷工业技术水平在

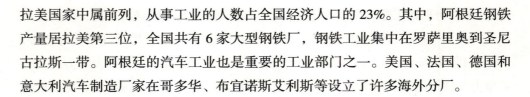

拉美国家中属前列，从事工业的人数占全国经济人口的 23%。其中，阿根廷钢铁产量居拉美第三位，全国共有 6 家大型钢铁厂，钢铁工业集中在罗萨里奥到圣尼古拉斯一带。阿根廷的汽车工业也是重要的工业部门之一。美国、法国、德国和意大利汽车制造厂家在哥多华、布宜诺斯艾利斯等设立了许多海外分厂。

（三）政策动向

2013 年 1 月 16 日，阿根廷工业部长希奥尔希和交通国务秘书拉莫斯共同宣布，政府将对约 7000 多公里的铁路线进行更新改造，强化铁路运输在国民经济中的地位，同时借公共投资拉动国内相关工业部门的发展。在其举行的"阿根廷铁路网进口替代和工业供货商发展计划"启动仪式上，工业部表示该计划将分阶段完成阿根廷 7000 多公里铁路线的整体改造，其目的是以进口替代战略振兴阿根廷铁路工业，提供更加安全和舒适的运输方式。阿根廷国内货物运输 80% 以上依赖货车，而现有铁道运输老旧落后，长期缺乏投资，发展受到阻碍。目前阿铁路运输在运输系统中占比仅约 8%，阿根廷将通过提升铁路运力从物流货运角度拉动国家工业竞争力，而从铁路装备工业中衍生的如供货、维护、扩建等需求也将提供更多就业岗位。

2013 年 4 月 7 日，阿根廷政府宣布推出资本漂白计划，希望通过两项财政豁免措施来吸纳阿根廷民众存在境内外的闲散资金，甚至包括那些存在"避税天堂"离岸账户中的资本，以此推动房地产和能源业的发展。阿根廷经济部长洛伦齐诺宣布，这一计划主要针对战略部门的发展，同时着眼于经济增长和创造就业机会。计划包括两个新的金融工具：一是在新的资本市场法框架下，发行直接与能源发展挂钩的经济发展储蓄债券；另一个是在新的央行章程的框架下，由央行创建一种房地产储蓄凭证。截止到 5 月上旬，已有约 2.8 万民众在银行办理抵押贷款，总额 75 亿比索（约 14 亿美元），人均借贷 26.5 万比索（约 65 万美元）。

2013 年 6 月，阿根廷联邦公共收入管理局负责人里卡多－艾切加莱表示，阿根廷政府自 8 月 1 日起对阿中小企业实行缴税"宽限计划"，即允许中小企业延迟缴纳最大限额为 2000 万比索（约 400 万美元）的税款，宽限期为 6 个月，利率为 1.35%—3%。此计划包含增值税、营业税以及所得税等所有类型的税款。此外，申请人需具备相应资格，拥有良好的历史记录，以保证税收。

2013 年 11 月，阿根廷政府新任内阁和经济部与行业工会及企业界代表研究未来放宽对工业部门外汇管制的措施，以进一步拉动阿根廷经济增长。出口贸易一直是阿根廷经济增长的强大动力，阿根廷工业发展对进口依赖很大，阿根廷政府自 2011 年下半年起严格限制进口，一般货物进口许可审批需耗时超过三个月，且经常遭拒，大量集装箱和货物积压港口，无法清关，进而导致工业生产资料极度匮乏影响正常工业生产和发展。阿根廷为保持贸易顺差，政府需鼓励企业扩大生产和出口，为此应放宽对用于生产所需进口原材料及零部件的外汇管制。目前进口限制影响到的主要商品有：照明、电话和计算机设备、电锯、电动刀、机油、化学产品、布料等，其中有许多是阿本国企业无法生产替代的，其供应匮乏将直接影响建筑、食品、林业、道路维护和纺织等多个行业。

（四）企业动态

阿根廷企业在海外的投资主要集中在钢铁、食品和制药等产业，在电子产品和其他高技术产业的投资不多。2014 年阿根廷企业尚未有进入全球 500 强企业排名行列的。2012 年，阿根廷私人咨询公司（Villanfañe y Asociados）和西班牙分析与调查研究机构（Análisis e Investigación）共同调研并公布了阿根廷声誉百佳企业排行榜。在该排行榜中，阿根廷食品企业雅可集团（Arcor）连续第三年排名第一位，排在第 2—9 名的企业分别为为阿冶金钢铁企业德兴集团（Techint）、联合利华（Unilever）、可口可乐（Coca-cola）、阿啤酒公司基尔梅斯（Quilmes）、谷歌（Google）、大众（Volkswagen）、阿乳业巨头 Mastellone Hnos、阿制药企业霸科（Bagó）和雀巢（Nestlé），而大众和霸科两家企业首次进入前十名。中国企业在阿根廷也正进行着深入的市场开拓。投资主要集中于装备制造业的机械行业、汽车行业、船舶工业和铁路装备以及电子信息和家电行业，特别是在铁路装备业，2013 年，阿根廷政府多次从中国南车集团和中国机械设备工程股份有限公司采购火车机车设备提高运输能力。华为、中兴、海尔等中资公司也纷纷在阿根廷设立分支机构进行业务领域的开拓。

三、厄瓜多尔

（一）发展概况

厄瓜多尔工业部门主要有石油和采矿业、制造业、建筑和电力工业等。工业主要依靠原油开采，深加工和提炼能力较差。工业较为落后，工业品较为缺乏，有市场空白。2013 年厄瓜多尔 GDP 总量为 944.72 亿美元，厄瓜多尔制造业增加值占 GDP 比重为 13%，工业产值增加值为 347 亿美元，其中制造业增加值为 117.35 亿美元。2011 年，制造业、建筑业、采矿业产值分别为 57.78 亿美元、72.26 亿美元和 89.95 亿美元。外国投资机构主要进入的行业有石油矿产业、机械制造业、食品饮料加工业、木材及制品、贸易及旅游业等。厄瓜多尔鼓励商品出口和市场多样化，同时也保护和发展民族工业、鼓励工业制成品和半制成品出口等政策。在通信业发展领域，厄瓜多尔国内的固定电话运营商主要有 CNT E.P 和 ETAPA E.P 两家公司，分别占据全国 90% 和 7% 的市场份额，剩下的 3% 由几家小的运营商占据。厄瓜多尔拥有移动电话用户总数达 1400 万，平均人手一部手机，主要运营商有墨西哥 America Movil 集团厄瓜多尔分公司 Conecel，占 70% 的市场份额，其品牌为 Claro；西班牙 Telefonica 集团厄瓜多尔分公司 Otecel，占 28% 的市场份额，品牌为 Movistar；此外，CNT 移动子公司 Telecsa 占 2%，品牌为 Alegro。厄瓜多尔有国际互联网线路 208.6 万条，用户 542.6 万；互联网服务提供商主要有：Grupo TV Cable；CNT；TelmexTV。厄瓜多尔通信业主管部门为电信与信息社会部，是全国信息与通讯技术发展的领导机构，制定、执行、跟踪和评估相关政策和计划，协调有关行动，保障民众充分享受到质量好、效率高的电信与信息服务。厄瓜多尔的电信领域外资企业主要包括墨西哥的 America Movil 集团、西班牙的 Telefonica、中国的华为技术、中兴技术等公司。

（二）产业布局

厄瓜多尔石油产业占经济支柱地位，此外香蕉业、鲜花种植等农产品加工产业也较为重要。厄瓜多尔整体上尚未形成较为完整的工业体系。厄瓜多尔石油业是该国居于首位的支柱产业和经济最主要的组成部分，一直在国民经济中占有举足轻重的地位。石油业在外汇收入、能源供给等方面都成为厄瓜多尔经济发展的支柱。2012 年厄瓜多尔原油出口金额为 138 亿美元，占厄瓜多尔出口总值的 57.78%。石油由厄瓜多尔国家石油公司和外国石油公司勘探与开发。国家石油公司拥有和掌握厄瓜多尔境内储量最丰富的区块开采权益，已开发的主要石油区块和油田有萨差、拉格阿格里奥、利贝尔达的、苏速芬迪、奥卡等 15 区块，已探明储量为 37.8 亿桶，目前有 47 个油田，作业面积约 90 万公顷。厄瓜多尔的矿业资源非常丰富，是国家的重要资源。厄瓜多尔有铜、黄金、白银、钯、锌、铅、铁等金属矿藏，矿藏潜力巨大。

（三）政策动向

2013年，厄瓜多尔政府制定了《2013—2017年度国家发展规划》。该规划将减贫和提高生产力作为厄瓜多尔未来5年内政府经济发展工作的重点。在减少贫困方面，政府将从教育领域出发，在教育基础设施建设、教育资源合理分配、医疗服务基础设施建设和社会保障体系建设几个领域给予政策和资金支持；而在生产力水平提升方面，调整能源结构、农村能源建设、扩大传统农产品种植规模和加工水平将成为重点。

2013年7月，厄瓜多尔出台了限制大排量机动车的政策，此举目的为减少燃料能耗和促进环保。厄瓜多尔政府限制排量大于6000cc机动车的流通。该政策的另一目的是降低燃料补贴。近年来，政府燃料补贴的逐年递增成为厄瓜多尔政府财政的较大负担，2012年该项财政高达34亿美元。在限制大排量机动车流通的同时，政府还会定期报废定量的高耗能、高污染的老式汽车。

从2010年底，厄瓜多尔政府连续出台6项限制汽车进口政策。一是从2010年12月30日，排量1900cc以上车辆增收5%的关税；二是2011年8月26日，建立汽车进口许可证制度，设立减少20%的进口目标；三是2011年9月1日，对小型汽车全散装件（CKD）进口征税从10%增至18%，对中型汽车CKD进口征税从5%增至9%；四是2011年12月30日，开始征收绿色环保税；五是2012年5月，国会通过住房与汽车贷款管理法；六是2012年6月，外贸委员会颁布66号决议，规定进口配额制度。中国奇瑞、长城品牌汽车是厄瓜多尔主要自华进口汽车品牌，实施汽车进口配额制度后，中国是受此政策冲击最大的国家。

第七章　韩国

第一节　发展概况

韩国位于朝鲜半岛南部，是亚洲第四大经济体。制造业是韩国经济持续增长的重要支柱，作为亚洲新兴的发达国家之一，韩国在钢铁、汽车、造船、电子、石油化工、纺织等主要产业发展中均占有重要地位。其中汽车、半导体、造船、石油化学、钢铁等制造业更是长期位居世界前列，产品品牌享誉全球。2014年年初，在住宅投资和出口的支撑下，韩国经济出现了短暂复苏迹象，但由于4月发生的"岁月号"客轮沉没事故，消费心理陷入冷却，下滑趋势日益明显，2014年韩国GDP同比增速仅为3.3%，虽高于2013年的3.0%，但远低于央行预期的4%水平。其中，2014年第四季度实际国内生产总值环比增长仅为0.4%，是近9个季度以来的最低增速。受全球经济增速放缓，国内消费需求减少等因素影响，2014年韩国工业增长持续放缓。2014年11月，韩国规模以上工业增加值同比减少0.5%，出现负增长。

一、制造业呈现持续萎缩态势

受韩元走强、中国经济增长放慢等利空因素影响，韩国制造业呈现萎缩态势。2014年以来，韩国制造业PMI指数一直在50上下波动，制造业增长动力不足，萎缩态势明显。2014年1月制造业PMI值为50.9，之后一路下滑，8月份实现制造业扩张后，但很快之后的几个月又处于停滞。其中，2014年10月，韩国制造业采购经理人指数（PMI）经季节调整后下滑至48.7，为6月触及48.4以来最低。2014年12月，汇丰制造业PMI升至49.9，但仍为连续第四个月萎缩。2014年12月，韩国制造业景气调查指数（BSI）为 73，环比下降 2 个百分点；出口企业 BSI 为 76，内需企业 BSI 为 71，环比前者上升后者下降；大企业 BSI 为 77，中小企业 BSI 为 69，环比均下降。

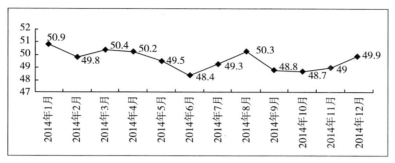

图7-1　2014年1月—12月韩国制造业PMI值

数据来源：汇丰银行，2015 年 2 月。

二、对外投资不断减少

受全球经济放缓和需求不足等因素影响，2014 年韩国对外直接投资持续减少。据韩国企划财政部统计数据显示，2014 年韩国对外直接投资为 350.7 亿美元，同比减少 1.5%，连续第三年出现减少。从投资领域来看，制造业对外直接投资最多，为 87.4 亿美元，同比减少 12.9%。金融保险业投资同比增长 78.1%，为 72.1 亿美元，房地产租赁业投资同比增长 2.8%，为 70.2 亿美元。其中，2014 年 1—6 月，韩国对外直接投资为 154.2 亿美元，同比减少 6.5%，是 2010 年（119.1 亿美元）以来同期最低值。从投资领域看，2014 年上半年，制造业对外直接投资 50 亿美元，同比增长 11.0%，工矿业对外直接投资 22.5 亿美元，同比减少 30.5%。

三、出口增速有所放缓

由于消费心理的恶化，韩国民间消费处于较低水平，同时因中国、欧盟经济恢复迟缓，以及日元加剧贬值等因素对韩出口造成了不利影响，韩国出口增速放缓。根据韩国银行公布的"2014 年 12 月进出口物价指数"显示，受韩币升值和国际油价下降影响，2014 年韩国出口物价指数降至 88.11，同比下滑 6.0%，创下 2007 年以后 7 年来的最低值。根据韩国产业通商资源部数据显示，2014 年 1—9 月，韩累计外贸额为 8215.88 亿美元，同比增长 3.24%。其中，进口 3962.15 亿美元，同比增长 3.6%，出口 4253.73 亿美元，同比增长 2.9%。其中，2014 年 9 月，韩国外贸总额为 920.69 亿美元，同比增长 7.43%，进口 443.21 亿美元，同比增长 8.0%，出口 477.48 亿美元，同比增长 6.9%。石油制品出口为 43.4 亿美元，同比减少 3.3%；家电制品受电视（−33.4%）出口减少影响，同比减少 17.6%，出口额仅为 11.5 亿美元；无线通信设备出口 13.4 亿美元，同比减少 6.0%。

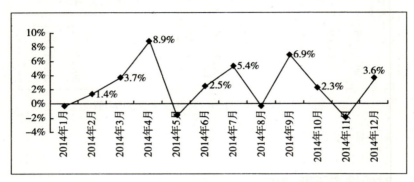

图7-2 2014年1月—12月韩国出口同比增速

数据来源：韩国贸易协会，2015 年 2 月。

四、生物技术产业发展迅速

韩国产业通商资源部和韩国生物技术协会发布数据显示，2013 年韩国国内生物技术产业生产规模达 7.5 万亿韩元，同比增长 5.3%，近 5 年年均增幅达 8.9%。从领域来看，生物食品和生物医药生产规模占比达 77.1%；生命电子和生命化学等融合产业的生产增长速度最快分别同比增长为 22.5%、11.8%；2013 年韩国生物产业出口规模为 3.2 万亿韩元，内需规模为 5.9 万亿韩元，同比分别增长 3.9%、6.1%；研发费 1.2 万亿韩元，同比增长 15.6%；从业人员 3.8 万人，同比增长 1.7%。

五、企业加大研发投入力度

为应对国内市场消费需求不足，国外出口增速放缓的不利形势，韩国企业不断加大研发投入力度，提升产品质量，增加产品市场竞争力。2014 年上半年，韩国 30 家大集团旗下除金融公司之外的 167 家上市公司固定资产、无形资产投资及研发投入共计 56.31 万亿韩元，同比增加 1.7%。其中研发投资 16.2 万亿韩元，同比增加了 7.3%。其中，三星、LG、SK、现代汽车上述几大集团总投资达

41.9 万亿韩元，占 30 家大集团总投资额的 73%，所占比重同比增加 3.3 个百分点。三星电子是单个企业投资最大企业，其投资额为 18.09 万亿韩元，占 30 家大集团投资总额的 32.3%。

第二节　产业布局

首尔、釜山目前已经成为韩国经济发展的两大区域，经过 20 世纪 50 年代韩国城市规划中重视基本消费品以恢复经济发展的阶段，这两大经济区域快速发展。20 世纪 60 年代，韩国又再次将轻纺产业作为出口战略导向产业，形成以首尔和釜山两大区域的纺织产业为核心的经济轴。到 1975 年首尔、大邱、仁川、釜山等大中城市的工业产值占比达到了 66.2%。20 世纪 70 年代开始，从浦项到光阳形成了东西走向的另一条沿海经济轴，该地区主要发展钢铁、石化、造船、机械等一系列重化工业，该地区具备经济基础条件好、工业资源充沛、交通区位条件优越而又避开军事对峙的东南沿海地区等各种优势。韩国的西海岸及东部太白山区明显落后。区域发展的不平衡已成为韩国的主要经济问题。

韩国重化工业是其产业主体。其布局有两大特点。首先是主要位于沿海地区。东南沿海在京仁地区的仁川，东海岸的束草、三陆等地有机械、玻璃、水泥等工业。其次是工业团地模式。是指为一些工业企业提供同一场所和公用设施而开辟的特定工业区。韩国从 70 年代开始采取限制城市发展的政策，形成以中心城市为主体的经济、人口圈。限制措施主要包括在中心城区增加居民人数和固定资产投资，鼓励企业进行外迁，并给予外迁企业优惠政策。

第三节　政策动向

受美国退出量化宽松政策、新兴经济体经济增速持续放缓、日元持续疲软等对外风险因素影响，2014 年韩国经济持续低迷。为实现经济发展的实质飞跃，韩国政府采取行之有效的措施，实施经济改革三年规划，大力促进中小企业发展，提升制造业竞争力，提高居民生活水平，为经济增长注入活力。

2014 年 1 月，韩国产业通商资源部发布《激活外商投资方案》，积极引进跨国企业区域总部和研发中心（R&D），并为这些跨国企业提供税收优惠等各方面支援。《方案》主要内容包括：第一，对就职于区域总部的外籍员工继续适用单一所得税率 17%，较韩国员工适用 6% 至 38% 累进制税收制度相比优惠明显。第二，区域总部外籍人员滞留韩国的签证有效期将由目前 1 至 3 年最长延至 5 年。第三，对就职于外商投资研发中心的外籍人员所得税减免制度将延至 2018 年。第四，向外商投资研发中心提供与国内产业界、学术界、研究界一样的参与国家项目的机会。第五，外商投资企业每雇佣一人，税收减免限度由 1000 万韩元增加至 2000 万韩元，租金最高可减少 25%。

2014 年 2 月 25 日，韩国政府公布了《经济改革三年规划》，力争用未来三年时间使韩国经济潜在增长率提升至 4%，就业率达到 70%，国民收入增加至 4 万美元，不断促进经济结构优化，为开辟"国民幸福经济时代"奠定基础。《经济改革三年规划》提出了三大核心战略：夯实经济基础，全面推动"创造经济"发展，进一步扩大内需。具体来看，韩国政府将通过落实创业小额担保贷款、创业资助等一系列的创业扶持政策，全面鼓励和支持全民创业并为此投入 3.9 万亿韩元。另外，为了改善企业经营环境，韩国政府将全面消除或放宽各种限制措施。为了加快推动五大服务业 (卫生、医疗、教育、旅游、金融、软件) 发展，韩国政府将在韩国自由经济区内进一步放宽国外医疗机构设立医院时的各种限制措施。政府还将着力推动落实税收优惠政策，大力发展服务业。另一方面，韩国政府全面引入竞争机制，推动公共机构改革，使其能够摆脱当前经营不善的困境。为了提升就业率，韩国政府将积极创造青年和女性就业岗位，制定各种养育扶持政策，力争到 2107 年，将青年就业岗位和女性就业岗位从 2013 年的 10 万个和 29 万个分别增加至 50 万个和 150 万个。

2014 年 3 月，韩国未来创造科学部制定了《2014 年宇航技术产业化战略执行计划》。主要内容包括：成立产业界与研究机构联合出口支援团；制定宇航产品出口路线图；引进太空技术企业指定制度，扶持宇航产品生产企业，支持民间企业主导太空开发项目并进行创业等。

2014 年 8 月，韩国政府启动了到 2017 年将 1 万家内需中小企业转变为出口企业的扶持政策。韩国将引入"首次出口希望保险"制度，为首次出口的韩企，提供最多 10 万美元的贸易保险支持；为出口猛增的企业，每年提供上限为 3000 亿韩元的贸易保险支持。韩国贸易协会计划选定 100 个特定种类和主攻市场的贸易公司，推动扩大出口。

2014年9月，为减轻中小企业负担，韩国国税厅发布最新税政支持方案。将着重对受经济停滞影响较大的餐饮、住宿和运输业，及能够引领经济发展的电影、游戏产业等，实施年销售额不足1000亿韩元者免除实施税务调查政策，据估算受益企业将达130万家之多。为提振韩国经济，政府决定针对中小企业而非大企业财团实施免除措施，提供税政支持。为引导企业真实纳税，政府还将加强以支持企业自发真实纳税为核心典范的税政运行体系建设。

2014年10月，韩国政府确定了有关刺激国内经济复苏和应对日元疲软的综合方案。包括：一是对一般汇率变动保险的保费减半，对农水产品出口企业的汇率变动保险金自负比率由原先10%降至5%，减少对日出口中小企业汇率风险；二是对借机进口日本设备加大投资的企业提供减免关税、降低贷款利息及加速折旧等优惠政策。期间政府将拿出150亿美元用于企业低息贷款；三是加强对出口型中小企业的风险管理教育培训及咨询，提供其应对汇率风险的能力；四是政府强化对日元变动的集中监控和分析，提高预警和引导能力。为此，韩政府将追加5万亿韩元用于应对日元疲软和提振内需，其中追加1.4万亿用于基金和公共机构投资支出，用于政策性金融支持等；3.5万亿用于设备投资基金和外汇贷款。此外，韩政府还决定在中国游客大量光顾的首尔等地增设免税店，刺激消费。

第四节　发展趋势

一、工业发展将持续放缓

受乌克兰危机、中东地区局势动荡、韩国家庭负债等问题的影响，韩国国内消费萎靡，经济低迷，就业形势严峻，工业持续低迷。韩国战略与财政部2014年12月22日公布的数据显示，韩国2014及2015年的经济增长预期分别下调至3.4%和3.8%，低于预期的3.7%和4%。由于韩国IT、汽车产业等主力产业出口和投资增长趋势也都有减缓的迹象，加之中国经济增速放缓、美国消费低迷以及欧洲财政危机持续等因素的影响，韩国工业增长动力不足，工业发展将持续放缓。

二、汽车行业前景乐观

自2005年起，韩国已经连续10年蝉联了全球第五大汽车制造国。2014年，

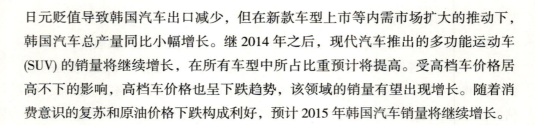

日元贬值导致韩国汽车出口减少，但在新款车型上市等内需市场扩大的推动下，韩国汽车总产量同比小幅增长。继 2014 年之后，现代汽车推出的多功能运动车(SUV) 的销量将继续增长，在所有车型中所占比重预计将提高。受高档车价格居高不下的影响，高档车价格也呈下跌趋势，该领域的销量有望出现增长。随着消费意识的复苏和原油价格下跌构成利好，预计 2015 年韩国汽车销量将继续增长。

三、出口增速有望实现缓慢回升

近两年，受发达国家经济低迷，中国市场向内需主导转型，韩元对美元持续升值等因素影响，导致以韩元计价出口额连续两年下降，出口竞争力削弱，出口增势放缓。但在 2015 年年初欧洲央行宣布实施量化宽松政策使得欧元进一步贬值，日元持续贬值等利好因素的影响下，韩国企业在欧洲和日本市场的产品竞争力将会不断加强，另外美元走强导致韩币贬值也将在某种程度上减少韩国企业的负担，提高产品出口竞争力。未来韩国出口市场有望回暖，出口增速将出现缓慢回升的迹象。

第五节 企业动态

一、总体情况

作为后起工业化国家的韩国，大企业集团数量众多，韩国大型企业在全球影响力不断提升。2014 年，在全球 500 强企业中，韩国拥有的世界 500 强企业数量为 17 家，比 2012 年的 14 家增加 3 家。其中，三星电子排名第 13 名，比 2013 年上升一个名次，SK 控股公司（第 64 位）和现代汽车（第 100 位）进入了100 强。随着韩国人力资本的不断上升，全球最大的搜索引擎谷歌将在韩国设立"创业支援中心"（简称"中心"），以传播谷歌的创新理念和新技术，在韩发展"谷歌式创业培育系统"并将韩创业企业推向世界。

二、主要跨国企业动态

（一）三星电子

三星电子在 2014 年世界 500 强的排名从第 14 名上升至第 13 名，品牌价值进一步上升，成为苹果公司最大的竞争对手之一。根据三星电子官方消息，2014 年三星电子销售规模 205.4 万亿韩元，继 2005 年以来时隔 9 年再次出现负增长，受全球高端智能手机市场不景气和中国低价智能手机冲击明显。2014年第三季度三星电子的营业利润为4.06万亿韩元（约合40.6亿美元），自2011年四季度以来首次跌破5万亿韩元关口，同比、环比分别下降60.05%和43.50%。其中，IT与移动通信部门营业利润为1.75万亿韩元，半导体与显示屏部门营业利润为2.26万亿韩元。另外，三季度三星电子销售额为47.45万亿韩元，同比、环比分别下滑19.69%和9.37%。2014年12月，三星电子与美国LoopPay公司就移动支付业务的合作方案进行谈判，该公司将超小型移动支付系统内藏至手机中，应用于美国90%的超市中。三星公司正全力进军技术金融（FINTECH）市场。韩国政府已经释放出放宽网络金融的相关限制的信号，2015年该市场有望出现大幅增长，各企业将通过整合进一步争夺市场份额。

（二）浦项制铁

2014年，韩国浦项钢铁公司(POSCO)营业利润较上年增长7%至3.21万亿韩元(29.4亿美元)。浦项制铁称，2014年营收较上年增长5%至65万亿韩元，2014年净利大降59%至5570亿韩元。韩国浦项制铁在韩国首尔证券交易所发表的2015年浦项制铁的经营计划显示，将继续转卖子公司的部分资产和股份拟筹得资金2万亿韩元（约合115.14亿元人民币），力争2015年净利润达到2万亿韩元的规模，粗钢产量和钢材产品销售量分别增加100万吨左右。浦项制铁将对投资规模作较大的压缩，今年的计划投资规模为4.2万亿韩元（约合241.8亿元人民币），比2014年的5.2万亿韩元减少1.2万亿韩元，降幅为22%，投资的重点方向在韩国国内，主要是围绕着浦项制铁的主业钢铁进行投资。同时，浦项制铁要继续推进企业财务状况的改善，目前已经完成了30项结构调整任务中的11项，将转卖非核心业务的资产和部分子公司的部分股份，推动有实力的子公司尽早上市，由此争取筹得资金2万亿韩元。浦项制铁2015年计划粗钢生产量3840万吨，比2013年的3765万吨增加75万吨；计划钢材销售量3590万吨，比2013年的3434万吨增加156万吨，其中高附加值钢材的销售量要占总销量的36%；与此同时，要加大国外市场的开辟力度，将目前在国外的23家钢材加工配送中心扩大到29家。

（三）现代汽车

作为全球的知名汽车品牌之一，现代汽车在2014年世界500强的排名从第

104名上升至第100名。据现代汽车发布的2014年业绩报告显示，2014年全年销售额为89.2563万亿韩元，销量为496.1877万辆，销售额同比增长2.2%，为2010年导入国际财务报告准则后的最高值。但是营业利润则同比下滑9.2%，为7.5万亿韩元，是2010年以来的最低值。现代汽车集团公布的投资计划显示，未来四年内将投资80.7万亿韩元（约合人民币4560亿元），用于产能扩建、巩固核心技术，年均投资总额将达20.2万亿韩元，创历史新高。同时，现代汽车集团将新增7345名研发人员，未来四年将主力开发环保汽车和智能汽车技术；不断提高全球生产和销售体系的效率，强化全世界9个国家32个工厂和6个研发机构，以及包括经销商在内的全部销售网络之间的有机合作体系，以提高生产效率、节约成本；持续承担社会责任，在中国市场的"内蒙古治沙"、"起亚家园"、"梦想之屋"等多个中长期项目将在2015年持续加大投入。

（四）LG电子

2014年，LG电子公司在智能手机等手机和电视市场呈现出强势的增长势头，拉动了公司整体业绩增长。LG电子在2013年世界500强的排名从第196名下降至第225名。LG电子公布的经营业绩显示，2014年公司营业利润为18286亿韩元（约合人民币105.6亿元），同比增长46.4%，创2009年以来的最高值。2014年，LG电子公司销售额为59.04万亿韩元，同比增长4%。2014年本期净利润为5014亿韩元，同比增长125%。其中，LG移动通讯事业部的年度收入报增长16%，达到15.06万亿韩元（142.6亿美元），主要是因为2014年第四季度针对北美的出货量同比增长了78%。在2014年售出的7820万部手机中，智能手机总出货量为5910万部，同比增长24%。随着来自不同厂商的全球竞争的持续加剧，2015年将是富有挑战性的一年。LG将集中精力提升其品牌影响力，改善运营效率，有选择地聚焦重点市场。手机业务部推出了战略型智能手机G3等G系列和L系列手机，家电产品部推出了超高清电视和有机发光二极管(OLED)电视等高端产品，将拉动企业业绩向好。

第八章　中国台湾

第一节　发展概况

近年来，我国台湾地区经济增长乏力，产业转型困难，整体产业表现欠佳，尤其是电子、石化等重要产业表现不如预期。台湾地区以外向型经济为主，产业发展容易受到外部需求波动的影响。2014 年以来，受全球经济回暖的影响，台湾地区经济增长有所加快，特别是在台湾地区当局加快结构调整的推动下，台湾地区工业继续保持平稳增长，主要呈现以下特点：

一、经济形势明显好转，工业生产持续扩张

2014 年台湾地区经济逐步从谷底反弹，主要经济指标逐步好转，呈现温和

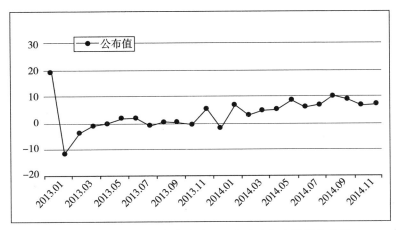

图8-1　2013—2014年台湾地区工业生产年率增长走势图

数据来源：台湾地区"经济部"，2015 年 1 月。

增长态势。据台湾地区"主计总处"最新数据显示，2014 年台湾地区全年经济成长率概估为 3.51%，创 2011 年以来新高，相较于 2011—2013 年年增长率平均不足 3% 的"闷经济"状况，在多年之后首次成为亚洲"四小龙"经济增长速度之首。受半导体高阶制程出货畅旺、资讯产品组装代工产出拉升等因素的影响，台湾地区工业生产持续好转。据台湾地区"经济部"公布数据显示，2014 年台湾地区工业生产指数 106.56 及制造业生产指数 106.67 均为历年新高，分别较上年增长 6.14% 及 6.41%，皆为 2011 年以来之最大增幅，扩张态势有所加快。

二、资讯电子工业快速复苏，产业转型进展缓慢

得益于国际品牌便携装置持续热销、智能科技应用领域扩展，以晶圆代工、光学组件、计算机设备及零件、手机为代表的台湾地区资讯电子工业快速复苏，而化学材料业和汽车工业增速缓慢，甚至出现了负增长。分行业看，电子零组件业、机械设备业与汽车及其零件业分别增长 11.8%、10.6% 及 9.0%，是增长最快的三个行业，化学材料业则减少 1.1%。与此同时，受食品安全问题的影响，台湾地区食品工业受到了巨大的冲击。虽然 2014 年岛内工业产值比重自 2012 年以来持续上升，但是台湾地区当局仍积极推动的六大新兴产业 (观光旅游、医疗照护、生物科技、绿色能源、文化创意、精致农业)，尚未形成新的明星支柱产业，产业转型升级效果仍然不够明显。

三、对外贸易平稳增长，吸引外资能力明显下降

受欧美国家订单需求回暖和大陆经济的持续增长的带动作用，2014 年全年台湾地区外销订单总额为 4728.1 亿美元，创历年新高，比上年增加 298.9 亿美元，增长 6.7%。主要订单来源地区依次为美国、中国大陆及中国香港、欧洲、东盟，总额分别为 1185.3 亿美元、1177.2 亿美元、910 亿美元、543.7 亿美元，均创历年新高。主要归功于国际大厂手持行动装置新品热销及笔电产品需求回温，带动组装代工及相关产业供应链接单。此外，电子产品相关产业供应链订单也明显增加，年增率已连续 18 个月呈正增长，预计全年电子产品出口有望突破 1000 亿美元大关。与外贸稳定增长相对应的是，台湾地区吸引外商直接投资能力持续下滑。依台湾地区"投审会"统计，1—10 月，外商对台投资 36.9 亿美元，年增长 0.5%；核准大陆企业赴台投资仅为 3.2 亿美元，企业界对台湾地区市场与经济前景并不看好，台湾地区吸引境外资本的能力持续下降。

四、对大陆投资持续增长，两岸产业合作日益深化

台湾地区企业外移仍在持续，2014 年出现显著增长。据台湾地区"投审会"统计，2014 年 1—11 月核准对大陆投资 360 件，金额约 86.14 亿美元，同比增长 12.8%。随两岸一系列经济合作协议的签署和落实，两岸在能源石化装备、电子信息、通信、生物科技、新能源等领域的合作不断加深，特别是在标准领域达成了多项共识，将推动两岸产业合作进一步深化。

第二节　产业布局

一、总体情况

经历了多年的发展过后，我国台湾地区已经形成了以电子信息产业为支柱，部门比较齐全的工业体系，工业地域分布格局主要分为北、中、南三大地区，各区域根据自身资源和发展特点重点发展不同产业。台湾地区北部地区是台湾地区最重要的工业区域之一，工业发展规模最大且产业门类最齐全，产业囊括了纺织、食品、造纸、机械、电子、化工、金属制品、半导体等。80 年代以后，台湾地区中部工业开始快速发展，目前台湾地区中部地区企业数量较多的行业主要集中在金属制造业、机械设备制造业和塑胶制品制造业。南部工业历史发展以传统产业为主，随着高科技产业不断发展，台湾地区南部工业整体向着高科技产业方向发展。台湾地区南部地区过去是台湾地区的重化工业中心，主要产业囊括了石油冶炼、化工、钢铁、制造、纺织等。20 世纪 70 年代台湾地区工业建设中的炼铁、石化及造船都集中在高雄市，目前高雄已成为台湾地区最大的石化工业中心。目前，台湾地区南部产业结构已朝高科技化转型，科技产业与传统产业的比重日趋平衡，并且极具发展潜力。

二、重点园区分布

工业园区的设立对台湾地区工业发展和产业集群的形成发挥了重要作用。新竹科学园是台湾地区最大的半导体与电脑及周边设备制造业中心。新竹科学工业园成立至今约有 396 家高科技厂商进驻，主要产业包括有半导体业、电脑业、通讯业、光电业、精密机械产业与生物技术产业。在该园区进驻的企业主要包括台积电、联华电子、华邦电子、纬创资通、佳世达等。新竹科学园区逐渐成为北台

湾地区的科技中心，并且按发展计划园区正在逐步扩大，扩充计划包括苗栗铜锣园区、桃园龙潭园区、竹北生物医学园区以及宜兰园区。台湾当局陆续设立的南部科学工业园区及中部科学工业园区也是在新竹科技工业园区的成功经验推动下完成的。

台湾地区中部科学工业园是继新竹科学工业园区和南部科学工业园区之后，台湾地区中部地区工业发展的又一重要区域。园区地跨台湾地区中部的台中市、彰化县及云林县三县市。中部科技工业园中有数百家企业进驻，园区周围还与工研院机械研究所、金属中心以及东海大学、逢甲大学等一批高校相邻。园区中的进驻厂商主要包括友达光电、旭能光电、程泰机械、均豪精密、特典工具等一批光电类和精密机械制造企业。

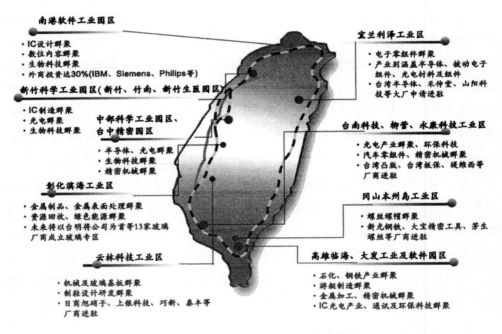

图8-2 台湾地区重点工业园区分布情况

数据来源：赛迪智库整理，2015 年 3 月。

台湾地区南部科学工业园区，位于台湾地区台南市和高雄市等地，是继北部新竹科学工业园之后台湾地区又一重要工业园区。该园区实现了台湾地区高科技产业南北双核心的目标。其中主要以晶圆代工业和面板制造业为园区的主要产业。园区设立之后带动了南部地区整体的高科技产业发展。南部科学工业园区进驻企业多达数百余家，产业主要包括了半导体业、光电产业、光伏产业、LED 及电池、精密机械、通讯产业和生物科技业等。企业有台积电（TSMC）、联华电子、台达电子等多家知名企业。

第三节　政策动向

一、政策概述

近年来，在党派内斗不断的影响下，台湾地区当局虽然出台了一系列政策措施来推动产业转型升级，但是实施成效都不大。台湾地区经济增长持续低迷，产业转型升级进展缓慢。2013 年 5 月，台湾地区当局宣布了 13 项提振景气措施，这些措施包括扩大消费支出、提振岛内投资、激励创新创业、修正证所税等四大类提振景气措施。2013 年 6 月 21 日，两岸两会领导人签署了《海峡两岸服务贸易协议》，但是 2014 年 3 月，岛内爆发以反对两岸服务贸易协议为主轴的所谓"太阳花学运"，导致年内两岸服务贸易协议未能通过审查及生效。2014 年 10 月，台湾地区当局"经济部"推出了产业升级转型行动方案，要从"维新传统产业，巩固主力产业，育成新兴产业"三管齐下，推动台湾地区产业转型升级。为提升台湾地区外向型经济发展动力，台湾地区当局大力推动自由经济示范区建设，望通过在特区内率先采取更加自由开放的经济政策，争取对外签署更多自由贸易协定 (FTA) 及加入"跨太平洋战略经济伙伴协议"(TPP) 创造条件。

二、重大政策简析

（一）提振景气措施

为应对低迷的经济状态，2013 年 5 月，台湾地区当局宣布了 13 项提振景气措施，这些措施包括扩大消费支出、提振岛内投资、激励创新创业、修正证所税等四大类提振景气措施。在扩大消费支出方面，有补助购买节能家用器具、高效率马达示范推广补助计划、增加补助公共运输车辆汰旧换新数量、吸引外籍旅客，提升观光消费等措施。在提振境内投资部分，有引进寿险业资金积极参与公共建设投资、加强各县市促成重大投资、加速年度公共机关采购计划执行、加速环评及土地变更流程等措施。在激励创新创业方面，有创新到创业激励计划、创业天使计划、技术入股课税合理化、订定"创业（柜）板"上柜准则等。

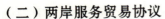

（二）两岸服务贸易协议

2013 年 6 月 21 日，两岸两会领导人签署了《海峡两岸服务贸易协议》，该协议是 ECFA 后续协商所签协议之一。协议明确了两岸服务市场开放清单，在早期收获基础上更大范围地降低市场准入门槛，为两岸服务业合作提供更多优惠和便利的市场开放措施。2014 年 3 月，岛内爆发以反对两岸服务贸易协议为主轴的所谓"太阳花学运"，导致年内两岸服务贸易协议未能通过审查及生效。两岸服务贸易协议在岛内受阻，直接波及两岸货物贸易协议等 ECFA 后续谈判进程，严重干扰两岸经济合作的制度化与机制化进程。

（三）自由经济示范区建设

2014 年，台湾地区当局致力于经济结构调整的一系列重大举措，其中大力推动自由经济示范区建设具有重要影响。自由经贸区指的是一个经济体内部的特定地区 (或者整个经济体)，这一特定地区 (或者这一经济体) 相对于经济体的其他地区 (或者相对于其他经济体) 实行更加开放、更加自由、更加便利的特殊经贸政策措施。台湾地区自由经济示范区规划，依据马英九"黄金十年国家愿景"活力经济施政主轴之方向，秉持自由经济的观点，期望达到"参与区域经济整合"、"提升国家竞争力"与"释放企业活力"等三大目标。台湾地区当局计划打造以 6 海 1 空 1 园 (台北港、基隆港、台中港、苏澳港、安平港、高雄港、桃园航空城、屏东农业生技园区) 为核心的自由经济示范区，希望通过在特区内率先采取更加自由开放的经济政策，为建立"自由贸易岛"，争取对外签署更多自由贸易协定 (FTA) 及加入"跨太平洋战略经济伙伴协议"(TPP) 创造条件。但是，在台湾地区政党恶斗和国民党选举失败的情况下，台湾地区"自由经济示范区"特别条例已在"立法院"审查一年而没有通过。

（四）产业升级转型行动方案

2014 年 10 月，台湾地区当局"经济部"推出了产业升级转型行动方案，要从"维新传统产业，巩固主力产业，育成新兴产业"三管齐下，推动台湾地区产业升级转型。这项方案的激励措施，包括了技术入股与员工股票奖酬工具得缓缴所得税 5 年；由台"国发"基金出资 1500 亿元新台币，作为企业升级转型购买设备、技术、厂房贷款之用；以及由"国发"基金匡列 100 亿元新台币，与创投公司共同投资升级转型的策略性制造业等等。基本上，这套方案展现了对于台湾地区产业升级较为宏观的视野，也抓到了台湾地区产业升级的某些症结，不过，要让这套方案能够发挥功效，不能没有其他的措施来配套，特别是台湾地区对外经贸的作为，包括两岸经贸关系的处理。

（五）社会企业行动方案

所谓社会企业，是指以解决特定社会问题为核心目标的创新企业组织，通过商业模式而非捐赠在市场机制中自给自足。社会企业与一般企业的区别在于，前者以社会效应最大化为目标，后者以企业投资者的利润最大化为目的。台湾地区行政主管部门在 2014 年提出"社会企业行动方案"，预计在未来三年投入 1.6 亿元新台币，计划催生 100 家创新型社会企业、协助 50 家社会企业走出台湾地区、完成 200 件社会企业辅导案例。2014 年 8 月，台当局更是将"发展在地产业和社会企业"作为平衡区域发展差异、改变社会贫富差距、降低岛内青年失业率的重要举措。

第四节　发展趋势

一、工业总体将继续保持扩张态势

2015 年，国际主要经济体发展与表现不平衡，国际油价与主要国际货币汇率变化，大陆经济步入中速增长的"新常态"，均构成制约与影响台湾地区经济的重要外部因素。台湾地区内部受政经环境影响因素众多，但预计投资与消费增长相对平稳，将成为支撑经济的重要力量。据台湾地区"行政院主计处"最新预计，2015 年经济增长 3.50%，与 2014 年基本持平。在经济形势好转的背景下，台湾地区工业发展将继续保持扩张态势。据台湾地区工业研究院产业经济与趋势研究中心（IEK）预估，2015 年，台湾地区整体制造业产值有望增长 2.86%，总产值将达到 18.25 亿美元。

二、传统产业转型升级步伐将持续加快

为推动传统产业转型升级，加快发展新兴产业，台湾地区当局于 2014 年推出了产业转型升级行动方案，要从"维新传统产业，巩固主力产业，育成新兴产业"三管齐下，推动台湾地区产业升级转型。根据相关预测，台湾地区机械产业产值将从 2014 年的 9641 亿元（预计）增加到 10123 亿元，年增长 5%，将首度跃升为"兆

元"产业；面板产业可望恢复正增长，预计年增长速度 1.6%—3.1%，产值将突破 1 万亿元；台湾地区电商交易额年增长速度 14%，达到 10069 亿元，到 2015 年，台湾地区有 3 项产业产值将突破 1 万亿元，成为新的"兆元产业"，显示台湾地区产业结构正在发生新的调整与变化，但仍难从根本上改变高度依赖电子资讯业的现状。

三、电子资讯业进一步向高端迈进

我国台湾地区的电子资讯产业涵盖消费性电子工业、资讯工业和通讯工业。长期以来，台湾地区依托 IC 代工成为全球重要的信息及通信产品主要设计及制造地。如台积电、台联电迅速成为全球知名的企业。随着全球消费电子的持续增长，台湾地区完善的电子信息产业链将持续增长。目前，台湾地区在 IC 领域已经取得了较大的技术成就，未来将进一步向高端迈进。

四、外贸出口形势将有所好转

虽然全球经济形势依然复杂，一方面在发达国家需求回暖和大陆经济持续稳定增长的带动下，台湾地区外贸需求持续增加，另一方面也得益于美元走强带来的新台币贬值，使得部分外贸产业竞争力提高。目前，台湾地区电子产品在国际市场仍然具有较强的竞争力，2014 电子产品出口突破 1000 亿美元大关，可以说是支撑外贸出口维持正增长的关键所在。此外，台湾地区当局大力推动自由经济示范区建设，希望通过在特区内率先采取更加自由开放的经济政策打造"自由贸易岛"。在需求增加和一系列政策措施的推动下，台湾地区外贸形势将持续好转。

第五节　企业动态

一、总体情况

根据最新公布的 2014 年《财富》杂志世界 500 强企业排名，中国台湾地区有 5 家企业上榜，鸿海总收入 1331.6 亿美元，名列第 32，为台湾地区排名最高的企业。经过多年的工业快速发展，台湾地区较大的工业企业以电子信息产业为主，涌现出了鸿海集团、明基、华硕、HTC 等一大批电子信息制造业企业。随着台资企业在大陆的投资规模不断扩大，一些台资企业规模迅速崛起为世界知名品牌企业。台湾地区号称"中小企业王国"，中小企业对台湾地区经济增长发挥着重要的作用。根据台湾地区当局有关中小企业的统计文件显示，截至 2011 年末，在台湾地区企业中，中小企业占比 97.6%、中小企业就业占比 77.9%、中小企业销售额占比 29.6%。随着两岸经济合作进程的不断加快，中小企业的政策交流与合作正在成为重要合作领域。

二、主要企业动态

（一）鸿海集团

鸿海集团又称鸿海精密集团，是全球 3C（电脑、通讯、消费性电子）代工领域规模最大、成长最快、评价最高的国际集团，其前身是 1974 年成立的台湾地区鸿海塑胶企业有限公司，现已成为专业研发生产精密电气连接器、精密线缆及组配、电脑机壳及准系统、电脑系统组装、无线通讯关键零组件及组装、光通讯元件、消费性电子、液晶显示设备、半导体设备、合金材料等产品的高新科技企业。鸿海集团公布最新营收数据显示，2014 年累计营收达 4 兆 2124.74 亿新台币（约合人民币 8189.58 亿），较 2013 年 3 兆 9541.19 亿新台币（约合人民币 7687.30 亿），增长 6.53%。其中，2014 年 12 月营收 5155.69 亿新台币（约合人民币 1002.33 亿），较 11 月份增长 0.15%，连续两个月创下历史新高。

（二）宏基公司

宏基集团于 1976 年成立，主要从事计算机硬件产品的制造与营销，发展至今，已成长为国际化的高科技企业集团，是台湾地区最大的自创品牌厂商、全球第七大个人计算机公司。根据 IDC 的 2014 年第三季的最新初步数据显示，在全球 PC 出货量中，宏基以高达 11.8% 的年增长率以及高达 18.2% 的商用 PC 出货年增长率的亮丽成绩，双双夺下了该领域的冠军。此外，在商用便携式笔记本电脑（Commercial Portable PC）领域，宏基以 37% 的年出货量增长率、单季出货量增长 15.8%，都远远超过业界平均年增仅 0.2% 与 9.4% 的状态；这两项卓越成绩中，也反映了宏基为市场占有率前 10 名的品牌中，跃进速度最快的厂商。

（三）宏达国际电子股份有限公司

宏达国际电子股份有限公司成立于 1997 年 5 月 15 日，全球最大的 Windows Mobile 智能手机生产厂商，全球最大的智能手机代工和生产厂商，微软 Windows Mobile 最紧密的合作伙伴，垄断了 Windows Mobile 手机 80% 左右的市场份额。

旗下拥有 Qtek 通路，dopod 多普达品牌。2013 年 3 月，HTC 发布了全新一款旗舰机 New HTC One。虽然宏达国际的智能手机产品赢得了许多喝彩，但仍不足以与营销能力强大的三星抗衡。虽然宏达国际不断推出高评价的智能手机产品，但其 2013 年的销售量一直在下滑。2014 年，宏达推出了新的旗舰智能手机，这款设备独有的双后置摄像头、动态感测功能以及光亮的金属机身设计赢得了广泛的赞誉。此外，宏达在低价手机领域也大幅拓宽和改善了产品。但是由于国际营销的困难，宏达电子的扭亏为盈仍然面临着诸多挑战。

（四）台积电

台积电的全名为台湾积体电路制造股份有限公司，1987 年在台湾地区新竹科学园区成立，是全球第一家专业集成电路制造服务公司，也是全球规模最大的专业集成电路制造公司。日前发布的 2014 年全年财报显示，借助智能手机市场增长的东风，台积电全年合并营收为新台币 7628 亿元，较上年增长 27.8%；全年净利润达到新台币 2639 亿元，较上年增长 40%，连续 3 年创出历史新高。台积电 2014 年的产能约 820 万片，预计台积电 2015 年持续成长 11%—12%，约是 920 万片的 12 英寸晶圆。

（五）台塑集团

台塑集团由王永庆于 1954 年创立于台湾地区，历经 50 余年努力，现经营事业包括石油化工、塑料加工、纤维、纺织、电子、热电、机械、海陆运输及教育医疗等事业。现拥有台塑、台化、南亚、台塑石化等 100 多家关系企业，分别在台湾地区、美国、中国大陆、越南、菲律宾及印度尼西亚都设有工厂。现企业员工人数已达 99000 人，资产总额达 6200 亿人民币，2010 年营业额达 4000 亿人民币。台塑关系企业 2010 年塑胶原料及化工上游产品产量居世界同行业前列，其中氯乙烯单体（VCM）产量已居世界第一，年产 294.5 万吨。近年来，台塑集团看好大陆内需市场，不断扩大在大陆的布局。除了传统化工产业以外，台塑大力发展高科技产业，在新能源汽车、新材料、生物科技等领域积极开展研发与生产，企业转型取得了明显的效果。

行业篇

第九章　原材料工业

第一节　总体态势

2014年全球经济发展明显分化，发达经济体经济分化加剧，发展中经济体增长继续放缓。分国家来看，美国经济持续复苏，就业形势有所好转；欧元区经济增长率为0.9%，除德国经济表现较好外，整体复苏进程缓慢；日本经济复苏趋缓，三季度之后陷入技术性衰退。发展中国家大都经济放缓，中国、南非、巴西、俄罗斯等国2014年经济增速低于2013年。在此背景下，石化化工行业受石油价格下跌影响成本下降；钢铁行业粗钢产量下降，钢材价格震荡走低；有色行业铜、铝、铅、锌品种出现分化，铅供给过剩，铜、铝、锌供给短缺；建材行业中水泥市场有所好转，平板玻璃产量不断增加；稀土行业供应继续多元化，除中国以外地区加工产能不断增加。

第二节　重点行业情况

一、石化行业

（一）市场供给

受利比亚石油恢复供应，沙特、伊拉克和安哥拉等欧佩克成员国以及俄罗斯和美国等非欧佩克成员国产量持续增加的影响，2014年全球原油供给持续增长，2014年12月达93.3百万桶/天。然而,受欧洲经济前景堪忧,日本经济持续疲软,我国经济进入中高速增长的新常态,巴西和南非等经济增速持续放缓,以及俄罗斯经济大幅下滑等影响，原油需求增长乏力。在供给增长和需求疲软的共同作用下，2014年6月，原油供给过剩达1.5百万桶/天。

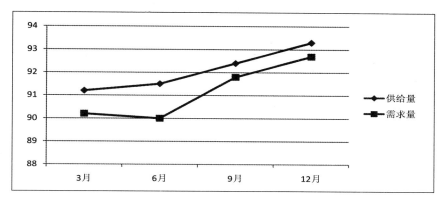

图9-1 2014年全球原油总供给与总需求（单位，百万桶/天）

数据来源：Wind，2015年2月。

（二）价格行情

2014年6月，布伦特原油和美国西得克萨斯中级轻质原油（WTI）价格曾达到111.62美元/桶和105.37美元/桶的最高值。之后，国际油价一路下滑，开启"暴跌模式"。2014年12月30日，布伦特原油和WTI价格分别为55.83美元/桶和53.77美元/桶，2014年跌幅分别为52%和50%。

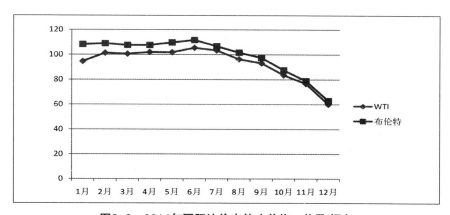

图9-2 2014年国际油价走势（单位：美元/桶）

数据来源：Wind，2015年2月。

　　油价下跌将导致石油勘探开采环节的利润下降，美国石油公司已削减20%以上的资本支出，关闭了800座油井钻塔。此外，油价下跌有利于降低化工产业成本。化工产业链中游成品油加工业和化学原料及制品制造业，以及下游化学纤维制造业、橡胶制品业和塑料制品业等的生产成本降低，2014年6月以来，化工产品价格指数持续降低，精对苯二甲酸、丙烯和苯等有机产品下半年以来价格持续下跌。

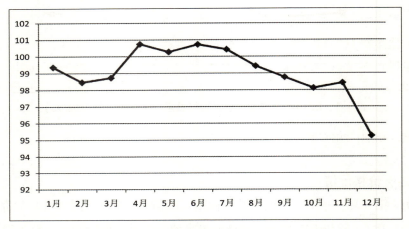

图9-3　2014年化工产品价格指数（单位，%）

数据来源：Wind，2015年2月。

二、钢铁行业

（一）市场供给

　　2014年，全球粗钢产量略有下降，纳入统计的65个国家粗钢产量为16.4亿吨，同比下降0.78%。

表9-1　2013—2014年全球各地区粗钢产量（千万吨，%）

地区	2014年	2013年	同比
欧洲	16.9	16.6	1.8
独联体	10.5	10.8	-2.9
北美	12.1	11.9	1.9
南美	4.5	4.6	-1.4
非洲	1.6	1.6	-3.1

（续表）

地区	2014年	2013年	同比
中东	2.8	2.7	4.1
亚洲	111.1	112.3	−1.1
大洋洲	0.6	0.6	−1.8
全球（扣除中国）	81.4	82.7	−1.6
全球	163.7	164.9	−0.78

数据来源：世界钢铁协会，2015年2月。

从全球各地区粗钢生产情况看，2014年全球粗钢产量16.4亿吨，其中亚洲地区粗钢产量11.11亿吨，占全球粗钢产量的67.86%；欧洲地区粗钢产量2.05亿吨，占全球粗钢产量的10.33%；北美洲和独联体粗钢产量分别为1.21万吨和1.05万吨，分别占全球粗钢产量的7.39%和6.41%；南美洲、中东、非洲和大洋洲的粗钢产量分别占全球粗钢产量的2.75%、1.71%、0.98%和0.37%。

从2014年粗钢主要生产国家来看，粗钢产量排在前5位的分别是中国、日本、美国、印度和俄罗斯，其中中国粗钢产量占全球粗钢产量的50.26%。

表9-2　2014年粗钢产量前20位国家和地区　　　　　（单位：万吨，%）

排名	国家或地区	产量	占全球粗钢产量的比重
1	中国	82270.0	50.3
2	日本	11066.5	6.8
3	美国	8834.7	5.4
4	印度	8320.8	5.1
5	韩国	7103.6	4.3
6	俄罗斯	7065.1	4.3
7	德国	4294.6	2.6
8	土耳其	3403.5	2.1
9	巴西	3391.2	2.1
10	乌克兰	2717.0	1.7
11	意大利	2373.5	1.5
12	中国台湾	2325.0	1.4
13	墨西哥	1897.7	1.2
14	伊朗	1633.1	1.0
15	法国	1614.3	1.0

（续表）

排名	国家或地区	产量	占全球粗钢产量的比重
16	西班牙	1416.3	0.9
17	加拿大	1259.5	0.8
18	英国	1206.5	0.7
19	波兰	862.0	0.5
20	奥地利	785.9	0.5

数据来源：世界钢铁协会，2015年2月。

（二）价格行情

从全球钢材价格总体情况来看，2014年钢材价格整体呈现震荡走低态势。
2014年第一季度，国际钢铁价格指数（CRU）震荡下行，由1月初的年内高点
168.33点下跌至3月末的164.75点，进入第二季度，钢材市场进入弱势回调期，
但回调停止在4月中上旬的167点，未能突破年初高点。进入4月中下旬，钢材
市场重回震荡下行态势，并持续至2014年年末的149.74点，创下年内新低。由
年初的年内高点到年末的年内低点，国际钢材价格指数下降了18.59点。

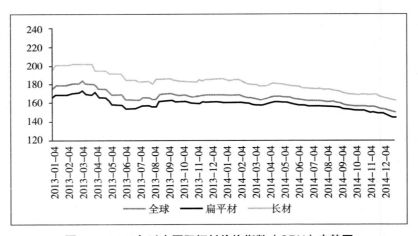

图9-4　2013年以来国际钢材价格指数（CRU）走势图

数据来源：Wind数据库，2015年2月。

分区域来看，亚洲钢材市场价格走势总体呈现震荡下行态势。2014年年初，
亚洲市场钢材价格指数169.21点，此后市场持续震荡小幅下行直至3月中下旬
出现止跌回升现象，但好景不长，进入4月份钢材价格再次出现下跌，至2014

年年末亚洲市场钢材价格指数跌至 143.84 点，较年初下降了 25.37 点。从欧洲市场看，钢材价格走势与亚洲市场有相同之处，总体而言价格也呈现震荡下行，但降幅较亚洲市场相比较窄。2014 年 1 月，欧洲市场表现不同于亚洲市场，呈现小幅上涨，并在 1 月下旬创下年内最高的 160.25 点，此后价格震荡下行，到 2014 年年底欧洲市场钢材价格指数跌至 145.07 点，较年内高点下降 15.18 点。从北美市场看，钢材价格走势与欧洲和亚洲市场差异较大，总体呈现"涨—跌—涨—跌"的态势。2014 年 1 月，欧洲市场钢材价格小幅上涨，进入 2 月钢材价格开始下滑并在 3 月中旬达到阶段性新低 173.27 点，此后价格开始了长达 2 个月的反弹期并在 5 月中旬创下年内最高点 183.81 点，此后价格呈现窄幅震荡下行，在年末创下年内最低点 168.13 点。

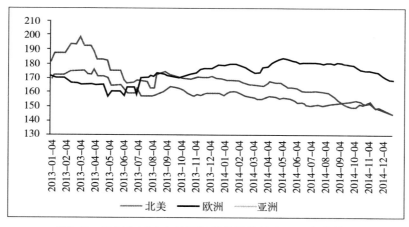

图9-5　2013年以来各地区钢材价格指数（CRU）走势图

数据来源：Wind 数据库，2015 年 2 月。

三、有色行业

（一）铜行业

铜精矿方面，受益于前两年大型铜矿山的陆续投产，智利、中国、秘鲁、刚果（金）等主要铜精矿生产国的产量不断增加。国际铜业研究组织（ICSG）数据显示，2014 年，全球铜矿产能为 2182 万吨，产量为 1834 万吨，较 2013 年均有所增长，铜矿产能利用率为 84.1%，较 2013 年的 86.9% 下降 2.8 个百分点。

（二）铝行业

世界金属统计局（WBMS）数据显示，2014 年，全球原铝供应 4970 万吨，原铝需求量为 5055 万吨，较 2013 年增加 349.3 万吨，原铝供应缺口为 84.9 万吨，而 2013 年同期为供应过剩 56.9 万吨。

全球铝价先降后涨。2014 年年初，受美国紧缩货币政策和中国经济增长放缓预期影响，铝价不断走低。3 月开始，随着全球经济逐渐好转，特别是美国经济复苏势头强劲影响，铝价开始逐步上涨，涨势延续到 8 月，达到 2030 美元／吨。9 月开始，受美联储退出 QE、中国经济下行风险加大等因素影响，铝价开始不断下降，12 月价格为 1913 美元／吨。2014 年，LME 现货铝均价为 1866 美元／吨，较 2013 年上涨 1.1%。

（三）铅行业

世界金属统计局（WBMS）数据显示，2014 年，全球精炼铅产量为 1030.7 万吨，较 2013 年下降 2.4%；精炼铅需求量为 1027.7 万吨，较 2013 年减少了 37.1 万吨；全球精炼铅供应过剩 3.05 万吨，而 2013 年为供应短缺 8.6 万吨。

全球铅价呈现下跌—上涨—下跌的走势。2014 年一季度，LME 当月铅价不断下降，从 1 月的 2148 美元／吨下降到 3 月的 2056 美元／吨；4 月—8 月，铅价不断上涨，8 月价格为 2236 美元／吨。9 月—12 月，在市场对美联储加息预期增强、中国经济数据疲弱等因素影响，铅价不断走低，12 月价格为 1945 美元／吨。2014 年全年 LME 当月铅均价为 2096 美元／吨，较 2013 年下降 2.1%。

（四）锌行业

国际铅锌研究组织（ILZSG）数据显示，2014 年，全球精炼锌产量为 1351.3 万吨，同比增长 5%，其中亚洲仍然是精炼锌产量最大的地区，欧洲是精炼锌第二大产量地区。精炼锌消费量为 1380.9 万吨，同比增长 6.5%，其中亚洲地区锌消费量最大，得益于中国锌消费量的增长。2014 年，全球精炼锌供给短缺 29.6 万吨。

全球锌价格呈现"跌—涨—跌"的态势。一季度 LME 锌现货价格不断下降，从 1 月的 2039 美元／吨下降到 3 月的 2014 美元／吨；二季度开始，锌价格不断走高，从 4 月的 2029 美元／吨，上涨到 8 月的 2328 美元／吨；9 月开始，锌价格不断下降，12 月锌现货价格为 2171 美元／吨。2014 年全年 LME 锌现货均价为 2161 美元／吨，较 2013 年上涨 13.2%。

四、建材行业

（一）水泥行业

2014年全球水泥市场较之2013年情况明显有所好转，随着全球经济逐渐复苏、建筑项目投入增加，全球水泥市场整体利好。新兴市场蓬勃发展，如印度、巴西等，北美、欧洲等成熟水泥市场也开始逐渐复苏，汇率下降和货币贬值成为影响业绩的最大因素。从水泥消费量来看，中国依然名列第一，印度和美国紧随其后。

亚洲地区的水泥产量居全球第一，除中国外，水泥行业整体呈现扩张趋势，印度成为世界第二大水泥生产国，目前印度水泥行业的发展重点转变为使生产标准、安全标准和能源效率达到国际化水平，也已经开始利用新技术来提高水泥产能和增加水泥产品种类，同时印度的房屋建设工程项目的增加也将进一步推动水泥行业的发展，预计2014年印度水泥市场复合增长率约为8%。

2014年美国经济缓慢复苏，据国际货币基金组织预测，美国的GDP增速将达2.8%，美国的水泥工业恢复速度虽然落后于其经济复苏，但受经济环境日趋稳定、住宅项目增多等因素影响，2014年美国的水泥消费量仍保持约8.2%的增速。

欧洲水泥市场也开始逐渐复苏，其中西班牙的水泥消费量达到1089万吨左右，自2007年第一次实现正比增长，涨幅为0.4%，水泥产量1391万吨，同比增长5.4%，出口量960万吨，同比增长31.6%。全球三大水泥巨头之一的CRH在欧洲市场的表现也非常抢眼，在欧洲的产品业务销量同比上升16%。

2014年俄罗斯水泥市场也表现良好，根据俄罗斯建筑用水泥市场营销调研显示，俄罗斯水泥生产指数年均增长10%—12%，其中中央联邦地区的水泥产量占四分之一左右。2014年俄罗斯水泥出口市场也表现良好，共出口水泥、砂浆及混凝土添加剂7000多万吨，实现同比增长66%。

以往南美洲水泥消费量占全球比例较低，相比其他新兴市场其增长速度也较慢，2014年受益于住房短缺和基础设施建设发展的增长，水泥消费量开始大幅上升，其中巴西作为南美洲最大的水泥生产国和消费国，世界杯和奥运会的举办为巴西水泥工业带来新的发展机遇，目前巴西已经成为仅次于美国、印度和中国的第四大水泥消费国。

（二）平板玻璃行业

2014 年全球平板玻璃产量稳步提升，一方面建筑市场对平板玻璃的需求依然是其最大来源，另一方面是新兴电子产业及太阳能产业的发展对玻璃的需求上涨，其中太阳能市场成为平板玻璃需求增长最为快速的市场。

亚洲及太平洋地区是平板玻璃最大的区域市场，也是增长速度最快的市场，其中中国、印度、印度尼西亚、泰国和越南是增长速度最快的六个国家。中国作为全球平板玻璃产量和消费量大国，消费量约占该地区消费总量的 60% 以上，其次是日本，受金融危机影响日本的平板玻璃消费量增速较为缓慢，但目前正在逐渐恢复对平板玻璃需求的正增长。

受益于经济缓慢复苏，北美和欧洲地区的平板玻璃市场表现出强劲的需求增幅，但是由于平板玻璃生产力及业务开始逐渐向发展中地区转移，受此影响，北美洲和欧洲的需求量增幅并不大，中美洲、南美洲、亚洲、中东地区等发展中地区的平板玻璃需求涨幅明显；东欧地区，机动车辆产量的增加带动了平板玻璃消费提升。

五、稀土行业

（一）全球稀土生产情况

随着全球稀土供应多元化的发展，中国以外地区的加工产能也不断扩大，2014 年，中国以外地区的稀土供应量至少为 3.755 万吨（换算成 REO 氧化物，下同），同比大幅增长 2.2 倍，世界稀土供应量约为 14.755 万吨。中国以外的稀土生产商主要有 Molycorp、Lynas 等 4 家公司，Lynas 公司的一期和二期设备年产能均为 1.1 万吨，一期已于 2013 年 6 月底开始满负荷生产，Molycorp 和 Lynas 公司一期设备在 2014 年的产量将达到 3 万吨。此外哈萨克斯坦 SARECO 公司和印度 Indian Rare Earths 公司也相继于 2013 年下半年开始生产，2014 年产量分别为 1500 吨和 4000 吨。

（二）全球稀土分布供应

全球稀土资源丰富，目前已发现矿床和矿化点达 800 余个，主要分布于中国、美国和原苏联国家。2013 年全球稀土储量 1.4 亿吨，储产比高达 1272 年，其中，中国储量 5500 万吨，占全球总量的 40%，居全球第一位；巴西储量 2200 万吨，占全球总储量的 16%，美国排名第三，占比 10%，三国合计占比为 66%。此外，印度、澳大利亚和马来西亚等国均有稀土储量分布。

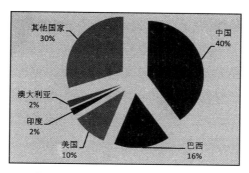

图9-6　2013年全球稀土储量分布

数据来源：USGS，2015年2月。

（三）全球稀土消费情况

2013年全球稀土消费12.4万吨，较1997年的6.71万吨增长了85%，平均每年增长3.9%。全球稀土消费集中于中国、美国、日本及东南亚和欧洲国家，2013年中国消费稀土7.94万吨，占全球消费总量的64%，日本及东南亚国家消费2.36万吨，占比19%，美国和欧洲国家消费稀土占比分别为9%和8%。随着科学技术的快速发展，稀土在高新技术领域中的应用越来越广泛，稀土新材料（永磁体、荧光粉、抛光粉、催化材料和贮氢材料）等产品消费快速增长，其中永磁体行业增长最快，从2000年的1.05万吨增长到2013年的2.85万吨，增长近2倍。相比之下传统应用领域中的消费增长缓慢，2013年永磁体、合金和催化剂是全球稀土最主要的消费行业，合计消费量7.68万吨，占比62%，传统的第一大行业催化剂降至第三位，消费量2.23万吨，占比为18%。

第十章　消费品工业

第一节　总体态势

2014 年，全球制造业陷入低增长陷阱，且增速持续下滑。2014 年 3 季度，整体制造业同比增长 3%，相比 2 季度环比下降 1.1%。在此背景下，消费品工业增长疲软，多数行业低速增长，且增速进一步下滑。在此背景下，受困于消费疲软和消费者信心不足，全球消费品工业增长亦不乐观。发达经济体消费品工业增速持续下滑，部分行业增长停滞甚至陷入负增长，且形势日益悲观。发展中国家消费品工业增长低于预期，且增速持续下滑。

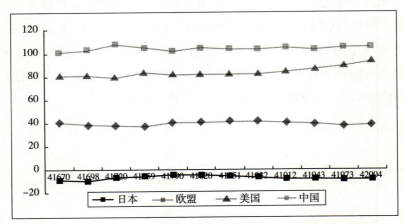

图10-1　2014年1—12月主要经济体消费者信心指数变化情况

数据来源：Wind 数据库，2015 年 3 月。

与整体制造业相比，消费品行业增长呈现分化态势。2014 年 3 季度，除烟草、纺织、皮革与鞋帽、木材加工（不含家具）、家具及其他制造业增速高于整体制造业外，增速分别为 7.3%、3.8%、4.2%、3.3% 和 6.1%，食品与饮料、服装、造纸、印刷与出版、橡胶与塑料增速均低于整体制造业，增速分别为 2.8%、1.2%、1.4%、1.6% 和 2.9%。

表 10-1　2014 年前 3 季度全球主要消费品行业产出同比增速

行业	2014Q1	2014Q2	2014Q3
食品与饮料	4.0%	4.0%	2.8%
烟草	18.7%	9.4%	7.3%
纺织	4.9%	5.1%	3.8%
服装	7.2%	3.5%	1.2%
皮革与鞋帽	7.1%	4.1%	4.2%
木材加工（不含家具）	3.0%	4.2%	3.3%
造纸	4.9%	1.4%	1.4%
印刷与出版	1.2%	1.3%	1.6%
橡胶与塑料制品	6.2%	4.7%	2.9%
家具及其他制造业	9.0%	5.5%	6.1%
整个制造业	4.8%	3.4%	3.0%

数据来源：UNIDO，2015 年 1 月。

第二节　区域发展比较

在全球制造业低增长背景下，发达国家与发展中国家消费品工业增速放缓，且不同行业增长分化明显。相比较而言，发达国家部分消费品行业增长接近停滞甚至出现负增长，而发展中国家消费品工业增速明显高于发达国家，且没有出现行业负增长现象。

一、发达经济体

2014 年，在整体制造业处于低速增长背景下，发达经济体消费品工业增速持续下滑，部分行业增长停滞甚至陷入负增长，且形势日益悲观。

与整体制造业相比，2014 年 3 季度，除食品和饮料、皮革与鞋帽、木材加工（不含家具）、橡胶与塑料、家具与其他制造业增速高于整体制造业外，增速分别为1.3%、1.7%、1.8%、2.6%和2.9%，其他行业均低于整体制造业，特别是烟草、服装、印刷和出版呈现负增长，增速分别为 –2.1%、–5.8% 和 –0.3%。

从区域角度及其原因来看，发达经济体消费品工业增长的贡献主要来源于美国消费品工业的复苏。由于消费需求疲软、通缩加剧、地缘政治紧张等因素，欧盟消费品工业增长接近停滞。出于走出通缩困境和减少债务目的，日本于4月1日起消费税从5%提升到8%，但该项政策不仅没有达到预期目标，反而抑制了居民消费，导致消费品工业增长亦不乐观。

表 10-2　2014 年前 3 季度发达经济体主要消费品行业产出同比增速

行业	2014Q1	2014Q2	2014Q3
食品和饮料	2.1%	2.0%	1.3%
烟草	–2.3%	–1.4%	–2.1%
纺织	2.8%	1.8%	0.9%
服装	1.2%	0.8%	–5.8%
皮革与鞋帽	–0.8%	4.4%	1.7%
木材加工（不含家具）	2.6%	2.2%	1.8%
造纸	0.6%	0.0%	0.0%
印刷与出版	–0.3%	–1.0%	–0.3%
橡胶与塑料	5.5%	3.9%	2.6%
家具及其他制造业	4.0%	3.2%	2.9%
整个制造业	2.5%	1.5%	1.2%

数据来源：UNIDO，2015 年 1 月。

二、EIE及其他发展中国家

2014 年，EIE 及其他发展中国家制造业增速下滑，消费品工业增长低于预期，且增速持续下滑。2014 年 3 季度，EIE 及其他发展中国家整体制造业同比增长 6.9%。与整体制造业相比，消费品工业增长分化。其中，烟草、印刷与出版、家具及其他制造业增速高于整体制造业，增速分别为 8.4%、10.4% 和 9.0%，而食品和饮料、纺织、服装、皮革与鞋帽、木材加工（不含家具）、造纸、橡胶与塑料增速均低于整体制造业，增速分别为 4.8%、4.9%、3.9%、5.1%、6.3%、4.0% 和 3.3%。

从区域角度及其原因来看，EIE 及其他发展中国家消费品工业增速走低主要原因是中国和拉丁美洲消费品工业增速下滑。特别是拉丁美洲，许多国家经济陷入衰退，包括阿根廷、巴西和智利。拉丁美洲虽然在金融危机中保持了较高增速，吸引了发达国家和中国的资本投资，但是受制于该区域内需求不足，外资流入减缓，加上通胀率和利率升高抬高了中间投入品价格，消费品工业增速放缓。

表 10-3　2014 年前 3 季度 EIE 及其他发展中国家主要消费品行业产出同比增速

行业	2014Q1	2014Q2	2014Q3
食品和饮料	6.3%	6.4%	4.8%
烟草	22.0%	10.8%	8.4%
纺织	5.7%	6.2%	4.9%
服装	9.5%	4.5%	3.9%
皮革与鞋帽	10.8%	3.9%	5.1%
木材加工（不含家具）	3.9%	8.0%	6.3%
造纸	13.1%	4.1%	4.0%
印刷与出版	9.6%	11.8%	10.4%
橡胶与塑料	7.5%	5.9%	3.3%
家具及其他制造业	13.9%	7.7%	9.0%
整个制造业	8.6%	7.3%	6.9%

数据来源：UNIDO，2015 年 1 月。

第三节　主要国家重点行业情况

一、纺织服装业

（一）意大利

纺织服装工业在意大利制造业中占有重要地位，特别是服装行业。2012 年，意大利纺织服装工业企业数量 47667 家，产值 508 亿欧元，就业人数 354496 人，分别占制造业的 11.42%、5.85% 和 9.22%。

表 10-4　意大利纺织与服装行业生产指标

	制造业	纺织	服装
企业数量（家）	417306	15291	32376
销售收入（亿欧元）	9061.7	213.9	299.0
产值（亿欧元）	8688.5	214.1	294.1
就业人数（人）	3846840	136464	218032

数据来源：Eurostat，2015 年 2 月。

纺织行业与服装行业都是意大利的传统优势出口行业。2013 年，法国纺织行业总出口 174.15 亿美元，其中前十大出口国家和地区为德国、法国、罗马尼亚、西班牙、英国、美国、中国香港、瑞士、土耳其和俄罗斯，累计份额为 56.38%。2013 年，法国服装行业总出口 180.22 亿美元，其中前十大出口国家和地区为法国、德国、瑞士、美国、俄罗斯、英国、中国香港、日本、西班牙、中国，累计份额为 67.96%。

表 10-5　2013 年意大利纺织行业出口情况

	出口（亿美元）	占总出口份额
德国	20.1	11.5%
法国	18.2	10.4%
罗马尼亚	10.2	5.9%
西班牙	9.9	5.7%
英国	8.7	5.0%
美国	7.5	4.3%
中国香港	6.7	3.8%
瑞士	6.0	3.5%
土耳其	5.6	3.2%
俄罗斯	5.3	3.1%

数据来源：Comtrade，2015 年 2 月。

表 10-6　2013 年意大利服装行业出口情况

	出口（亿美元）	占总出口份额
法国	19.3	10.7%
德国	15.7	8.7%
瑞士	14.7	8.1%

（续表）

	出口（亿美元）	占总出口份额
美国	14.5	8.0%
俄罗斯	13.9	7.7%
英国	10.8	6.0%
中国香港	10.5	5.8%
日本	9.3	5.2%
西班牙	8.5	4.7%
中国	5.2	2.9%

数据来源：Comtrade，2015 年 2 月。

从生产来看，意大利纺织服装工业增长乏力，恢复至 2010 年的水平仍待时日。2014 年 1—11 月，纺织服装工业生产指数呈现下滑态势，各月均低于 90，相比 2013 年，整体变化不大。相比整体制造业，纺织服装工业相对更加不景气。2014 年 1—11 月，纺织服装工业生产指数各月均低于整体制造业同期，当然整体制造业亦增长乏力，各月生产指数略大于 90。

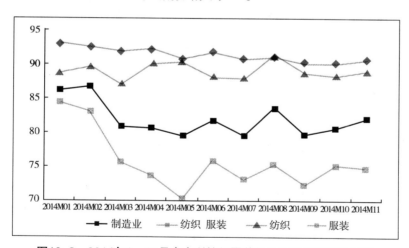

图10-2　2014年1—11月意大利纺织服装行业生产指数变化情况

数据来源：Eurostat，2015 年 2 月。

从销售来看，意大利纺织服装销售略好于 2013 年，但表现差于整体制造业。1—11 月，纺织服装工业销售收入指数整体呈温和上升态势，相比 2013 年，除 8 月份外，各月均高于 2013 年同期。但相比整体制造业，各月销售收入指数均低于制造业同期水平，虽然整体制造业亦没有恢复至 2010 年的销售水平。分行业来看，虽然服装行业销售整体呈现弱上升态势，但仍不及纺织行业，纺织行业销售已恢复至 2010 年的水平。分销售目的地来看，国内销售依然延续不景气态势，而纺织服装国外销售已经超过 2010 年的生产水平，销售收入指数达到 120。

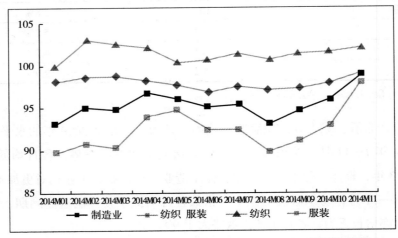

图10-3 2014年1—11月意大利纺织服装行业销售收入指数变化情况

数据来源：Eurostat，2015 年 2 月。

（二）印度

纺织服装工业是印度的重要经济支柱，也是最大的出口创汇部门之一。目前，印度纺织行业就业人数 4500 万人，产值占工业总产值的 14%，增加值占 GDP 的 4%，出口约为总出口的 12%。

从生产来看，纱线增速大幅放缓。2014 年 4—10 月，纱线产量 315.3 万吨，相比 2013 年同期增长 2%。其中，棉纱、混纺纱、化纤纱产量分别为 232.5 万吨、52.8 万吨和 30 万吨，分别同比增长 2%、4% 和 10%。

从价格来看，除部分化纤产品外，需求的放缓导致纱线价格持续下降，进而拉动原材料棉花的价格下降。2014 年 1—12 月，棉纱价格由 249.41 卢比 / 千克降低到 229.24 卢比 / 千克，混纺纱由 220 卢比 / 千克降低到 190 卢比 / 千克，棉花由 116.03 卢比 / 千克降低到 91.29 卢比 / 千克，而变形纱价格略有上涨，由 119.5 卢比 / 千克降低到 122.8 卢比 / 千克。

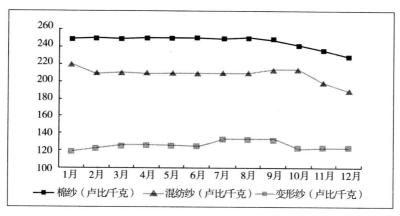

图10-5　2014年1—12月印度纺织服装行业出厂价格指数变化情况

数据来源：印度纺织部，2015年2月。

2013年，印度纺织行业总出口208.73亿美元，其中前十大出口国为美国、中国、阿联酋、孟加拉国、德国、英国、斯里兰卡、意大利、法国、土耳其，累计份额为59.85%。2013年，印度服装行业总出口138.38亿美元，其中前十大出口国为美国、英国、阿联酋、德国、法国、西班牙、意大利、荷兰、沙特阿拉伯、丹麦，累计份额为73.42%。

表10-7　2013年印度纺织行业出口情况

	出口（亿美元）	占总出口份额（%）
美国	43.0	20.6
中国	21.3	10.2
阿联酋	13.0	6.2
孟加拉国	11.5	5.5
德国	9.3	4.5
英国	9.0	4.3
斯里兰卡	5.3	2.5
意大利	4.7	2.3
法国	4.2	2.0
土耳其	3.6	1.7

数据来源：Comtrade，2015年2月。

表 10-8　2013 年印度服装行业出口情况

	出口（亿美元）	占总出口份额（%）
美国	30.7	22.2
英国	15.6	11.3
阿联酋	14.7	10.7
德国	11.6	8.3
法国	7.3	5.3
西班牙	6.6	4.8
意大利	5.1	3.7
荷兰	4.4	3.2
沙特阿拉伯	2.9	2.1
丹麦	2.7	2.0

数据来源：Comtrade，2015 年 2 月。

（三）越南

2013 年，纺织和服装工业产值分别为 1743118 亿盾、2052041 亿盾，分别占制造业的 3.62% 和 4.26%。

凭借着原料和劳动力成本优势，纺织行业与服装行业成为越南的传统优势出口部门。2013 年，越南纺织行业总出口 78.22 亿美元，其中前十大出口国为美国、日本、中国、韩国、土耳其、柬埔寨、印度尼西亚、加拿大、德国、泰国，累计份额为 80.31%。2013 年，越南服装行业总出口 133.98 亿美元，其中前十大出口国为美国、日本、韩国、德国、西班牙、英国、加拿大、中国、荷兰、法国，累计份额为 88.92%。

表 10-9　2013 年越南纺织行业出口情况

	出口（亿美元）	占总出口份额（%）
美国	27.07	34.6
日本	10.72	13.7
中国	9.95	12.7
韩国	6.33	8.1
土耳其	2.13	2.7
柬埔寨	1.93	2.5
印度尼西亚	1.52	1.9

（续表）

	出口（亿美元）	占总出口份额（%）
加拿大	1.22	1.6
德国	1.10	1.4
泰国	0.85	1.1

数据来源：Comtrade，2015 年 2 月。

表 10-10　2013 年越南服装行业出口情况

	出口（亿美元）	占总出口份额（%）
美国	64.67	48.3
日本	16.14	12.0
韩国	14.12	10.5
德国	5.93	4.4
西班牙	4.88	3.6
英国	4.19	3.1
加拿大	3.03	2.3
中国	2.36	1.8
荷兰	2.19	1.6
法国	1.62	1.2

数据来源：Comtrade，2015 年 2 月。

2014 年，越南经济快速增长，增速持续上升。GDP 同比增长 5.98%，实现了近三年的最高增速，分别高于 2012 年的 5.25% 和 2013 年的 5.42%，其中四个季度分别同比增长 5.06%、5.34%、6.07% 和 6.96%。

从生产来看，受益于经济快速增长，纺织服装工业以及整个制造业呈现出良好的增长态势。2014 年，纺织行业与服装行业产量分别同比增长 21.8% 和 10.4%。1—12 月，纺织行业生产指数从 79.4 上升到 121.8，服装行业生产指数从 118 上升到 132.3。与 2013 年相比，纺织与服装各月生产指数均高于 2013 年同期。与整体制造业相比，纺织行业、服装行业生产指数分别高 12.1 和 3.1。从主要产品来看，棉织品和化纤织物产量分别为 331.8 MN m^2、727.9 MN m^2，分别相比 2013 年同比增长 16.9% 和 5.4%，衣服产量 2980.2 百万件，同比增长 9.1%。生产的快速增长带动了就业增长。相比 2013 年，2014 年纺织品与服装的就业指数分别为 105.6 和 106.6。

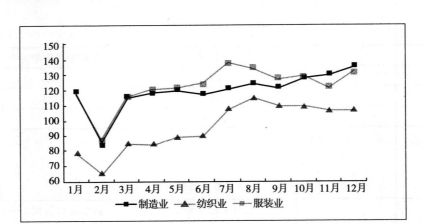

图10-6　2014年1—12月越南纺织服装行业生产指数变化情况

数据来源：越南统计局，2015年2月。

二、食品工业

（一）法国

法国是欧盟第二大食品市场，其食品工业在制造业中的地位非常重要，特别是食品行业。2012年，法国食品行业的企业数量、产值和就业人数分别为57475个、1352.58亿欧元和561001人，分别相应占到整体制造业的26.4%、17.0%和18.5%。

表10-11　2012年法国食品工业经济指标

	制造业	食品	饮料
企业数量（个）	217865	57475	3117
销售收入（亿欧元）	8952.3	1518.0	266.4
产值（亿欧元）	7658.9	1352.6	242.8
就业人数（人）	3029253	561001	51694

数据来源：Eurostat，2015年2月。

从出口目的地来看，法国食品工业主要出口到发达国家。2013年，法国食品工业总出口551.85亿美元，其中前十大出口国为德国、英国、比利时、意大利、西班牙、美国、荷兰、中国、瑞士、日本，累计份额为68.20%。

表 10-12　2013 年法国食品行业出口情况

	出口（亿美元）	占总出口份额（%）
德国	61.2	11.1
英国	61.0	11.1
比利时	57.1	10.3
意大利	46.5	8.4
西班牙	41.4	7.5
美国	34.8	6.3
荷兰	27.9	5.1
中国	19.4	3.5
瑞士	13.6	2.5
日本	13.5	2.4

数据来源：Comtrade ，2015 年 2 月。

　　进入到 2014 年，法国食品工业缓慢复苏，但复苏迹象依然脆弱。从生产来看，在制造业整体不景气背景下，法国食品工业亦差强人意，但略好于制造业整体水平。与 2013 年相比，今年食品工业略好于去年，但仍接近 2010 年的生产水平。2014 年 1—11 月，食品工业生产指数在 100 左右小幅波动，除 5 月、8 月和11 月外，其他月份均略高于 2013 年同期。相比整体制造业，食品工业生产指数均高于整体制造业。食品和饮料生产情况均接近食品工业整体生产水平，但饮料生产情况相对好于食品。

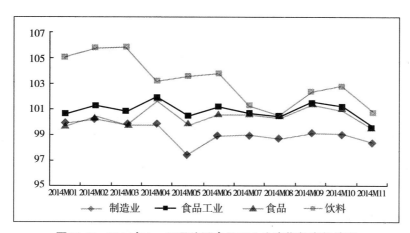

图10-7　2014年1—12月法国食品工业生产指数变化情况

数据来源：Eurostat，2015 年 2 月。

从销售来看，食品工业销售情况略好于2013年。2014年1—11月，各月食品工业销售收入指数约为115，除5月、7月、8月外，各月销售收入指数均高于2013年同期。同样，食品工业销售情况好于整体制造业。分销售区域来看，非国内销售情况显著好于国内销售，且好于2013年同期。

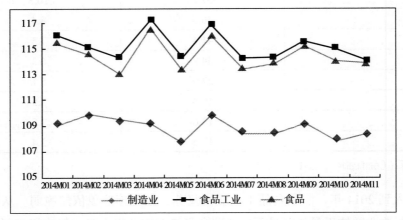

图10-8　2014年1—12月法国食品工业销售收入指数变化情况

数据来源：Eurostat ，2015年2月。

（二）英国

食品工业是英国制造业中的重要部门，特别是食品行业。2012年，英国食品行业的企业数量、产值和就业人数分别为6889个、849.44亿欧元和368140人，分别相应占到整体制造业的5.39%、14.68%和14.83%。

表10-13　2012年英国食品工业经济指标

	制造业	食品	饮料
企业数量（个）	127905	6889	1339
销售收入（亿欧元）	6147.8	913.8	
产值（亿欧元）	5784.6	849.4	
就业人数（人）	2482898	368140	44120

数据来源：Eurostat，2015年2月。

从出口目的地来看，英国食品工业出口集中度较高，主要集中在欧盟内部的爱尔兰、法国、荷兰和德国四国。2013年，英国食品工业总出口161.89亿美元，其中前十大出口国为爱尔兰、法国、荷兰、德国、西班牙、比利时、意大利、瑞典、丹麦、波兰，累计份额为 90.99%，其中爱尔兰、法国、荷兰、德国四国累计份额为 68.19%。

表 10-14　2013 年英国食品行业出口情况

	出口（亿美元）	占总出口份额（%）
爱尔兰	48.0	29.6
法国	27.4	16.9
荷兰	17.6	10.9
德国	17.5	10.8
西班牙	9.7	6.0
比利时	9.0	5.5
意大利	7.2	4.4
瑞典	4.0	2.5
丹麦	3.7	2.3
波兰	3.3	2.1

数据来源：Eurostat，2015 年 2 月。

进入到 2014 年，英国食品工业生产恢复加快，但价格仍延续下行态势。从生产来看，食品工业生产好于 2013 年。2014 年 1—11 月，食品工业生产指数持续增加，从 105.9 增加到 109.7，各月生产指数均高于 2013 年同期。与整体制造业相比，食品工业亦呈现出较好的恢复态势。相比制造业，食品工业生产指数各月均高于同期制造业 5.0 左右。

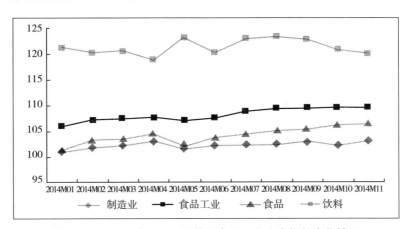

图10-10　2014年1—12月英国食品工业生产指数变化情况

数据来源：Eurostat ，2015 年 2 月。

三、医药工业

（一）德国

德国是全球第三大、欧盟第一大医药市场，其中 2013 年医药市场规模为551.6 亿美元。自欧元区经济危机以来，德国医药工业增速放缓。特别是 2013 年，国内通过延长药品价格控制的法案。根据该法案，拥有专利权的昂贵药品的价格仍将会维持在 2009 年水平，该项法案使部分医药企业收入和利润减少。

德国医药工业是制造业的重要经济部门，企业平均产值显著高于整体制造业。2013 年，德国医药企业 568 家，其中基本药物和制剂分别为 75 家和 492 家；产值 314.48 亿欧元，其中基本药物和制剂产值分别为 12.87 亿和 400.61 亿欧元；就业 12.14 万人，其中基本药物和制剂就业人员分别为 6061 人和 11.54 万人。与整体制造业相比，医药企业数量占制造业 0.28%，但产值达到 2.47%，医药企业平均产值为整体制造业的 9 倍。

表 10-15　2012 年德国医药工业经济指标

	制造业	医药工业	基本药物	制剂
企业数量（个）	203796	568	75	492
销售收入（亿欧元）	18737.5	456.8	13.5	443.2
产值（亿欧元）	16735.3	413.5	12.9	400.6
就业人数（人）	7143573	121443	6061	115382

数据来源：Eurostat，2015年2月。

从出口目的地来看，凭借着产品质量优势，德国医药主要出口到发达国家。2013 年，德国医药总出口 778.48 亿美元，其中前十大出口国为美国、荷兰、英国、瑞士、比利时、法国、意大利、俄罗斯、日本、奥地利，累计份额为 67.21%。

表 10-16　2013 年德国医药工业出口情况

	出口（亿美元）	占总出口份额（%）
美国	112.6	14.5
荷兰	87.6	11.3
英国	69.1	8.9
瑞士	50.7	6.5
比利时	49.1	6.3
法国	44.9	5.8
意大利	33.5	4.3

（续表）

	出口（亿美元）	占总出口份额（%）
俄罗斯	28.5	3.7
日本	24.5	3.1
奥地利	22.7	2.9

数据来源：Comtrade，2015 年 2 月。

进入到 2014 年，德国医药工业恢复加快，主要经济指标好于 2013 年。从生产来看，制药工业生产明显好于 2013 年。今年各月生产指数均高于 2013 年，且除 5 月份生产指数为 108.7 外，其他各月生产指数均高于 110，其中 11 月生产指数达到了 122.3。与整体制造业相比，制药工业生产好于整体制造业。除 5 月份和 7 月份生产指数分别低于 0.2 和 0.3 外，其他月份均高于整体制造业。从制药工业的结构来看，制药工业生产增加的贡献主要来源于制剂部门，而基本药物部门生产不乐观，不仅没有恢复到 2010 年的生产水平，且低于 2013 年同期。

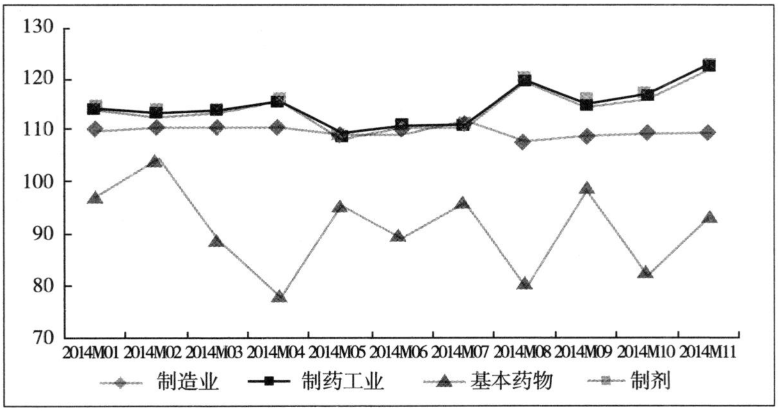

图10–12　2014年1—12月德国制药工业生产指数变化情况

数据来源：Eurostat ，2015 年 2 月。

从销售来看，销售亦好于 2013 年。2014 年各月销售收入指数均高于 110，与 2013 年相比，除 11 月略低于去年 1.9 外，其他各月均高于去年同期。与整体制造业相比，制药工业销售好于整体制造业。除 2 月份销售收入指数比整体制造业低 0.1 外，其他月份均高于同期整体制造业。从销售目的地来看，销售收入的增加主要来源于非国内销售，而不是国内销售。与国内销售收入指数相比，非国内销售收入指数各月明显高于国内，均在 20.0 以上。

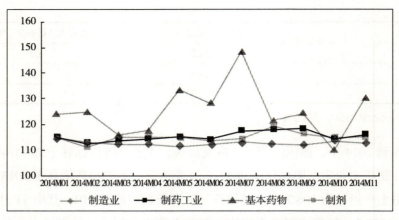

图10-13　2014年1—12月德国制药工业销售收入指数

数据来源：Eurostat，2015 年 2 月。

（二）比利时

比利时是全球知名的制药产业技术中心和药品分销中心。国内大型药企主要为优时比制药（UCB）、欧米茄制药、杨森制药（1961 年已经并入美国强生集团，属于强生集团的全资自公司）等公司，此外，在比利时大量投资的大型跨国药企有百特、先灵葆雅、辉瑞制药、健赞制药、赛诺菲－安万特、罗氏制药、雅培公司以及葛兰素史克等大型跨国药企。

与德国医药工业类似，比利时医药工业出口目的地亦主要为发达国家。2013年,比利时医药工业总出口额为 574.49 亿美元,其中出口前十位国家分别为,德国、法国、美国、意大利、英国、日本、俄罗斯、荷兰、加拿大、西班牙，占总出口额的 70.36%。

表 10-17　2013 年比利时医药工业出口情况

	出口（亿美元）	占总出口份额（%）
德国	85.6	14.9
法国	80.4	14.0
美国	75.8	13.2
意大利	45.8	8.0
英国	37.4	6.5
日本	18.4	3.2

（续表）

	出口（亿美元）	占总出口份额（%）
俄罗斯	18.0	3.1
荷兰	14.7	2.6
加拿大	14.2	2.5
西班牙	13.8	2.4

数据来源：Comtrade，2015年2月。

表10-18　2013年比利时医药工业经济指标

	制造业	医药工业	基本药物	制剂
企业数量（个）	33757	115	33	82
销售收入（亿欧元）	2622.8	96.8	1.1	95.7
产值（亿欧元）	2635.5	117.1	1.1	116.0
就业人数（人）	514855	20814	549	20265

数据来源：Eurostat，2015年2月。

从生产来看，医药工业快速增长，情况显著好于去年。2014年1—11月，医药工业生产指数快速上涨，由1月份的128.2上涨到11月份的170.6。相比2013年，除7月份低于去年同期4.6外，其他月份生产指数均高于去年。与整体制造业相比，医药工业增长迅速，在制造业的地位进一步提升。各月医药工业生产指数均高于整体制造业，尤其是是下半年，医药工业增速优势尤为明显。

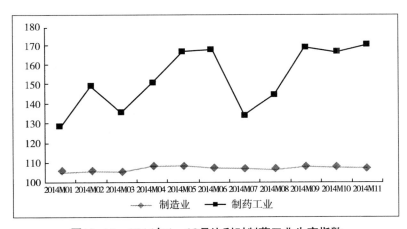

图10-15　2014年1—12月比利时制药工业生产指数

数据来源：Eurostat，2015年2月。

从销售来看,医药销售稳步增加,情况亦明显好于 2013 年。2014 年 1—11 月,医药销售收入指数由 102.1 稳步上涨到 134.8。相比 2013 年,除 1 月和 4 月医药销售收入指数分别低于 2013 年同期 4.2 和 3.8 外,其他月份均高于 2013 年同期,特别是 9 月份该指数高于去年同期 37.4。

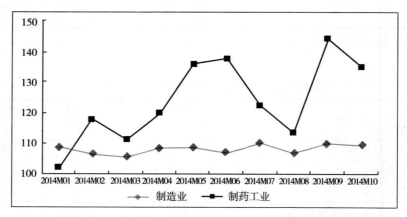

图10-16　2014年1—12月比利时制药工业销售收入指数

数据来源:Eurostat,2015 年 2 月。

第十一章　电子信息制造业

2014 年全球电子信息制造产业格局进一步调整。美国、西欧等发达国家和地区电子信息制造产业萎缩情况有所好转，但产业低迷态势尚未彻底摆脱。新兴国家仍保持稳步增长态势，但增速进一步放缓。2014 年，世界电子信息产品市场规模进一步增长至 18972 亿美元，同比增长 3.82%，较 2013 年高出 1.49 个百分点。

第一节　主要国家和地区情况

一、美国

从产业规模看，根据世界电子年鉴 2013 年度数据，2013 年美国电子产品市场总额为 4101.7 亿美元，同比增长 0.7%，电子产品产值为 2385.2 亿美元，同比增长 0.4%。2014 年，随着财政紧缩状况逐渐好转，产业发展趋势向好。而且，受低失业率、可支配收入增加及储蓄率较低的共同影响，美国个人消费有所提升，成为拉动电子信息制造产品市场增长的重要力量。

从主要行业看，2013 年美国各类电子产品细分行业中，无线通信与雷达设备产值位居电子信息制造产品总产值比例的首位，产值为 713.3 亿美元，占总产值的 30.0%，同比增加 3.2 个百分点；其次是电子元器件，产值为 568.8 亿美元，占总产值的 24.0%，同比增加 1.3 个百分点；处于第三位的是控制与仪器设备，产值是 412.1 亿美元，占总产值的 17.4%，同比增加 2.1 个百分点。

PC 方面，根据 Gartner 的数据，2014 年第 4 季度，美国的 PC 出货量达到了 1810 万台，较 2013 年第四季度增长 13.1%。这个数字远远高于发展中国家的 2%。

2014 年第三季度美国市场的 PC 出货量总计为 1660 万台，与 2013 年同期相比增长 4.2%。这已是美国市场连续第三个季度呈现出正增长。2014 年第 2 季度，全美 PC 出货总量达到了 1590 万台，同比增长 7.9%。2014 年第 1 季度，美国地区的 PC 出货量增加了 2.1%，达到 1410 万台。

服务器方面，美国的惠普、戴尔、思科、甲骨文、IBM 等厂商在市场上仍占有较大优势。2014 年，惠普、戴尔、IBM 位列全球服务器市场份额和营收排行的前三位。惠普一直在 x86 服务器和刀片服务器占据主导地位，在非 x86 服务器市场上，IBM 仍居于第一宝座，在此业务上的营收约占全球总营收 69.1% 的份额。

二、欧洲

欧洲电子信息制造产业在 2014 年并未出现明显加速，但市场开始逐步复苏。德国作为欧盟经济的"领头羊"，2014 年重获发展动力，经济呈现回暖态势，为整个欧洲经济的复苏发挥了引擎作用。光伏产业方面，根据德国联邦网络运营商 (Federal Network Operator) 发布数据显示，2014 年德国新增光伏装机量仅 1.89GW，同比下降 42.7%。截至 2014 年底，德国累计光伏装机容量达 38.23GW，依然位居全球首位。医疗电子方面，德国是欧洲最大医疗设备生产国和出口国，德国拥有全球仅次于美国的医疗电子产业规模，2014 年总产值约 203.5 亿美元。德国约有 170 多家医疗电子设备生产商，其中绝大部分为中小规模公司。德国公司生产的医疗设备中大约有 2/3 用于出口。

英国经济发展受全球经济复苏带动于 2013 年开始有所反弹。在光伏产业方面，据英国能源与气候变化部（DECC）数据，2014 年，英国新增光伏装机量达到 2.2GW，其中 700MW 为屋顶光伏系统，占新增装机总量的 31.8%。截至 2014 年底，英国累计光伏装机量达到 5GW。英国的医疗电子市场规模大致与法国相当，其医疗电子产品进口额远高于出口，是世界上最大进口医疗设备国家，2014 年进口医疗电子产品总额高达 80.77 亿美元，同比增长 6.32%。英国人口老龄化和社会工业化造成的疾病困扰，将使医疗电子产业在未来几年以 8.2% 左右的速度保持快速增长，到 2016 年产业规模达到 94.5 亿美元。

受主权债务危机的深层影响，法国经济增长乏力，对电子信息制造业产生不利影响。但法国仍然是欧洲第二大医疗设备生产国，也是欧洲主要医疗设备出口国之一。2014 年，法国医疗电子市场总销售额高达 60.6 亿美元，约占欧洲市场总份额的 16%。法国进口医疗电子产品与出口医疗电子产品价值相当，进口产品主要集中在 MRI、PET、螺旋 CT 等先进电子诊断成像设备以及植入式医疗电子设备。

三、日本

电子信息制造产业在日本国民经济中占据重要地位。当前日本经济发展缓慢，但其电子制造业总量仍居世界第二。2014 年日本电子工业国内生产总额为 11.8 兆日元，同比增长 3%，这是继 2011 年日本大地震后持续下跌以来的首次正增长。预计 2015 年将达到 12.1 兆日元，增长 2%，前景光明。2014 年日本电子信息制造产业企业生产总额（包含海外生产部分）为 40 兆 7643 亿日元，同比增长 6%，预计将连续两年正增长。日本企业国内生产比率为 34%，显示器件（日本国内生产比率 91%），服务器、存储器（74%），半导体（68%），电气计测器（62%），医用电子设备（68%），在要求高可靠性、高品质的细分领域，继续维持高水平国内生产。随着全球化进展，2015 年日本企业海外生产将维持高水准，预计实现 41 兆 8755 亿日元，同比增长 3%。

受全球智能手机大画面、高精度化风潮的带动，作为出口支柱产品的显示器件、半导体器件成为拉动日本国内生产的引擎。2015 年，继续受政府成长战略影响，企业业绩将维持乐观增长，在设备投资促进税制的作用下，国内生产将进一步增加。

表 11-1　2014 年日本电子工业生产情况

产品类别	生产总值（百万日元）	同比增长（%）
消费电子设备	693126	−15.7
工业电子设备	3592255	−3.1
通信设备	1149795	−14.2
电信系统	370885	−18.1
无线通信系统	778910	−12.2
计算机与信息终端	1199963	−0.3
应用电子设备	850139	9.0
电子测量仪器	335633	5.6
电子商务机	56725	−12.7
电子元器件	7510794	7.8

（续表）

产品类别	生产总值（百万日元）	同比增长（%）
电子元件	2430092	5.1
无源器件	887334	14.7
连接件	745518	0.5
电子基板	485403	−2.3
电子电路JISSO板	112830	5.1
变频器	23366	2.4
其他	175641	3.7
电子器件	5080702	9.1
电子管	48317	−37.4
离散半导体	1022813	8.5
集成电路	2226414	4.6
液晶器件	1783158	18.0
合计	11796175	2.6

数据来源：JEITA，2015 年 3 月。

表 11-2　2014 年日本电子工业出口情况

产品类别	生产总值（百万日元）	同比增长（%）
消费电子设备	556840	−14.2
视频设备	521957	−15.6
音频设备	34884	12.3
工业电子设备	1434237	8.0
通信设备	312798	6.7
电信系统	2801	45.1
无线通信系统	309997	6.5
计算机与信息终端	400117	0.6
应用电子设备	447765	14.0
电子测量仪器	271772	11.9
电子商务机	1786	−2.7
电子元器件	7401271	3.8
电子元件	1691778	6.9
无源器件	627693	11.7
连接件	733982	6.3
电子基板	259204	0.9

（续表）

产品类别	生产总值（百万日元）	同比增长（%）
变频器	46885	−0.4
其他	24014	−9.0
电子器件	3273208	3.4
电子管	24561	−2.3
离散半导体	756641	6.5
集成电路	2492007	2.5
零配件	2436285	2.4
合计	9392349	3.1

数据来源：JEITA，2015 年 3 月。

四、韩国

2014 年，韩国电子信息制造产业保持了平稳较快发展，其中三星、LG 两家企业占据全国电子信息制造产值的绝大部分，生产的智能手机、智能电视、液晶面板以及照明产品等在全球市场中占有率较高。韩国电子信息制造产业结构复杂多样，其中，显示器、通信设备以及半导体产业是三大支柱产业。

韩国是世界上第一大显示器生产国。2014 年，韩国的大型液晶显示屏在全球市场的占有率超过了 51%，而 OLED 电视的全球市场份额更是达到了 87%。韩国显示器产业自 2002 年超越日本以来，连续多年持续保持世界第一大生产国的地位。这主要是具备世界最高水平的平板量产技术、三星电子和 LG 电子等实力派企业带头实施大规模投资所带来的结果。虽然，韩国已经是世界上第一大显示器生产国，但是其显示器产业发展仍然存在两方面的劣势：首先，韩国显示器产业上游产业（核心配件及材料）的生产基础薄弱，主要依赖从日本进口；其次是韩国生产显示器的核心设备的国产化程度较低。

韩国是世界上第四大通信设备制造国，位居中国、美国和日本之后。2014 年，韩国通信设备产业总产值为 934.8 亿美元，同比增长 12.3%；增加值为 422.4 亿美元，同比增长 12.6%；从业人员 9.2 万人；出口额为 551.3 亿美元，其中手机出口额为 512.2 亿美元。2014 年韩国通信设备产品的发货金额为 933.2 亿美元，其中无线（手机的发货金额为 781.7 亿美元，占无线通信设备产品发货金额的 87.2%）和有线通信设备产品的发货金额分别为 896.75 亿美元、36.4 亿美元。韩国通信设备企业以手机产业为中心，主要分布在首都圈区域和大庆地区。其中，首都圈地区以位于平泽、金浦的 LG 电子和泛泰（PANTECH）集团的手机及其配件企业为主；国内主力企业与中小通信设备企业大体上分布在城南、首尔、安阳等地区；在大庆的龟尾地区有三星电子及其相关合作企业，大邱有手机配件和系统设备企业；庆尚南道的马山有诺基亚集团的"诺基亚 TMC"，该企业在诺基亚全球生产网中起着重要作用。自 1984 年成立以来，该工厂共生产了近 7 亿部手机。

通信设备产业是深受通信服务业发展影响的产业。据此，近年来韩国在 3G 等新一代移动通信领域中，领导世界先进技术。多年来，韩国在手机制造方面已实现世界最高水平的技术和质量竞争力，但在通信设备方面，与国际先进企业相比，竞争力和市场占有率相对处于较低的地位。然而，继 2005 年在世界领先实现 DMB 服务之后，2006 年在全世界又最先开始 HSDPA 和 WiBro 等新业务。2009 年由于韩国国内智能手机需求的增加，至今运作比较保守的无线互联网（Wi-Fi）部分开始迅速普及，同时通信量也随之增加，因此出现有关通信器材升级的新投资需求。随着结合性商品的扩大，WiBro 和 Wi-Fi 等多种通信网正在大幅度扩大，此外提升通信业务处理量与传输速度所需的高端化、频率再分配及新分配将需要更多新的网络设备投资。今后一段时期，韩国通信设备产业也将不断创造出高增长和高市场占有率。

半导体产业是韩国的重要优势产业。2013 年，韩国半导体产业产值为 515.16 亿美元，占全球半导体产业总产值的 16.2%，仅次于美国（1666.51 亿美元，占有率 52.4%），取代日本 (434.32 亿美元，占有率 13.7%) 成为全球第二。韩国的半导体事业过于偏重存储芯片，其生产额为 342.97 亿美元，占到了半导体总生产额的 66.5%，在全球市场中所占份额也高达 52.4%，远远高于第二名美国 (27.1%)。相反，韩国的系统半导体市场份额仅为 5.8%(113.81 亿美元)，排名在主要 5 个半导体生产国中垫底。另外，属于高附加值产品的光学元件的市场占有率也仅为 10.4%，与第一名日本 (31.5%) 的差距十分之大。

五、中国

2014 年，我国电子信息制造业总体运行态势稳中向好，结构调整不断优化，产业升级势头初显，质量和效益稳步提升，有力促进了社会信息化发展水平的提高和两化深度融合，并为国民经济在新常态下保持平稳运行发挥了积极作用。

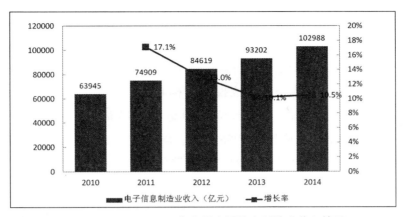

图11-1　2010—2014年中国电子信息制造业收入情况

数据来源：赛迪智库整理，2015年3月。

2014年，我国电子信息制造业规模稳步扩大，规模以上电子信息制造企业数量达到1.87万家，全行业实现主营业务收入10.3万亿元，同比增长9.8%。规模以上电子信息制造业增加值增长12.2%，高于同期工业平均水平3.9个百分点，在全国41个工业行业中增速居第7位；收入和利润总额分别增长9.8%和20.9%，高于同期工业平均水平2.8个和17.6个百分点，占工业总体比重分别达到9.4%和7.8%，比上年提高0.3个和1.2个百分点。主要电子信息产品产量稳步增长，全年共生产手机、微型计算机和彩色电视机16.3亿部、3.5亿台和1.4亿台，占全球出货量比重均达半数以上；生产集成电路1015.5亿块，同比增长12.4%。

2014年，我国电子信息制造业产业创新不断加强，企业创新意识和技术创新能力持续提升，重点领域不断取得新的技术突破。28纳米处理器成功制造；国内首款智能电视SoC芯片研发成功并量产，改变了我国智能电视缺芯局面；国内首条、世界第二条8英寸IGBT（绝缘栅双极型晶体管）专业生产线建成投产，有效提升我国在船舶、电网以及轨道交通车辆方面的智能化水平；自主可控国产软件系统已基本具备国产化替代能力，应用推广取得新进展；光伏产业技术创新不断深化，太阳能电池转换效率不断提升，成本持续下降，光伏发电成本继续下降。

2014年，第28届中国电子信息制造百强企业研发投入强度达4.8%，全年研发经费增长超过收入增速。企业专利成果丰硕，华为首次进入全球创新机构百强，京东方2014年新增专利申请量超过5000件。参与国际标准制定的话语权不断增强，2014年我国积极主导制定了在云计算、物联网、射频连接器、同轴通信电缆、太阳能光伏等领域的国际标准，对自主技术和产品走出去起到了重要的推动作用等。

中国电子信息制造产业结构呈现以下特点：一是产业投资结构持续改善。上游基础产业投资增速快于电子信息制造业全行业平均水平，特别是集成电路行业在上年基数较高的情况下，完成投资额644.5亿元，同比增长11.4%。同时，中西部地区投资加速明显，完成投资3959亿和2013亿元，同比增长16.9%和22.1%，其中内资企业完成投资9986亿元，同比增长13.8%，比重达到82.8%。二是内销市场比重进一步提升，对产业发展的推动作用进一步提升。2014年，我国规模以上电子信息制造业实现销售产值103902亿元，其中内销产值51883亿元，同比增长14.9%，内销产值占销售产值比重近50%，对电子信息制造业的贡献率达到69.5%。三是内资企业贡献率提高。2014年，我国规模以上电子信息制造业内资企业实现销售产值38078亿元，同比增长20.7%，在全行业中占比提高至36.6%，对全行业贡献率达67.5%

六、中国台湾

2014年台湾地区全年出口总金额达3138.4亿美元，创下历史新高，年增2.7%。2014年电子产品出口999.9亿美元，年增13.5%，表现最为活跃，信息与通信产品则相对疲弱，合计年减67亿美元。在各主要出口市场的表现以美国稳、亚洲平、欧洲冷来形容，累计2013年对美国出口年增7.1%，对欧洲出口年增3.5%，对亚洲出口年增长2.6%，其中，对中国大陆及香港、东盟六国与日本的出口值都创历年新高。新增投资仍主要集中在半导体电子产业，凸显出产业结构调整的压力。制造业增长亮点主要来自晶圆代工、光学组件、计算机设备及零件、手机、钢铁、机械等产业增产的贡献。分行业看，电子零组件业、机械设备业与汽车及其零件业分别成长11.8%、10.6%及9.0%，是增长最快的三个行业。国际品牌便携装置持续热销，智能科技应用领域扩展，加上大尺寸电视面板出货畅旺，带动台湾地区晶圆代工、IC封测等产量持续增加。

目前，台湾地区以及台资企业在电子信息制造产业内的布局几乎涉及电子信息制造产业的全价值链。在最高端的IC设计环节，台湾地区IC设计营业收入已居全球第二位，有数家IC设计公司跻身于全球IC设计20强，并已进入IC设计中复杂度最高的CPU研发领域以及存储芯片的研究领域。在消费电子IC设计方面，台湾地区已跻身最高端的通用技术平台研发领域。在晶圆代工领域，台湾地区在营收上居全球第一位，在芯片生产的线程工艺上，台湾地区的台积电所掌握的技术方案仅次于 Intel、AMD 和三星。在芯片生产的产品类别上，除复杂度最高的高端 CPU 外，台湾地区以及台资企业已几乎能生产所有类型的晶圆芯片，其中，各种记忆芯片的产量占到全球产量的 10%—15%，动态存储器占全球产量的 5%—10%。此外，台湾地区还在液晶平板、主板卡、显示卡等关键零部件的生产方面实力强劲。组装代工更是台湾地区所占据的传统优势环节，特别是在 PC 代工组装领域，台湾地区及台资企业的笔记本出货量占到全球总出货量的 93% 以上。在一般零部件与计算机周边设备的设计与生产方面，台资企业所产鼠标、键盘、网络设备、扫描仪等的产量均居世界前列，并且在这一领域还产生了如罗技、台电等一批从事品牌生产的大型企业。目前，台湾地区在电子信息制造产业营销方面的发展也相当快速，在移动通信领域拥有 HTC，在 PC 领域拥有华硕、宏碁、明基等数家品牌公司。

第二节　主要行业发展特点

一、集成电路、LED和新型显示产业发展势头迅猛

集成电路产业方面，根据全球半导体贸易统计（WSTS），2014 年全球半导体市场规模达到 3331 亿美元，同比增长 9%，为近四年增速之最。LED 产业方面，据 Strategies Unlimited 等咨询机构统计，2014 年全球 LED 市场规模达到 196 亿美元，较 2013 年的 145 亿美元增长 35.17%，是近五年来的最高增速。新型显示方面，受电视平均尺寸增加，大屏手机、车载显示和公共显示迅猛发展的拉动，近年来全球新型显示产业保持了持续增长态势。2014 年全球新型显示产业销售收入超过 2000 亿美元，其中面板产值超过 1300 亿美元。

二、物联网、医疗电子等新兴产业表现活跃

物联网方面，IC Insights 数据显示，2014 年具备连网及感测系统功能的物联网整体产值约 483 亿美元，同比增长 21%。医疗电子产业方面，全球医疗电子市场在移动医疗、智慧医疗、远程医疗等医疗新模式的带动下，正处于稳步增长阶段。2014 年市场销售额约 2255 亿美元，同比增长 5.67%。其中，移动医疗发展最为迅猛，市场规模达 45 亿美元，同比增长约 50%。

三、光伏、通信设备、家用视听产业呈现平稳较快发展态势

光伏产业方面，2014 年全球多晶硅产量稳中有升，达 28 万吨，同比增长 13.8%；光伏组件产量达 50GW，同比增长 24.1%；光伏新增装机市场达 43GW，同比增长近 19%。通信设备产业方面，2014 年受 4G 建设驱动，全球通信设备产业规模出现明显增长，达 1498 亿美元，同比增长 8.39%。家用视听方面，据市场研究机构 WitsView 报告，2014 年全球液晶电视市场出货量约 2.15 亿台，年增长率约为 5.4%，智能液晶电视渗透率达 36%。据国际咨询机构 DisplaySearch 统计，2014 年全球智能电视出货量达 7600 万台，渗透率达 36%。

四、软件领域也保持了较快的增长速度

在大数据方面，随着大数据解决方案不断成熟，各领域大数据应用全面展开，Wikibon 数据显示，2014 年全球大数据市场规模达到 285 亿美元，同比增长 53.2%。信息技术服务方面，根据 Gartner 统计数据显示，2014 年信息技术服务业保持稳中有增的态势，业务营收达到 9560 亿美元，相较 2013 年市场营收增长 3.2%。软件产业方面，2014 年全球软件产业规模达 15003 亿美元，同比增长 5%，高于 2013 年和 2012 年增速。工业技术方面，根据 Gartner 的市场调查报告，2014 年全球企业级软件市场规模为 3175 亿美元，同比增长 5.5%，基本维持了自 2012 年以来的高速增长态势，但增长速度远不及预期。信息安全市场方面，随着互联网和信息技术高速发展，并全面渗透到经济和社会的各个领域，信息安全问题也日益凸显，安全事件频频发生，全球信息安全市场需求十分旺盛。2014 年，全球信息安全市场规模为 960 亿美元，同比增长约为 12%。

五、计算机和锂电子电池产业发展动力欠佳

在计算机产业方面，一是据 Gartner 数据显示，2014 年全球包括台式计算机、笔记本电脑在内的 PC 市场出货量约为 3.16 亿台，同比 2013 年下滑 0.1%，下滑幅度比 2013 年的 10% 减少 9.9 个百分点。二是据 IDC 数据显示，2014 年全年平板电脑总出货量为 2.296 亿台。尽管仍保持 4.4% 的同比增长，但增长幅度较 2013 年时的 50% 已大幅缩水，标志着平板电脑产品终进入市场饱和期。锂电子电池方面，2014 年全球电动汽车、电动自行车、储能等市场快速发展，带动全球锂离子电池市场规模稳步扩大至 249 亿美元，同比增长 12%，增幅比 2013 年下滑 9 个百分点，是 2012 年以来连续两年下滑。

第十二章　软件产业

第一节　总体态势

2014 年，世界经济复苏依旧艰难，仍处在国际金融危机后的深度调整过程中，结构调整远未到位、人口老龄化加剧、新经济增长点尚在孕育、内生增长动力不足等制约经济发展的深层次问题没有得到根本解决。从产业发展内部看，云计算、移动互联网、物联网、大数据等为代表的新兴领域创新活跃，发展迅猛，正逐渐摸索出市场认可的商业模式迅速走向应用落地阶段，并与各业务领域加速融合渗透，成为推动产业变革的重要力量和拉动产业增长的新增长点。各国政府高度重视这些领域的发展，将其视为新的战略制高点，出台各种新政策促进新技术的研发创新和应用推广。

整体来看，产业发展内部的积极因素无法对冲全球经济的缓慢复苏给软件产业的增长带来较大压力，尤其是作为主要经济体的欧盟和日本经济增长停滞不前导致需求增长乏力、新兴市场经济国家需求释放不足带来的重要影响。2014 年，全球软件产业保持平稳增长，全球软件产业规模达 15003 亿美元，同比增长 5%，高于 2013 年和 2012 年增速。但受全球经济复苏缓慢、新兴经济体市场需求释放不足、IT 深化转型等因素影响，全球软件产业还未恢复到 2011 年两位数增长的水平。

表 12-1　2011—2014 年全球软件产业规模及增速

年度	全球软件产业规模（亿美元）	同比增速（%）
2011年	13161	10.5
2012年	13635	3.6
2013年	14289	4.8
2014年	15003	5.0

数据来源：赛迪智库整理，2015 年 3 月。

尽管软件产业整体呈现放缓的态势，增速仍高于硬件制造行业，其在全球 ICT 产业中的比重不断上升。Gartner 数据显示，2014 年，包括终端设备、数据中心系统、企业软件、IT 服务、电信服务在内的全球 ICT 支出超过 3.75 万亿美元，增速为 2.1%，低于上年 2.3 个百分点。其中包括企业软件和 IT 服务的软件产业规模达 12730 亿美元，同比增长 10.6%。2014 年全球软件产业规模达 15003 亿美元，占全球 ICT 支出总额的 40%，较上一年提高 8.2 个百分点。

第二节　主要国家和地区情况

一、美国

从全球范围来看，以美国、欧盟、日本为代表的发达国家和地区仍是世界软件产业发展的主体。2014 年，在经济强劲复苏的推动下，美国软件产业保持较快增长态势，占全球软件产业的市场份额仍在 30% 以上。美国软件产业的市场份额全球领先，信息技术实力突出。美国凭借其强大的计算机技术、通信技术以及网络技术构成信息技术产业的基础架构，推动软件和信息技术服务业的快速发展，信息技术服务市场份额占全球 40% 以上。虽然美国微软、IBM、惠普、谷歌等软件龙头企业面临企业营收增长放缓、利润有所下滑等问题，仍然保持行业领先优势，占据绝对的领导地位，同时积极加快云计算、大数据、移动互联网等新兴领域的业务体系建设。

二、日本

近年来，日本信息服务业受金融危机的冲击余波犹在，整体市场规模仍在缩小，销售额持续下降。主要表现为在新开发投资项目被冻结，企业扩张受到限制，IT 服务产品价格下调，IT 市场规模增速下降，以及企业间的竞争加剧等。

直至 2014 年，这一状况才有了明显的好转，根据日本总务省公布的日本信息服务业状况月报数据，2014 年 1—12 月，日本信息服务业销售额为 106149 亿日元，同前年比增长 102.8%，其中咨询调查类业务增长速度最快，同比增长 104.9%。2014 年日本信息服务业细分领域的收入占比情况为，软件开发与编程收入占比依然最高，接近 70%，其中订单式软件收入占比 59.54%，软件产品占 10.38%；计算事务等信息处理业务收入占 6.87%；系统管理运营委托收入占 12.49%；数据库服务收入占 2.24%；各种调查收入占 1.28%；其他业务收入占 7.2%。可以看出，日本信息服务业销售收入主要来源为软件开发与编程，其中订单式软件占信息服务销售收入一半以上，依然是日本信息服务业的主要收入来源。

表 12-2　2014 年日本信息服务业收入占比情况

细分领域		收入总额（亿日元）	占比（%）
软件开发与编程	订单式软件	63628	59.94
	软件产品	11018	10.38
信息处理业务	—	7292	6.87
系统管理运营	—	13258	12.49
数据库服务	—	2378	2.24
各种调查业务	—	1359	1.28
其他业务	—	7643	7.2

数据来源：日本总务省，2015 年 1 月。

三、印度

2014 年，印度软件与信息技术服务业（IT–BPM：信息技术及业务过程管理）保持高速发展态势，信息技术服务及软硬件出口依然是推动产业增长的主要动力。根据印度软件和服务业企业协会（NASSCOM）的统计数据，2014 年印度软件与信息技术服务业总产值达到 1300 亿美元，同比增长 8.8%。其中，软件和信息技术服务出口约为 880 亿美元，同比增长 13%，国内收入总值约为 420 亿美元，去除汇率因素实现同比增长 9.7%。自 2013 年起，印度软件和信息技术服务外包在全球市场占有率达到了 55%，在数值在 2014 年及 2015 年保持稳定，印度仍将持续占据该领域的全球领导地位。印度本国软件和信息技术产业发展中，电子商务将成为增长最快的领域，实现同比增长将达到 33%。预计到 2015 年，印度软件与信息技术服务业将继续保持高速发展态势，总产值将达到 1460 亿美元（含

140 亿美元的硬件产值），同比增长约 12.3%，增加值约为 170 亿美元。其中，软件和信息技术服务出口将达到 980 亿美元，实现同比增长 11%，增长量约为 110 亿美元，软件和信息技术服务出口在印度总出口量的比重将超过 38%。国内收入总值将达到 480 亿美元，实现同比增长 14%，电子商务将是主要的产值来源。

第三节　重点行业发展情况

一、基础软件

2014 年，全球操作系统领域产业发展平稳，格局并没有发生太大的变化。根据 Gartner 的统计，全球各类新出货电子设备（包括笔记本、台式机、智能手机、平板电脑等）操作系统市场中，Android 占据着较为明显的领先优势，其市场份额已经较 2013 年的 38.51% 提升到 48.61%，增长了 10.1 个百分点。全球新出货电子设备操作系统市场份额见表 12-3。

表 12-3　全球新增电子设备操作系统市场份额（单位：%）

年份	Android	iOS/OS X	Windows	其他
2014	48.6	11.0	14.0	26.3
2013	38.5	10.1	14.0	37.4
2012	22.8	9.6	15.6	52.0

数据来源：Gartner，赛迪智库整理，2015 年 3 月。

在桌面操作系统领域，微软推出的 Windows 系列产品仍旧占据着全球的绝大多数市场份额。截至 2014 年 12 月，根据 StatCounter 的统计，微软 Win7 占据了全球 49.14% 的市场份额，比上年同期的 51.02% 下降了 1.88 个百分点。全球桌面操作系统统计见表 12-4。统计表明，在桌面操作系统，微软各类产品的市场份额达到了 80%，在全球占据着绝对的垄断地位。其中 Win7 和 Win8 市场份额的下降与微软在 2014 年 10 月停止销售此类产品有关，而微软在 2014 年大力推动的 Win8.1 的市场份额在一年内增加了 9.7 个百分点，达到 11.77%。苹果推出的 MacOS X 也是全球主要的操作系统之一，市场份额排名全球第四。在美国，由于苹果计算机更受欢迎，据统计在 2014 年 9 月，MacOSX 在美国的市场份额达到 14.8%，远高于全球平均水平。2014 年，谷歌大力推动其 Chrome 操作系统的发展，在低端 PC 领域已经占据了一定的市场份额，在 2014 年 1 月的 CES 会展上，Chrome OS 受到了广泛关注，包括东芝、LG、宏碁在内的多家企业均推出了基于 Chrome OS 的相关产品，Chromebook 已成为新的笔记本品类。

表 12-4　全球桌面操作系统份额统计（单位：%）

统计时间	Win7	WinXP	MacOS X	WinVista	iOS	Win 8	Win 8.1	Linux
2014年12月	49.1	11.9	7.8	2.8	6.5	4.2	11.8	1.5
2013年12月	51.0	18.4	7.3	4.0	5.0	7.6	2.1	1.2
同比增长	-1.9	-6.5	0.5	-1.2	1.5	-3.4	9.7	0.3

数据来源：StatCounter，赛迪智库整理，2015 年 3 月。

在 Web 客户端操作系统领域，StatCounter 统计数据显示，2015 年 2 月，微软 Windows 仍占据着一半以上的市场份额，达到 55.74%，呈现上升趋势；基于 Linux 操作系统的市场份额为 22.02%，呈现上升趋势；苹果 iOS、OS X 操作系统的市场份额为 17.17%，呈现下降趋势。

在移动终端操作系统领域，StatCounter 统计数据显示，至 2014 年 8 月，Android 操作系统占据了 54.87% 的市场份额，呈现上升趋势；苹果 iOS 操作系统的市场份额为 23.57%，基本保持持平；塞班、Bada 等操作系统的市场份额呈现出明显的下降趋势。在该领域，新型操作系统增长势头良好，包括英特尔与三星主导的 Tizen、RIM 主导的 BlackBerry OS、火狐主导的 Firefoex OS 等操作系统正在积极跟进。

在服务操作系统领域，Unix、Linux 和 Windows 依然呈现出三足鼎立之势，市场份额旗鼓相当。根据 W3Techs 于 2015 年 2 月发布的数据显示，Unix 及类 Unix 操作系统占据了 67.8% 的市场份额，其中 Linux 操作系统的市场份额为 35.9%；微软 Windows 操作系统则占据了剩余的 32.2% 的市场份额。在超级计算机操作系统领域，Linux 操作系统占据着绝对的领先地位，全球运算速度最快的 500 个超级计算机中，97% 的计算机运行着 Linux 操作系统。

在中间件方面，据 Gartner 统计，2013 年全球应用基础架构和中间件（AIM）软件市场为 215 亿美元，同比增长 5.6%，预计 2014 年全球应用基础架构和中间件（AIM）软件市场将接近 230 亿美元。全球中间件市场中排名前五的公司分别为 IBM、甲骨文、微软、Software AG 和 Tibco。从区域来看，北美、西欧和亚太市场所占比例位居前三位，北美市场仍旧是中间件厂家竞争的主战场，约占全球市场的 45%，西欧和亚洲岁占的市场份额约为 25% 和 15%。从增长速度来看，中东非洲、亚太和北美地区排在前三，2013 年其增速分别达到了 13.5%、9.2% 和 8%，预计在 2014 年该三地区仍将是全球中间件市场增长速度最快的区域。2014 年，在应用服务器 / 中间件领域，Tomcat 仍然处于领先地位，占据了全球约 41% 的市场份额，与 2013 年同期保持持平；Jetty 的市场份额呈现出快速增长态势，达到 31%，较上一年度提升了 8 个百分点；Jboss 的市场份额为 18%，占据全球第三位；Weblogic 与 GlassFish 的市场份额依次为 6% 和 4%。

在商业数据库领域，根据 2014 年 Gartner 发布的数据。甲骨文数据的市场份额位居全球首位，2013 年其市场份额达到 47.4%，超过了随后四家厂商市场份额的总和。紧随甲骨文之后的厂商依此为微软、IBM、SAP 和 Teradata，其市场份额分别为 19%、17.7%、7.0% 和 3.6%。从统计数据可以看出，排名全球前五位的厂商已占据了全球 95% 的市场份额，反映出商业数据库领域较高的市场集中度。2014 年尽管随着大数据等新兴技术的不断进步、开源数据库的逐步普及对传统商业数据库市场带来一定的冲击，但其主要市场格局并没有发生大的变化，主要领导厂商依旧是甲骨文、微软、IBM 和 SAP。

在开源数据库领域，2014 年全球开源数据库受到了广泛的欢迎，发展势头良好。MySQL 保持了较快的增长势头，占据了全球 56% 的市场份额，其用户遍及全球各个地区。紧随 MySQL 之后的数据库包括了 MariaDB、PostgreSQL、MongoDB 和 CouchDB，其市场份额分别为 18%、13%、12% 和 1%。分地区来看，MySQL 在俄罗斯的市场份额最高，而 MongoDB 在乌克兰更受欢迎。截至 2014 年 3 月，MySQL 在全球的安装量已达到 1600 万次，保持着约 50% 的年增长率。2012 年，全球开源数据库的收入额大约为 5 亿美元，预计到 2016 年在 MySQL 等数据库的领导下，全球开源数据库的收入总额将达到 30 亿美元。

二、工业软件

根据 Gartner 的市场调查报告，2014 年全球企业级软件市场规模为 3175 亿美元，同比增长 5.5%，基本维持了自 2012 年以来的高速增长态势，但从增长速度看远不及预期。2014 年初，Gartner 曾预测全年企业级软件市场规模可达到 3200 亿美元，实现同比增长 6.8%，并强劲带动全球 IT 支出强劲增长，但实际发展远不如预期。

表 12-5　2012—2014 年全球企业级软件市场规模

	2012	2013	2014
市场规模（亿美元）	2850	3000	3175
同比上一年增长（%）	6.3	5.2	5.8

数据来源：Gartner，2015 年 1 月。

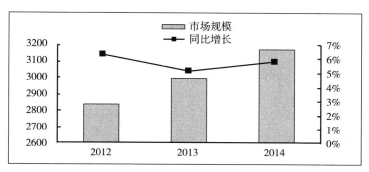

图12-1　2012—2014年全球企业级软件市场规模（单位：亿美元）

数据来源：Gartner，2015 年 1 月。

2014 年，企业级软件市场主要围绕两条主线发展：一是数据的生命周期，即数据的存储、安全和分析；二是产品的生命周期，即设计、生产和销售。反映到市场结构方面，数据生命周期主线上，市场规模占比较大的是存储管理软件和企业安全软件，以商务智能和绩效分析为代表的数据分析软件的规模相对较小，但增速很快；在产品生命周期主线上，市场规模占比较大的是工业设计、仿真、ERP、CRM 软件等，生产调度和过程控制软件的市场规模占比较小，但增长较快。

三、信息技术服务

2014 年，世界主要经济体的经济基本面趋向好转，但仍面临经济下行的风险。在此背景下，信息技术服务业保持稳中有增的态势，2014 年业务营收达到9560亿美元，相较 2013 年市场营收增长 3.2%。

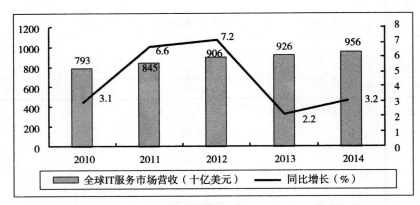

图12-2 2010—2014年全球信息技术服务业市场营收及增速

数据来源：Gartner，2015年3月。

四、云计算

2014年，全球云计算服务市场规模达到1528亿美元，增长17%。全球企业的云服务预算中，SaaS服务（软件即服务）市场份额占比最高，达到49%。IaaS服务（基础设施即服务）、PaaS服务（平台即服务，18%）分别为28%及18%。

表12-6 2010—2015年全球公共云服务市场规模

年份	2010	2011	2012	2013	2014	2015（e）
产业规模（亿美元）	683	900	1110	1310	1528	1800
增长率（%）		32	23	18	17	18

数据来源：Gratner，2015年2月。

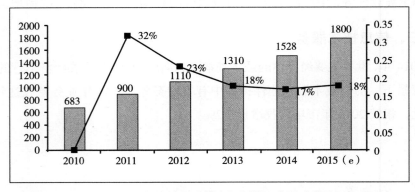

图12-3 2010—2015年全球云计算市场规模示意图（单位：亿美元）

数据来源：Gratner，2015年2月。

五、大数据

大数据解决方案不断成熟，各领域大数据应用全面展开，为大数据发展带来强劲动力。Wikibon 数据显示，2014 年全球大数据市场规模达到 285 亿美元，同比增长 53.2%。大数据成为全球 IT 支出新的增长点。Gartner 数据显示，2014 年数据中心系统支出达 1430 亿美元，比 2013 年增长 2.3%。大数据对全球 IT 开支的直接或间接推动将达 2320 亿美元，预计到 2018 年这一数据将增长三倍。

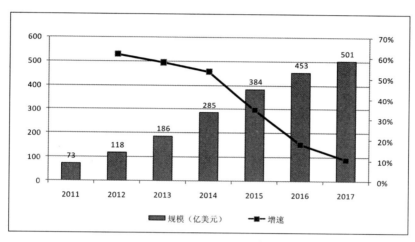

图12-4　2011—2017年全球大数据市场规模

数据来源：Wikibon 公司数据，2015 年 2 月。

2014 年，全球大数据市场结构从垄断竞争向完全竞争格局演化。企业数量迅速增多，产品和服务的差异度增大，技术门槛逐步降低，市场竞争越发激烈。全球大数据市场中，行业解决方案、计算分析服务、存储服务、数据库服务和大数据应用为市场份额排名最靠前的细分市场，分别占据 35.4%、17.3%、14.7%、12.5% 和 7.9% 的市场份额。云服务的市场份额为 6.3%，基础软件占据 3.8% 的市场份额，网络服务仅占据了 2% 的市场份额。

表 12-7　2011—2017 年全球大数据细分领域市场规模及预测（单位：亿美元）

	2011	2012	2013	2014	2015	2016	2017
云	3.6	6.2	11.9	18.2	25.2	30.5	36.5
行业解决方案	28	44.2	61.5	101	135	160	172
应用	5.2	9.9	16.9	34.5	52.9	66.5	77.5

（续表）

	2011	2012	2013	2014	2015	2016	2017
非关系型数据库	0.7	1.3	2.9	5	8	10	12
关系型数据库	6.2	8.8	13.1	17.5	22.5	24.5	27
基础软件	1.4	4.4	8.3	10.8	12.5	16	19
网络	1.5	2.3	4.2	6.5	8.5	10.1	11.5
存储	11	17.5	30.9	42	55	64	69.5
计算	15.3	22.9	36.5	49.2	64	71	76

数据来源：Wikibon 公司数据，2015 年 2 月。

企 业 篇

第十三章　英特尔

第一节　企业基本情况

英特尔是世界上最大的半导体公司，也是第一家推出 x86 架构处理器的公司，总部位于美国加州圣克拉拉。由罗伯特·诺伊斯、高登·摩尔、安迪·葛洛夫以"集成电子"之名在 1968 年共同创办。经过近 40 年的发展，英特尔公司在芯片创新、技术开发、产品与平台等领域奠定了全球领先的地位，始终引领相关行业的技术产品创新及产业与市场的发展。

第二节　企业发展历程

一、创立初期（1968—1978）

1968 年 7 月 18 日诺伊斯和摩尔等人以 1.5 万美元从 IN-TELCO 公司手中买下了对 Intel 名称的使用权，英特尔公司正式诞生。1971 年 11 月 15 日，英特尔的工程师霍夫发明了世界上第一块个人微型处理器——4004，这款 4 位微处理器具备 45 条指令，每秒能执行 5 万条指令，虽然它的性能连 1946 年诞生的第一台计算机 ENIAC 都无法超越，但集成度却高了太多，它的发布，也标志着微处理器的诞生。4004 的出现，可以说是整个 IT 行业的奠基石。之后在 1972 年英特尔又推出了 4004 的升级版处理器：8008，性能达到了 4004 的两倍，主频为 200KHz，当然由于性能实际上并不理想，所以它只能做基本的整数运算。1978 年，第一块 16 位的处理器——i8086 诞生，它采用了 3 微米制造技术，集成了 29000 个晶体管，内部和外部总线达到 16 位，主频达到 4.77MHz，这款处理器所使用的指令代码集就叫 X86 指令集。X86 指令集可以说是英特尔在后来获得成功的关键之一。随着处理器技术的不断发展，英特尔公司不断地设计出更快更先进的处理器，如果新的处理器重新设计指令集，将无法兼容老一代的应用程序和软件，为了保证电脑能继续运行以往开发的各类应用程序以保护和继承丰富的软件资源，它所生产的所有处理器都使用 X86 指令集，并一直沿用至今，因此英特尔的处理器属于 X86 系列。与 8086 同时推出的 8088 是英特尔处理器获得成功的开始。其实这个成功来得有一些偶然。因为当时在个人电脑领域风光无限的是苹果公司的 AppleII，AppleII 占据了个人计算机市场的地盘，生产大型计算机著称的"蓝色巨人"IBM 看到了个人计算机市场巨大的份额，急于和苹果展开争夺，它们推出的首个个人电脑 IBM-PC 中使用了英特尔的 8088 处理器，英特尔因此名声大噪。

二、发展壮大期（20世纪80年代）

获得初步成效后，英特尔又推出了 80286、80386、80486 来巩固自己的市场。1982 年推出的 80286 处理器是一个具有历史意义的产品。它同 8088、8086 相比性能更加优秀，效率达到了 8088 的四倍以上，不过这些都不是它最大的特点。80286 最具有意义的是正式建立了 CISC 体系结构，为英特尔公司成为 CPU 最大生产商奠定了基础。到了 1986 年，英特尔公司推出了成功的 80386 系列处理器，代表性的产品为 386DX-33，主频达到 33MHz。它集成了 32 万个晶体管，执行单一指令只需要两个时钟周期。80386 系列有两类产品：386DX 和 386SX。386DX 是 32 位处理器，内部数据和外部数据通道均为 32 位，而 386SX 是准 32 位处理器，内部数据通道为 32 位，外部数据通道缩减为 16 位。386DX 成为当时追求高性能用户的理想选择，主要优点是它采用了新的内存使用方式和多任务性，可以开发基于 PC 图形用户界面，为运行 Windows3.X 提供了可能。由于 80386 的推出具有划时代的意义，它将处理器提升到了 32Bit，最大可支持 4GB 内存寻址，一直沿用至今。在 20 世纪 80—90 年代，微软的成功离不开英特尔，英特尔的成功也离不开微软，因此 IT 界里曾经把那个时候的它们叫做 Wintel。Wintel 即是指英特尔微软的商业联盟，该联盟成功地取代了 IBM 在个人计算机市场上的主导地位。

三、稳定增长期（20世纪90年代—21世纪初）

20世纪90年代开始，X86系列处理器阵营中AMD和Cyrix公司开始崛起。这两家公司都是生产与X86系列兼容的处理器，而这个年代，个人处理器全面转变到了X86系列。在非X86系列个人处理器的阵营中，苹果仍然在苦苦支撑，但丝毫影响不了英特尔的霸主地位。在X86系列普及的早期，这两家公司生产兼容X86的处理器，同样命名为386和486，但价格方面却比英特尔便宜不少。英特尔因为市场受到AMD和Cyrix的蚕食而向联邦法院提出申诉，要求兼容其X86的处理器不得使用X86的名称，但联邦法院却判决X86芯片兼容的处理器厂商仍然可以在它们的产品上继续使用X86名称。此后的一段时间里，AMD和Cyrix生产的386和486处理器在数量上居然超过了英特尔，瓜分了不少的处理器市场份额，英特尔、AMD和Cyrix三足鼎立的局面终于形成。为了和AMD、Cyrix两家公司竞争，英特尔在1993年推出的新一代处理器上，没有采用80586的名称，而是命名为Pentium，这种命名方式将它的产品与AMD、Cyrix区别开来，这个品牌的推出，也让人们开始重视处理器的品牌概念，Pentium也成为至今为止最为成功的IT品牌。1997年2月英特尔推出Pentium MMX。它在X86指令集的基础上增加了57条多媒体指令，使处理器在多媒体操作上具有更加强大的优势。1997年5月，英特尔推出了Pentium II处理器。Pentium II处理器性能出众，完全占领了高端市场，但却将低端市场让给了竞争对手。为了挽回损失，英特尔推出了Celeron处理器。1999年下半年，英特尔推出了采用Socket 370 FC-PGA封装的Coppermine核心Pentium III处理器。2000年，英特尔推出了Pentium 4处理器。2002年11月，英特尔在全新Pentium 4处理器3.06 GHz上推出其创新超线程（HT）技术。2005年4月，英特尔的第一款双核处理器平台包括采用英特尔955X高速芯片组、主频为3.2 GHz的英特尔奔腾处理器至尊版840，此款产品的问世标志着一个新时代来临了。

四、转型调整期（21世纪初至今）

过去几年对英特尔最大的挑战是PC市场开始放缓，而爆发的平板和手机的移动市场却在英特尔的犹豫中被错过最好的时机。如今，英特尔面临着一个转型的迫切需求，从传统的PC领域走出来，在全新的互联时代寻求PC时代辉煌的延续。在移动市场一路狂追成为英特尔当前战略的重中之重。

第三节　生产运营情况

一、主营业务

英特尔为计算机工业提供关键元件，包括性能卓越的微处理器、芯片组、板卡、系统及软件等，这些产品是标准计算机架构的重要组成部分。英特尔一直坚守创新理念，根据市场和产业趋势变化不断自我调整。从微米到纳米制程，从4位到64位微处理器，从奔腾·到酷睿TM，从硅技术、微架构到芯片与平台创新，英特尔不间断地为行业注入新鲜活力，并联合产业合作伙伴开发创新产品，推动行业标准的制定。

二、经营状况

整个2014年，英特尔营收达到559亿美元，较上年的527亿美元增长6%；运营利润为153亿美元，较上年同期的123亿美元增长25%；净利润为117亿美元，较上年同期的96亿美元增长22%；每股摊薄收益为2.31美元，较上年同期的1.89美元增长22%。英特尔2014年毛利率为63.7%，较上年同期的59.8%增长3.9个百分点。预计2015财年第一季度营收为137亿美元，毛利率为60%；运营支出约为49亿美元，重组支出约为4000万美元，并购交易相关的无形资产摊销约为6500万美元。预计2015财年全年营收的增长率将在1%到9%区间的中段；毛利率为62%；运营支出约为200亿美元；折旧支出约为81亿美元；税率约为27%；全年资本支出为100亿美元，上下浮动5亿美元。

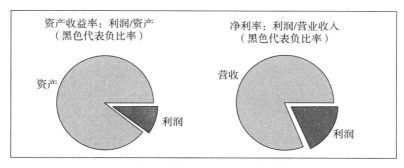

图13-1　英特尔2013年收益利润

数据来源：英特尔2013年财报，2015年2月。

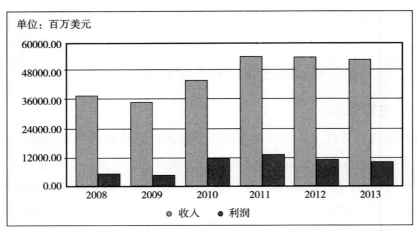

图13-2　英特尔2008—2013年收益利润

数据来源：英特尔2013年财报，2015年2月。

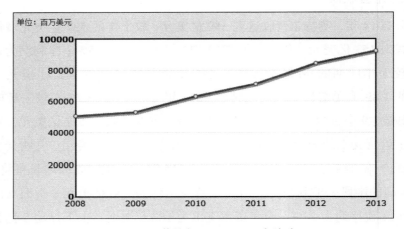

图13-3　英特尔2008—2013年资产

数据来源：英特尔历年财务报表，2015年2月。

第四节　企业战略与布局

一、战略目标

可穿戴设备是英特尔重点投入的细分市场之一。英特尔已经发布了可穿戴设备，搭载的是Quark处理器平台。移动互联网时代，英特尔的战略是拓展而不是转型或者改变。PC 芯片业是英特尔的立足之本，英特尔会加大在细分市场的拓展，比如通信市场。在可穿戴设备领域有 Quark 产品，在移动有凌动产品，在 PC 领域则是酷睿产品。英特尔是全球第二大 LTE 厂商。英特尔移动互联战略的最大挑战在于整合。英特尔通讯业务将复制 PC 时代的经验。在英特尔的历史上，英特尔将图形、内存、无线等大量模块整合在一起，未来在通讯领域也是类似的战略。英特尔芯平板年出货量翻四番，达到 4000 万部的目标。现阶段英特尔业务主要聚集在三块，分别是凌动、Quark 和酷睿。加大对 Android 平台的投入。英特尔的智能手机战略之一是扶植小企业。英特尔会把合作伙伴分两类，一类是大的制造企业，另一半是小企业。英特尔的工作是帮助小企业设计、开发和制造产品。

二、企业定位

随着个人电脑普及，英特尔公司成为世界上最大设计和生产半导体的科技巨擘。为全球日益发展的计算机工业提供建筑模块，包括微处理器、芯片组、板卡、系统及软件等。这些产品为标准计算机架构的组成部分。业界利用这些产品为最终用户设计制造出先进的计算机。英特尔公司致力于在客户机、服务器、网络通讯、互联网解决方案和互联网服务方面为日益兴起的全球互联网经济提供建筑模块。

三、营销策略

（一）产品研发创新

英特尔是计算创新领域的全球领先厂商，设计和构建关键技术，为全球的计算设备奠定基础。超过 40 年的发展，英特尔公司在芯片创新、技术开发、产品与平台等领域奠定了全球领先的地位，并始终引领着相关行业的技术产品创新及产业与市场的发展。

1965 年，作为英特尔公司的创始人之一，戈登·摩尔应邀撰写了一篇名为"让集成电路填满更多元件"的文章。文中，摩尔对未来半导体元件工业的发展趋势作出了预测——他指出，单块硅芯片上所集成的晶体管数目大约每年（1975 年，摩尔将周期修正为"每两年"）增加一倍。这一预言后来成为广为人知的"摩尔定律"。被誉为"定义个人电脑和互联网科技发展轨迹的金律"，摩尔定律在过去数十年里展现出了惊人的准确性：不只是微处理器，还包括内存、硬盘、图形加速卡——PC 的主要功能元件几乎都是遵循着摩尔定律所"设计"的路线而不断"进化"和演变。多年来，英特尔公司持续开展硅技术和制程创新，以切实的技术实践一次次验证了摩尔定律。自个人电脑诞生至今，晶体管密度的一再增加提升了处理器与周边硬件的性能及性价比，催生出规模达上万亿美元的电子工业，使个人计算和通信走向全球、走进数以亿计的企业和家庭。

作为"芯世界"的发现者和开拓者之一，英特尔引领了 PC 和互联网时代每一次激动人心的创新。硅和晶体管技术创新从 4 位到 64 位。1971 年，缔造全球微处理器市场的英特尔 4004 是一款 4 位处理器，计算性能已相当于首台电子巨型机 ENIAC；其后，在英特尔与业内同仁的共同努力下，8 位、16 位、32 位处理器相继登场；现今，随着英特尔 ® 奔腾、4、奔腾 ® D、英特尔 ® 酷睿 ™ 2 双核、至强 ®、安腾 ® 双核等台式机及服务器 64 位微处理器不断面世，人类已迈入计算带宽更大、计算性能更高的全新时代。硅和晶体管技术创新从单核到多核——在显著提升终端计算性能的同时，大幅降低系统能耗，这就是多核计算的双赢之道。2005 年 4 月，英特尔史上首款双核处理器奔腾 ® EE 840 诞生；而 2006 年酷睿 ™ 2 双核处理器的闪亮登场则一举将双核计算带入到主流化阶段。2007 年 2 月，英特尔还研究出了具有 80 个内核，世界首个具有万亿次浮点运算性能的可编程处理器，再度勇创行业之先。硅和晶体管技术创新从速度到能效——英特尔是"高能效表现"的倡导者和力行者，并通过技术创新、架构创新、工艺创新、平台创新、软件创新开启了高效节能的计算通信时代的新纪元。

（二）服务

英特尔联合各个领域的合作伙伴，共同奠立了个人电脑产业横向分工的格局。历经数十年努力，以"合作、共赢"为基础的产业文化得到了行业合作伙伴的广泛信赖。在与产业同仁合作的过程中，英特尔始终恪守"建立产业共赢、共荣的共同生命体"和"通过建设性的平等交流与沟通，解决对立与冲突"两大基本原则，并坚持与合作伙伴共同分享未来的发展机遇、协力构建良性发展的产业价值链。

未来，英特尔将投入更多资源、付出更多努力来支持 OEM 和 ISV 伙伴，使他们可以由合作中获得更多价值。无论是技术，还是市场，英特尔都将全力支持合作伙伴——它们将与英特尔一道伫立于技术与市场的最前沿，为客户提供最高品质的产品和服务。

四、区域布局

自创办以来，英特尔投资已经在全球 54 个国家的 1322 家公司累计投资了超过 110 亿美元。其中有 204 家公司上市，336 家公司被收购。海外投资比例从 1998 年的不到 5% 急剧增长到 2012 年的 57%。目前英特尔投资组合估值大约在 15 亿美元，每年投资规模大约在 3 亿—4 亿美元。

英特尔投资主要专注于四大领域的公司。第一是生态系统领域，以支持采用英特尔技术的最终产品；此类公司的产品是对英特尔产品的补充，有助于拉动市场对英特尔产品的需求。第二是市场开发领域，面向可帮助加快技术在新兴市场应用的公司；通常是借助互联网提供本地语音内容或服务的公司，或帮助改进或优化特定区域内互联网基础设施的公司。第三是弥合技术鸿沟，面向那些推广基于英特尔平台的技术或帮助英特尔推广产品的公司。第四则是尖端技术，主要是未来三到五年可能拥有技术前景的新兴技术，哪怕这些技术与英特尔业务关系不大。英特尔投资的成功案例不胜枚举：海外公司包括黑莓前身 RIM、博通 (Broadcom)、MySQL 等等；中国市场也有搜狐、金山、凤凰网等知名公司。这些公司在早期接受了英特尔的投资，并在英特尔的帮助下一路成长壮大，给英特尔的投资带来了高额回报；另一方面，他们的成长反过来也推动了行业整体发展，直接或是间接地给英特尔带来了经济效益。

自 1999 年至今，英特尔已连续在中国召开"英特尔信息技术峰会"，借此与国内业界分享全球最新的 IT 科技趋势，交流创新经验。2006 年，英特尔联合了国内 22 家领先的电脑厂商、多家独立软件供应商及内容提供商，共同成立了"英特尔平台创新同盟"，加盟者可分享英特尔的平台技术资源和技术应用模式。英特尔先后与浙江杭州国家软件基地、上海交通大学、东软集团、江苏软件园等机构和企业签署协议，以投资、联合研发、业务合作等多元形式支持中国软件业的发展。英特尔为此投入的资金高达数千万美元。

第十四章　特斯拉

第一节　企业基本情况

特斯拉（Tesla Motors）是美国一家产销电动车的公司，于2003年成立，专门生产纯电动车。特斯拉是世界上第一个采用锂离子电池的电动车公司。其推出的首部电动车为 Roadster。Model P85D 的百公里加速只需 3.1 秒。目前生产的几大车型包含 Tesla Roadster、Tesla Model S、Tesla Model X。特斯拉汽车集独特的造型、高效的加速、良好的操控性能与先进的技术为一身，从而使其成为公路上最快且最为节省燃料的汽车。

第二节　企业发展历程

一、创立初期（2003—2004）

硅谷工程师、资深车迷、创业家马丁·艾伯哈德（Martin Eberhard）在寻找创业项目时发现，美国很多停放超级跑车的私家车道上经常还会出现些丰田混合动力汽车普锐斯（Toyota Prius）的身影。他认为，这些人不是为了省油才买普锐斯，普锐斯只是这群人表达对环境问题的方式。于是，他有了将跑车和新能源结合的想法，而客户群就是这群有环保意识的高收入人士和社会名流。2003年7月1日，马丁·艾伯哈德与长期商业伙伴马克·塔彭宁（Marc Tarpenning）合伙成立特斯拉（TESLA）汽车公司，并将总部设在美国加州的硅谷地区。成立后，特斯拉开始寻找高效电动跑车所需投资和材料。由于马丁·艾伯哈德毫无这方面的制造经验，最终找到 AC Propulsion 公司。在 AC Propulsion 公司 CEO 的引见下，埃隆·马斯克（Elon Musk）认识了马丁·艾伯哈德的团队。2003 年，T-Zero 换上锂电池后行驶里程就达到了 480 公里。特斯拉花了约五年时间的打磨，才把 Roadster 推上市。在这期间，主要时间和金钱花在了研发上。譬如，特斯拉电动车引以为傲的续航能力，来自由 7000 多颗电池组成的电池包，即使短路也不会着火，个别电池损坏不会影响其他——这套电池控制系统是特斯拉自己的，到目前为止还没有出过电池故障。而且，这一模式还能保证它随时可以用到最先进的电池来装备特斯拉电动汽车。2004 年 2 月，埃隆·马斯克向特斯拉投资 630 万美元，但条件是出任公司董事长、拥有所有事务的最终决定权，而马丁·艾伯哈德作为特斯拉之父任公司的 CEO。

二、经营危机期（2004—2008）

2004 年到 2006 年，虽然公司人数一路由 20 人增至 150 人。但首款车型 Tesla Roadster 的研发工作却遭遇了瓶颈。2006 年，艾伯哈德在特斯拉官网一篇名为《态度》的开篇博客中写道——传统大型汽车企业制造出来的电动汽车，续航里程有限、性能平平、外形一般。"特斯拉汽车是为热爱驾驶的人们打造。我们不是为了最大限度降低使用成本，而是追求更好性能、更漂亮、更有吸引力"。2007 年，危机集中爆发，而变速箱问题成为导火索。作为一辆堪比保时捷和法拉利的超级跑车，Tesla Roadster 对高性能加速的要求非常高，这时候，普通电动车不配备多级变速箱的情况俨然不能满足 Roadster 的需求，因为异步电机在低转速的情况下功率输出效率较低，所以引入二级变速箱顺理成章。但问题是，如何在高压高功率电控系统和变速箱协调之间做系统性研发，业界还没有先例。2007 年，由 Ze'ev Drori 接任特斯拉的 CEO 职务，Ze'ev Drori 是 Monolithic 内存公司的创始人，在硅谷同样有相当高的知名度。2008 年，新 CEO 上台之后解雇了几位关键人物，实际上包括创始人马丁·艾伯哈德以及其搭档马克·塔彭宁都先后相继离开了特斯拉，这其中主要原因可能是由于马丁·艾伯哈德在成本控制方面并没有让埃隆·马斯克满意。2008 年 2 月，特斯拉开始交付第一辆 Roadster，最初的 7 辆车作为"创始人系列"提供给马斯克和其他出资人，这份名单里有谷歌的拉里·佩奇（Larry Page）、谢尔盖·布林（Sergey Brin）、ebay 的杰夫·斯科尔（Jeff Skoll）等，当然也包括已离开公司的艾伯哈德。2008 年 10 月，第一批 Tesla Roadster 下线并开始交付。但是，原计划售价 10 万的 Roadster 实际成本却高达 12 万，和既定的 7 万成本相距甚远，马斯克不得不将售价提升至 11 万。这一举动引来预定客户的极大不满，在洛杉矶举行的客户见面会上，愤怒的购买者差点把马斯克围攻晕倒。不过，即使将售价提高 1 万，特斯拉依旧面临赔钱卖车的窘境。随后，特斯拉用了 8 周时间，将一辆 Smart 改装成电动车，改装项目包括底盘、电池、电机和电控系统。马斯克用先进的技术打动了戴姆勒，后者最终投资 5000 万美元收购特斯拉 10%的股份，两家公司也进入更紧密的战略合作阶段。不久后，特斯拉又与丰田签订合作协议，为丰田提供电池组以及电动发动机。

三、发展壮大期（2009年至今）

2009 年，美国总统奥巴马和美国能源部部长朱棣文参观特斯拉工厂，特斯拉也成功获得美国能源部 4.65 亿美元的低息贷款。2010 年 6 月，特斯拉登陆纳斯达克，IPO 发行价 17.00 美元，净募集资金 1.84 亿美元，融资额达 2.26 亿美元。特斯拉成为目前唯一一家在美国上市的纯电动汽车独立制造商。2010 年 7 月，特斯拉挖来了苹果的零售店副总裁乔治·布兰肯西普（George Blankenship）来负责它的零售战略，他将在该电动汽车公司出任汽车程序副总裁，帮助推动新汽车的开发。2012 年 6 月 22 日，美国加州 Fremont 的特斯拉工厂，公司生产的全新电动车系列"Model S"首辆电动跑车正式交付。2012 年 10 月，特斯拉汽车公司获得加州能源委员会一项价值 1000 万美元的专款资金，用以生产特斯拉 Model X SUV，并进一步扩建其 Fremont 工厂。2013 年 5 月初，特斯拉宣布其 2013 年第一季度首次盈利后，一时成为全球瞩目的焦点。近一个月内，它的股价涨了约 80%，市值突破 100 亿美元。2014 年 4 月，第一批中国用户正式从特斯拉 CEO 马斯克手中接过属于自己的 MODELS 车钥匙。

第三节　生产运营情况

一、主营业务

到目前为止，特斯拉的主要代表产品有：

一是 Tesla Roadster。是世界上第一辆使用锂电池技术每次充电能够行驶

320 公里以上的电动车。Roadster 是在莲花汽车公司（Lotus）的 Elise 跑车基础上开发。最主要的三项技术是电池、电机和传动系统。传动技术来自 AC Propulsion 公司；电池采购自松下生产的 18650 电池；电机采购自台湾地区富田电机。二是 Tesla Model S。于 2012 年年中投入销售，它的竞争对手为宝马 5 系。在特斯拉汽车公司中，Model S 拥有独一无二的底盘、车身、发动机以及能量储备系统。三是 Tesla Model X。2012 年 2 月发布，其后门采用设计前卫的鹰翼门造型，而依靠动力强劲的电动机驱动，其 0—96 公里/小时加速时间为 5 秒内。Model X 将 MPV 的大空间、SUV 的优势、电动车的优点融合在一起。四是 D 计划。2014 年 10 月发布，主要车型包含 60D、85D 和 P85D。P85D 配备全驱系统，最高时速可以达到 155 英里/小时，增设的雷达和摄像头可以识别行人和路标，实现自动泊车、高速公路自动驾驶、堵车自动跟随等功能。新车型对于驾乘者而言最大的变化是由原来的两轮驱动提升为四轮全驱，而这背后依托的是两个电机，一个电机驱动后轮，配合另一个较小的电机驱动前轮。

二、经营状况

作为全球豪华电动汽车的领导者，特斯拉持续驱动全球向可持续交通转变。2014 年，特斯拉生产的纯电动车总营收超过了所有其他品牌纯电动车营收的总和。较 2012 年，特斯拉 2014 年按非公认会计原则统计的收入增长近 800%，按公认会计原则统计的收入增长近 700%，与此同时，公司的毛利率也上升到了汽车业罕见的超高水平。

2014 年，特斯拉的门店和服务中心数量也增加超过 40%，超级充电站网络则扩大了 400%，特斯拉超级工厂（Gigafactory）已经破土动工，Model S 也取得了诸多进步。在上述进展的推动下，特斯拉在步入 2015 年之际，收到的 Model S 的订单数量已超过 1 万台，Model X 的预订数量也近 2 万台。

2014 年第四季度，特斯拉共生产了 11627 辆纯电动汽车，从而实现了 2014 年出产 35000 辆 Model S 的年产量目标。这是经过艰苦卓绝的努力才取得的成绩——为了确保高性能双电机全轮驱动车型（P85D）能为车主带来真正的卓越体验，特斯拉推迟了该车的发布时间。尽管在季度末追回了产量，但由于受到客户节日外出度假、冬季天气严寒以及航运等因素的影响，特斯拉根本不具备条件交付这么多的车辆。大约有 1400 辆错过了 12 月的原定交付期，并最终将在 2015 年第一季度交付。

特斯拉 2014 年第四季度的财务业绩反映出以下几个因素的影响，包括：交付不足；为推出 P85D 及主动巡航功能，生产效率一度被拉低；美元走强。特斯拉预计，尽管美元对欧元汇率在 2015 年进一步上升超过 7%，只要通过稳定生产来提升制造效率，就能将第一季度按非公认会计原则统计的毛利率维持在 26% 左右。如果美元的强劲走势不迅速加剧，第一季度的毛利率则可望达到 28% 左右。尽管特斯拉为广阔的国际市场提供产品和服务，并拥有全球化的供应链，但大部分 Model S 是在北美制造，所以美元强势会对公司的盈利能力产生轻微的负向净效应。

展望 2015 年，特斯拉在全球将交付 5.5 万辆新车（包括 Model S 和 Model X），同比增长超过 70%，其中 40% 的交付量计划在上半年完成。由于欧洲和亚洲市场不断增长，预计 2015 年一季度计划交付 9500 辆，同比增长 47%。得益于生产效率不断提高、产品组合更加丰富，预计 2015 年一季度毛利将大幅提升。截至目前，特斯拉车主行驶总里程累计超过了 12 亿公里，2015 年，这一数字将达到 16 亿公里。

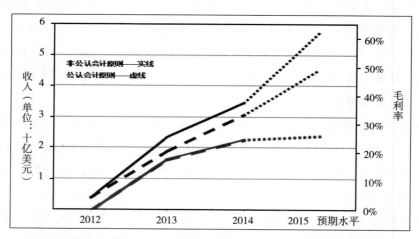

图14-1　特斯拉Model S推出以来收入与毛利润率的增长
（不含零排放车辆的碳信用额度收入）

数据来源：特斯拉官网，2015 年 2 月。

第四节　企业战略与布局

一、战略目标

在发展战略上，特斯拉提出"三步走"战略，即先生产面向小众的高端产品，再以中端中等价位使更多顾客可以接受，最后生产大众化的产品。2008 年推出的纯电动跑车 Roadster，定位高端，价格极贵，但其凭借着 0—100km/h 加速时间仅需 3.7 秒的优越性能成为全世界汽车行业的热点。2012 年推出的 Model S 定位中端，售价较 Roadster 明显降低，销量也成倍提高。目标是实现电池技术突破并大幅度降低成本后，第三代产品售价降平民价格，之后推出 SUV 电动汽车。"三步走"战略是特斯拉在电动汽车性价比不具备与传统汽车竞争能力时采取的策略，在美国的创新土壤中，很多具有强烈环保意识和追求高科技的潮流人士对车辆价格不敏感，因此豪华、智能和高性能的特点使得特斯拉作为第三辆或第四辆车进入很多美国富人家庭。

二、企业定位

特斯拉精准定位小众高端市场。由于电动汽车的制造成本（主要是电池）高昂，许多汽车公司都设法将电动汽车造得更小，以达到降低整车成本的目的。而特斯拉却是反其道而行之，首先选择切入的细分市场是跑车。特斯拉选择跑车切入的理由有几点：首先，电动汽车的最大优点是结构简单，扭矩和加速快，这一点连法拉利都赶不上。因此做一款超轻的高性能跑车是合理的；其次，电动跑车定位只要够高端，就可以成为富人与名流的奢侈品，而非日常通勤使用。这样一来续航里程以及充电的问题就大幅淡化了，因为买这类汽车的人显然不会天天使用，而且他们大多数都拥有私家车库，充电也不是大问题。

三、营销策略

（一）产品研发创新

特斯拉 2012 年 6 月上市的 Model S 为例，它是一款跑车型高端纯电动汽车，外观圆润流畅，内部配置高端。被评为 2013 年度汽车第一大奖（参评对象包括燃油汽车）。特斯拉在电力控制系统上有自己的独特技术。这样一款车是在追求性能卓越的设计理念指导下，融进了多种先进的技术。Model S 没有复杂的中央控制台按钮，中控操作均通过一块 17 英寸的超大触摸屏来完成，汽车卫星导航、3G 无线通讯等一应俱全。Model Sd 动力电池系统集成了 7000 多节松下 18650 型号的镍钴铝锂电池单体来提供 85kWh 的电量，以支持 2.1 吨重的 Model S 行驶 482 公里。为解决数千个电池单体的集成难题，特斯拉对这些电池采用了分层管理的设计，每 69 个电池单元并联成一个电池组，由 9 个电池组又串联成一个电池块，最后再串联成整块电池板。每个电池单元、电池组和电池方块都有保险丝，每个层级都会有电流、电压和温度的监控，一旦电流过大立刻熔断。先进的电池管理系统是保证如此复杂的电池板正常运作的关键，这也是特斯拉最重要的商业机密。为了让有限的电池容量带来更长的续驶里程，Model S 采用了高度集成的底盘和全铝合金车身。Model S 电池板重约 600kg，提供了 85kWh 的电量（国内电池包一般为 10kWh/100kg）。Model S 的设计团队将电池、电机、控制系统几乎都集成在了车架上。车架成为电池外壳的一部分，车体强度也得到增加，在增加安全性的同时，也降低了电池包本身的重量。

（二）服务

在用户体验方面，特斯拉强调三个焦点。第一是技术。第二是酷、时尚，尤其是把汽车作为一个大玩具。第三是环保。整个用户体验的焦点，如何给用户提供一款车，这是一款高端跑车，让用户在使用过程中间不会感到任何性能上的损失，而同时增加很多新的技术和很多炫的亮点，这是用户体验方面的焦点。特斯拉主张要做一款最酷的数字化电动跑车。在这个引导下，有几项具体的点，第一不同于普通的汽车，特斯拉整个车的控制中心是一个 17 英寸的显示屏，构成它和整个互联网对接的主要通道。它有智能手机 APP 端，可以对于整个车实现远程控制。另外通过数字化大脑，可以实时更新操作系统。更接近互联网思维，而且进行了两次更新。

追求极致用户体验方面，特斯拉给用户提供 8 年免费电池维护和更换，同时针对用户对于充电方面不方便的考虑，它在全国用太阳能板建网点，当特斯拉充电网建好之后，你可以从南开到北，从东开到西，可以免费使用这个充电网，在整个过程中间不产生任何的费用，在这个方面也是超越了用户的体验。针对有些用户提出对于电池的更换不方便的考虑，特斯拉最近推出一项技术 90

秒钟之内，1分半钟之内更换它整个底部电池，这个速度甚至会快于你去常规给汽车加油的时间，在加油的时间内可以换两次电池。

与传统车的经销商网络不同，特斯拉采用苹果式的体验店销售模式，这些体验店由特斯拉直接管理，与经销商无关，在特斯拉的体验店内，顾客只要缴纳5000美元订金，特斯拉就会将汽车送货上门。特斯拉在销售模式上是首个依托互联网销售的品牌，这些举措都将对传统的汽车营销模式造成冲击。

特斯拉另外一个非常重要的模式就是购买模式，特斯拉的购买是预定的模式，先要预定，甚至先要预定几年才能收到货，他的预定模式和传统的构成模式正好是反的。先预定，支付现金，或者是支付所有的现金，再到生产，再给生产商支付款项。

四、区域布局

为了让特斯拉汽车的用户得到更加的充电体验，特斯拉正在试图建造自己的全国性充电网络，来为旗下的车型提供电力，以满足已经销售出的那么多电动汽车的续航需求，这个充电网络决定了特斯拉的未来发展。在特斯拉团队的极客精神的引导下，充电网络的推进十分迅速，已经能够为美国的特斯拉汽车用户提供更加便利的充电需求。在2014年底，特斯拉已经在美国建成了208个超级充电站，覆盖了80%的人口。预计到2015年底，特斯拉将在美国建成258个超级充电站，覆盖全美98%的热门地区，这也就意味特斯拉充电站将给用户提供触手可及的充电便利，出行再无后顾之忧，整个持续续航距离将更加完美。与此同时，特斯拉超级充电站计划也在欧洲和亚洲快速推进中。截至2015年2月，特斯拉在全世界已经建设好393个超级充电站和2146个超级充电桩。其中在欧洲拥有129个超级充电站，而在中国部署了58个超级充电站，成为除美国之外超级充电站数量最多的国家，并且数量还在不断增加。

第十五章　谷歌

第一节　企业基本情况

Google 公司（中文译名：谷歌）是一家美国的跨国科技企业，致力于互联网搜索、云计算、广告技术等领域，开发并提供大量基于互联网的产品与服务。Google 被公认为全球最大的搜索引擎，也是互联网上 5 大最受欢迎的网站之一，在全球范围内拥有无数的用户。Google 允许以多种语言进行搜索，在操作界面中提供多达 30 余种语言选择。此外，谷歌多次入围《财富》历年 100 家最佳雇主榜单，并荣获 2013 年"最佳雇主"。

第二节　企业发展历程

一、创立初期（1998—2001）

1998 年 9 月，佩奇和布林在加州创立了谷歌公司。但是由于初创时期的员工和资金有限，公司的经营面临很大的困境，特别是全球互联网泡沫的破裂使得互联网公司的经营日益困难。1999 年 6 月，硅谷两家著名风险投资公司 KPCB 公司和美洲杉资本公司向谷歌投资 2500 万美元。新注入资金缓解了谷歌的财务困境，重振了谷歌员工士气，为早期谷歌渡过难关起到了重要的作用。谷歌专注于搜索主业，不断优化 PageRank 搜索引擎，很快就靠卓越的技术突破了竞争对手的封锁，搜索市场份额迅速扩大，到 1999 年底，谷歌每年处理的搜索达到了 50 万次，员工数增加到 8 人，并签订了第一单商业搜索订单。

到 2000 年，谷歌取代 Inktomi 为雅虎网站提供搜索服务。2001 年 4 月，谷歌开始实现盈利，这在互联网泡沫破裂，大量公司破产的时代是个奇迹。

二、快速发展期（2001—2007）

2001 年，埃里克·施密特博士担任谷歌公司首席执行官。从此，谷歌业绩持续高速增长，管理逐步走向正规化，产品走上多元化，公司走向国际化。在公司管理规范化方面，2001 年，谷歌建立了总监一级的管理层，并请来了包括美国前副总统戈尔在内的管理专家对谷歌的管理团队进行培训。这些举措为谷歌未来几年的飞速发展奠定了基础。

在多元化产品布局方面，强化核心搜索技术，分别向上下游扩张。谷歌不断完善搜索引擎，以网景的开放式分类项目为基础，推出了 Googele Directory，网络用户可以同时选择采用分类法来检索相关的网页。谷歌还推出了 10 种语言版本以满足不同地区的搜索用户的需要。上游扩张主要是对内容的扩张，如电子图书、新闻和微博等；下游主要是向下游终端设备渗透，如智能手机、移动电视等。2001 年，谷歌上线图片搜索，2004 年引入 Gmail 邮件服务，2005年推出了 Googele Earth/Maps 地图服务、Googele Talk 即时通信服务、Google Video 视频服务、Google Desktop 桌面服务、Google Book Search 图书搜索服务。至此，谷歌基本形成了以搜索为核心的生态产业链布局。

三、业务转型期（2007年至今）

从 2007 年起，谷歌开始了业务转型，大力推动移动互联网业务的发展。2007 年 11 月，谷歌联合包括中国移动、多普达、摩托罗拉和三星公司在内的34 家企业和组织成立了"开放手机联盟"，开发代号为 Android 的手机操作系统。2010 年以后，谷歌的 Android 系统呈现出突飞猛进的发展势头，在全球智能手机市场中所占份额从不到 10% 一路猛增至 50% 以上，已经抢占了"半壁江山"。谷歌还提前部署了浏览器 Chrome ，2008 年 12 月，谷歌发布了 Chrome 的第一个稳定版本。目前，Chrome 已经成为全球第二大浏览器，用户规模超过 3 亿。2010 年，谷歌推出第一款智能手机 Nexus One。至此，谷歌正式以自身品牌进军移动终端市场。从 2007 年至今，谷歌基本完成了从操作系统、浏览器和智能终端的移动互联网的全面部署。目前谷歌的市值已经超过了微软、Facebook、IBM、甲骨文和英特尔，成长为市值仅次于苹果的全球第二大科技公司。

第三节 生产运营情况

一、主营业务

目前，谷歌已经为用户提供了从操作系统到最终应用的各类互联网产品和服务。谷歌公司从成立之初，在搜索引擎技术上精益求精，一直追求技术领先竞争对手。依靠强大的技术开发实力，谷歌为客户提供多样化的个性化服务。如 Blooger Google 提供的 Blog 服务，Froogle Google 提供的产品搜索服务，改善消费者的购物体验。Google Mail 为用户提供 2GB 的邮箱存储空间，开创了海量免费邮箱的电子邮件新时代。Google Earth 为用户提供高清的地理服务，已经广泛地应用于军事、科研。众所周知，谷歌是个典型的"科技迷"，从谷歌眼镜、谷歌热气球、无人驾驶汽车到智能机器人、智能医疗和可再生能源项目，还有 Google X 名单上那 100 个野心勃勃的计划，其涉猎范围远超出互联网甚至计算机科学的领域。Google 一直奉行"70—20—10"的产品投资原则，即 70% 的力量投入核心业务，20% 的力量投入相关业务，10% 的力量放在探索业务上。这一原则也被认为是 Google 保持增长、活力不断的秘诀。近年来，谷歌的业务领域已经渗透到社交、地图、人工智能、云计算、智能家居、电商等多个领域。

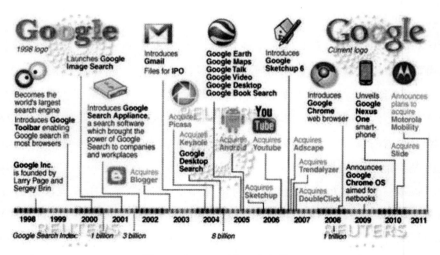

图15-1 Google公司产品体系

数据来源：赛迪智库整理，2015 年 2 月。

二、经营状况

随着智能手机的普及，加之 Android 免费开源等特性，使得众多智能手机厂商纷纷选择与谷歌进行合作，推出搭载 Android 的智能手机，作为谷歌最大的合作伙伴，三星也在 2011 年超越苹果，成为智能手机行业的领头羊。根据最新数据显示，Android 的市场份额即将突破 80% 大关。免费向智能手机厂商提供 Android 操作系统给谷歌带来了丰厚回报。自 2013 年至今，谷歌股价累计涨幅已达到 60% 左右。绝大多数的投资人均对谷歌向移动业务的转型持乐观态度。按照股价计算，谷歌市值已经超过了 3900 亿美元，较苹果 4700 亿美元的市值，只有 800 亿美元左右的差距，成为全球市值第二的科技公司。2015 年 1 月，

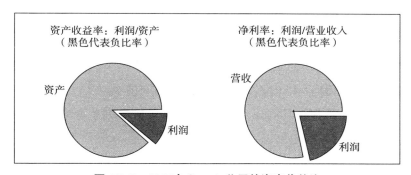

图 15-2　2013年Google公司的资产收益比

数据来源：谷歌公司 2013 年财报 ，2015 年 3 月。

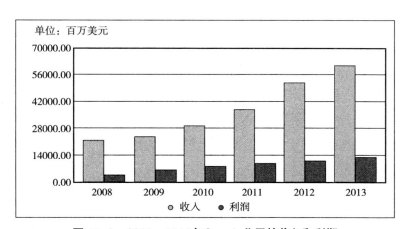

图 15-3　2008—2013年Google公司的收入和利润

数据来源：谷歌公司历年财报 ，2015 年 3 月。

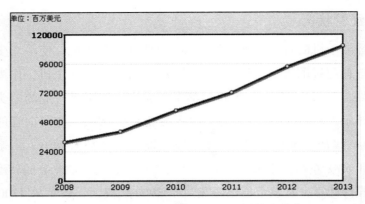

图15-4 2008—2013年Google公司的总资产

数据来源：谷歌公司历年财报，2015年2月。

谷歌公布了2014财年第四季度财报。报告显示，谷歌第四季度总营收为181.0亿美元，比2013年同期的157.1亿美元增长15%；按照美国通用会计准则，谷歌第四季度总净利润为47.6亿美元，比去年同期的33.8亿美元增长41%。但是由于广告收入的下降，Google第四季度营收和利润均未达到市场分析师的平均预期。

第四节　企业战略与布局

一、战略目标

其他国际大企业相比，谷歌却有一个致命弱点：几乎所有收入都来源于搜索类广告。而且，越来越多的人开始用其他方法在网上搜寻信息。谷歌比外界更早看清了自身的缺陷，于是历时数年，通过垂直整合和横向扩张，将自己打造成涵盖硬软件和服务三大领域的综合企业。而谷歌所有的整合和布局，均围绕云计算时代的核心业务展开。谷歌不惜颠覆自身赖以成功的商业模型，将自己由轻变重，成为一个网络搜索服务及生产手机、平板电脑和机顶盒的综合性企业，将自己在互联网世界建立的优势向移动平台领域延伸，与苹果等企业同台竞争，最终的战略目标是成为云计算时代的领袖。

二、兼并收购

谷歌的发展史就是一部收购的历史，仅2014年谷歌共收购及投资了约100

家企业。2011 年 8 月，谷歌以 125 亿美元的高价收购了摩托罗拉的手机部门，高调进入移动平台时代。此举使得谷歌由单纯的网络企业转变为一个软硬兼备的高科技企业，不但彻底改变了其原有的商业模型，也从根本上改变了移动平台时代的战略格局。2014 年 1 月，谷歌宣布以 32 亿美元收购了智能家居公司 Nest Labs。这是谷歌历史上规模第二大的收购，仅次于 2012 年收购摩托罗拉移动 125 亿美元的规模，收购 Nest 给谷歌带来进军智能家居市场的跳板。谷歌的产品目前已经涵盖人民生活的方方面面。

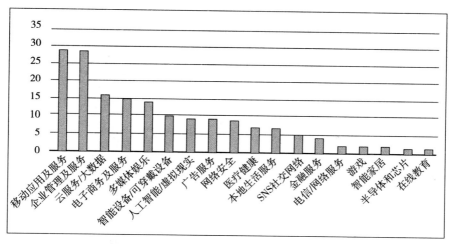

图 15-5　2014年谷歌投资企业所在领域分布

数据来源：谷歌公司 2014 年财报，2015 年 3 月。

　　虽然互联网仍是谷歌的投资重点，但是其热点已从社交领域转移到企业服务领域，代表企业有 DocuSign、Hubspot 等。其在移动互联网和企业管理及服务领域所投企业数量均分别占 17%，云服务 / 大数据、电子商务、多媒体娱乐均分别占 8% 左右。其中，谷歌在商业数据服务领域的关注表现在其对 Cloudera、ClearStory Data 和 Recorded Future 等的两轮及以上投资。智能家居、多媒体和医疗健康也是谷歌的新重点，代表企业包括巨资收购的 Nest，以及 Vungle、Jumpcam、FitStar Labs 等。除了这些重点领域，谷歌还投资了在线调查、清洁能源、虚拟现实技术等领域的相关企业。

三、研发创新

　　从一方面看，谷歌是一家拥有着大量辅助业务且主要集中在移动设备和互联网服务领域的网络广告公司。但是从另一方面来看，谷歌则是一家雄心勃勃的技术创新者。谷歌由三个平台构成：一个信息平台、一个计算平台和一个"用于联通的平台"。这三个平台，把谷歌各种各样、互不相干的业务联系在了一起。近年来，谷歌在占据了搜索服务和移动互联网全球领先地位的基础上，又加快向可穿戴设备、车联网、无人驾驶、移动大数据等领域拓展。仅2013年谷歌就投入研发资金67亿美元，占到收入的14%。目前谷歌正在实施很多科技创新项目，其中就包括通过 Project Loon 项目，借助热气球和轻型飞机把互联网接入服务扩展至发展中国家以及虚拟现实技术、移动支付等。

Android 属于谷歌计算平台的组成部分。目前，谷歌的软件已出现在智能手机、平板电脑、智能手表、健身手环、电视机和车载系统之中，谷歌的产品未来可能将涵盖可穿戴设备、虚拟显示设备等。谷歌将通过三种途径来让全球更多的人口接入互联网。首先是谷歌将会在更多的农村地区推出谷歌光纤（Google Fiber）服务；其次，谷歌将借助 Project Loon 向农村推出互联网接入服务；第三，谷歌将通过无人机项目 Project Titan 向边远地区推出互联网接入服务。皮查伊还宣布，谷歌将在未来几个月向某些地区推出移动虚拟运营商（MVNO）服务。谷歌还在进行移动支付服务 Android Pay 的计划。借助这一服务，任何人都能够使用 Android Pay 的应用程序接口。此外，谷歌在无人驾驶汽车的研发方面处于领先者的地位。一直以来，谷歌都致力于开发无人驾驶汽车，自2009年至今已经累计进行了70万英里的高速公路和城市街道测试。2014年12月，谷歌宣布已经打造出第一辆全功能无人驾驶汽车原型，这是首款完全自动驾驶汽车。

四、区域布局

在国际市场开拓方面，谷歌要求每个产品均支持世界主要国家的语言，并且在全球主要国家开设办事处和分公司。在2001年间，谷歌的搜索引擎已经装备在30个国家的130个门户及终端网站上。谷歌在英国、德国、法国、意大利、瑞士、加拿大、日本和韩国推出相应域名的搜索界面，除了英语之外，还有近40种其他语言的搜索界面供网络用户选择。目前，谷歌来自海外的收入已经超过了美国本土的收入。

2006年4月，谷歌进入中国市场，谷歌迅速占领了中国搜索引擎市场，

2009 年第一季度谷歌中国的市场份额首次超过 30%。但是由于采取与中国政府抗衡的做法，2012 年 12 月 12 日，谷歌关闭在中国大陆市场购物搜索服务，搜索服务由中国内地转至香港。谷歌结束在中国大陆运营对其全球战略是个重创，但是未来可以加强在日本、印度等亚洲其他地区的市场开拓。近期，谷歌表达了重返中国大陆市场的意愿，谷歌计划今年在支付、电子商务和企业应用领域采取新的举措，但是后续动作还有待观察。

第十六章　陶氏化学

第一节　企业基本情况

陶氏化学公司是一家位居世界化学工业界第二名的国际跨国化工公司（德国巴斯夫居第一位）。陶氏在世界 50 多个国家和地区建有工厂，主要研制及生产系列化工产品、塑料及农化产品。目前，陶氏化学的产品广泛应用于建筑、水净化、造纸、药品、交通、食品及食品包装、家居用品和个人护理等领域。公司将可持续原则贯穿于化学与创新，致力于解决当今世界的诸多挑战，如满足清洁水的需求、提高能源效率、实现可再生能源的生产、提高农作物产量等。陶氏以其领先的特种化学、高新材料、农业科学和塑料等业务，为全球客户提供种类繁多的产品及服务，应用于电子产品、水处理、能源、涂料和农业等高速发展的市场。2013 年，陶氏年销售额超过 570 亿美元，在全球拥有 53000 名员工，在 36 个国家运营 201 家工厂，产品达 6000 多种。

第二节　企业发展历程

陶氏化学总部设于美国密歇根州米德兰市，是一位名叫赫伯特·陶先生（Herbert H.Dow）于 1897 年创办，至今已有 116 年历史。这 116 年的时间是陶氏化学不断拓展业务领域、调整业务结构、扩大业务规模、延伸业务地域的发展史。如果按陶氏化学不同时期公司业务重点来划分，大体可分以下几个阶段。

一、初创期（1897年至20世纪30年代末期）

1897 年公司成立之初，当时业务是从盐水中提取氯气，第二年首次进行漂白粉商业化生产。1906年，开始生产农用杀虫剂，1916年，首次向外销售氯化钙、金属镁和乙酰基水杨酸。在20世纪20年代公司推出二溴化乙烯、苯乙烯等在内的众多新产品，同时公司又摆脱了杜邦公司的兼并企图。1930年赫伯特·陶氏去世，但公司当年销售额已达1500万美元。1931年，公司从海水中提取溴，1935年，推出乙基纤维树脂，首次进入塑料业务领域，到30年代末，公司已经开始生产聚苯乙烯树脂，并且已经成为全美国第五大化学公司。

二、海外扩张期（20世纪40年代初期至70年代末期）

第二次世界大战期间，陶氏化学公司响应政府号召，大力进行战争物资的生产，大战结束后，公司通过销售萨兰包装纸（一种家庭厨房用薄软塑料纸），而使本公司产品扩大了影响力，成为百万美国家庭的标准用品。1949年公司销售额超过2亿美元。另一方面，公司积极向外扩张。1942年，陶氏化学加拿大公司成立，首次向海外发展，并于次年生产苯乙烯；1952年，陶氏化学欧洲公司在瑞士成立，到了1957年，陶氏化学在荷兰、瑞典、墨西哥、巴西、中国香港都已经有了生产点或者销售点，当年海外销售额占到公司总销售额的8%，1966年，比例提高到25%，1974年达到47%。同时，在50年代末，公司进入人造纤维领域，60年代初，公司进入医药行业。同时，公司也成为世界最大的氯化物和苛性苏打的最大生产商，1964年，公司年销售额突破10亿美元，1971年又超过20亿美元，而且在1973年，仅用2年时间，销售额又上升到30亿美元，此后，以每年近10亿美元增长幅度增长。进入70年代，公司继续奉行产品经营多样化和在全球配置资源的政策，在其传统的基本化学品领域以外，又增加了特种化学品、农用化学品、油井服务和消费者产品及医药品等，并在加拿大、巴西、韩国、欧洲等国家和地区建立了新的分支企业。到1980年销售额超过100亿美元。

三、全面发展期（20世纪80年代初期至90年代中期）

经过30余年的海外扩张和快速发展，到20世纪80年代初，陶氏进入平稳上升阶段，1980年与Richardson-Merrell公司处方业务合并，到80年代中期首次推出治疗过敏反应的专用药；推出高吸水树脂等新产品。1986年，公司成为世界最大的热塑性塑料生产商。1989年，公司分别与外资成立Marion Merrell Dow和Dow Elanco公司，从事医药和农药业务，1995年，公司的销售额突破 200 亿美元。

四、兼并调整发展期（20世纪90年代中期至今）

面对日趋激烈的全球竞争环境，陶氏化学从 20 世纪 90 年代中期开始进行了一系列较大规模的兼并、联合、收购和剥离活动，加快业务和组织调整。1995 年，陶氏化学将 Marion Merrell Dow 公司以 51 亿美元的价格出售，退出医药业务；1998 年退出镁金属业务。1996 年，与杜邦合资，开始进入 PET/PTA 生产和技术开发以及聚丙烯领域。1997 年，将 Dow Elanco 公司成为全资子公司，并更名陶氏农业科学公司。进入新世纪，公司调整步伐进一步加快，2001 年，收购联碳，将其成为自己的全资子公司；同年，又收购埃尼化学的聚氨酯业务、罗门哈斯的农用化学品业务；2003 年，收购塞拉尼斯丙烯业务，使陶氏拥有完整的丙烯酸业务。目前陶氏化学的业务主要集中于三个领域，即基础化学品、专用工业品及专用消费品。陶氏化学公司于 2008 年 7 月 10 日宣布，为了进一步拓展其产品供应种类，进军诸如油漆、涂料、电子材料等高利润市场领域，公司将以 188 亿美元的价格收购特种化学品生产商美国罗门哈斯公司。这一重大收购将改变陶氏的经营格局，帮助陶氏在全球特种化工和高级材料领域占据稳固的位置，扩大其在范围广泛的特种化学品市场的存在，进而经受住行业低迷时期的市场冲击。

第三节　生产运营情况

一、主营业务

作为全球领先的化学公司，陶氏化学能为客户提供全球范围内最为广泛的产品系列、应用与配方技术。客户遍布全球 175 个国家，为多个主要消费市场提供创新的化学产品、塑料产品以及农用化工产品和服务，所涉及的领域包括食品、水、居家用品、个人护理、运输、建筑施工、保健和电子等方面。迄今为止，陶氏化学的业务结构已经历了多次变革，目前公司的业务结构示意图见表 16-1。按统计资料，陶氏化学在产能和产量处于世界领先地位的化工产品比较多，特别是乙烯相关产品的产量持续排名世界第一位。

表 16-1　陶氏化学业务结构示意图

序号	业务部门	业务范围
1	功能塑料	车用化学品、工程塑料、环氧产品和中间体、聚氨酯及系列产品、技术转让和催化剂等
2	功能化学品	定制化学品、精细化学品、乳液聚合物、工业化学品、氧化物衍生物、特种聚合物、乳剂、水溶性聚合物等
3	农用化学品	农作物除草剂、杀虫剂等
4	基本塑料	聚乙烯、聚丙烯、聚苯乙烯等
5	基本化学品	乙醇、醋酸乙烯、氯乙烯、环氧乙烷、乙二醇等
6	基本烃类与能源	乙烯、丙烯、丁烯、丁二烯、苯乙烯、蒸汽、电力等
7	其他	高级电子材料、医药技术、保险等

来源：赛迪智库整理，2015 年 2 月。

二、经营状况

2014 年陶氏化学在世界 500 强排行榜中公司排名第 174 位。陶氏化学在全球 35 个国家和地区设有 150 个生产点，向 160 个国家和地区的用户提供数千多种基础型和消费型化工品。2014 财年，陶氏化学的营收实现增长，然而利润不升反降。塑料业务占到全年营收的三分之二，同时聚氨酯业务四季度销售创下纪录，实现两位数增长。陶氏化学全年营收为 581.67 亿美元，高于 2013 财年的 507.80 亿美元约 2 个百分点；净利润为 38.39 亿美元，比 2013 财年的 48.16 亿美元跌掉二成。其中四季度营收增长得益于北美和拉美市场，而亚太市场则拖了后腿。北美地区的营收为 52.00 亿美元，高于 2013 年同期的 51.08 亿美元；来自于欧洲、中东、非洲和印度的营收为 45.74 亿美元，低于 2013 年同期的 46.92 亿美元；来自于亚太地区的营收为 23.42 亿美元，低于 2013 年同期的 23.87 亿美元；来自于拉美地区的营收为 22.68 亿美元，高于 2013 年同期的 21.99 亿美元。

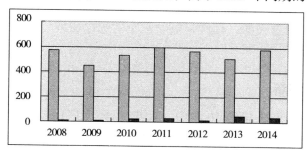

图16-1　陶氏化学公司近年的销售收入及利润（单位：亿美元）

数据来源：陶氏化学公司历年财报，2015 年 3 月。

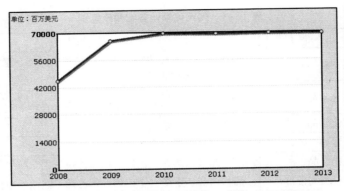

图16-2 陶氏化学公司近年的净资产（单位：百万美元）

数据来源：陶氏化学公司历年财报，2015年3月。

第四节 企业战略与布局

一、战略目标

在成功完成"环境、健康和安全"十年目标后，陶氏化学启动了2015年可持续发展目标。而以"智能解决方案、创新成就未来、合作推动变革、负责任运营"四大支柱来实现这一宏伟蓝图。一直以来，陶氏遵循其以人为本的企业文化高度负责地履行企业社会责任，受到社会广泛认可。作为业界领先的化工企业，陶氏清楚地意识到可持续发展的重要性，深知科学技术的知识是人类社会持续发展的核心，因此陶氏化学多年来一直将可持续发展战略融入企业文化，从工厂选址、施工建设、设备设计等各个环节都在实践着可持续的理念。目前陶氏化学在全球进行的"可持续发展"创新中，提高太阳能能效、降低成本的研究是意义最重大的，其次是电动汽车的锂电研发、风能发电的储存和智能电网研究。

二、研发创新

在1996年到2005年的10年中，陶氏化学耗资10亿美元，改造实验室、生产线流程，改建设备、厂房，规范供应商，提高产品环保标准。而且，在这一过程中陶氏化学发现，化学家同样可以通过创新让化工企业成为低碳经济的发动机。通过长期的研究和工艺实践，陶氏化学已形成了以有机原料和部分合成树脂生产技术为主的技术特色，在聚烯烃、环氧丙烷、聚苯乙烯系树脂等产品的生产工艺方面居世界领先地位。近期，陶氏化工宣布将不断发展并革新其用于包装、纺织和卫生领域的胶黏剂产品组合。

三、营销策略

自 1897 年成立以来，陶氏化学一直都是以产品为导向的化学公司，凭借强大的技术实力研发出各种化工原材料，然后出售给客户，再由客户将这些材料应用到日常所看到的各种终端产品。但随着外部环境的变化，陶氏化学也意识到必须由上游基础化学领域转向功能产品业务及应用市场业务，不仅需要埋头研发，更需要了解终端客户的需求并为之提供整体的解决方案。陶氏快速健康的发展有赖于陶氏对于市场发展趋势的准确判断。为了更好地帮助终端消费者解决未来可能遇到的问题，陶氏根据全球四大发展趋势——健康与营养、能源、基础设施与交通以及消费品来制定发展战略，把精力投入这些领域以提供相应的解决方案，从而帮助其客户在战略性市场中脱颖而出、独树一帜。为了更好地满足本地客户的要求，陶氏这几年不断加快本地化脚步，对于本地研发、本地技术服务以及本地生产、本地送货投入了很多财力、人力和物力，获得更多客户的认可与好评。

四、战略布局

经过 20 世纪 40—70 年代的海外扩张，公司海外业务飞速发展，1974 年，陶氏化学在海外的销售额比例达到 47%，到 2007 年，这个比例大约是 70%，其中，除了西欧传统市场继续保持增长外，最快增长是来自亚太、东欧和拉美等新兴市场。从 2013 年的数据来看，陶氏化学在新兴地区的增速较快，增幅达 7%，其中拉丁美洲地区增长最快，增幅达 13%。美国市场也实现了 3% 的销量增长。但 2014 年以来，受到新兴市场经济增速下滑的影响，陶氏化学在新兴市场的销售额增速有所放缓。

1979 年，陶氏化学在广州设立在中国大陆的第一个业务办事处。随着成都办事处投入运营，陶氏目前在大中华区已拥有 7 个业务中心和 18 个生产基地。2011 年陶氏在大中华区的总销售额约为 45 亿美元，成为陶氏全球第二大国际市场。预计陶氏大中华区到 2015 年将实现 70 亿—80 亿美元的销售目标。目前陶氏化学已在张家港设有胶乳、环氧产品、聚苯乙烯和醇醚生产厂，在武汉建立工厂以满足市场对复合材料、风能和基础设施不断增长的需求。近几年,陶氏化学在中国继续保持较快的扩张,在上海张江设立了亚太地区的商业和创新中心,在张家港投资建设年产能 12 万吨的醇醚工厂,并在天津建设化学品物流中心,每年货物吞吐量可达 600 万至 900 万吨。

第十七章　博世

第一节　企业基本情况

　　博世是德国最大的工业企业之一，从事汽车技术、工业技术和消费品及建筑技术的产业。1886年年仅25岁的罗伯特·博世先生在斯图加特创办公司时，将公司定位为"精密机械及电气工程的工厂"。博世集团总部设在德国南部斯图加特市，博世公司员工人数超过23万，遍布50多个国家。博世以其创新尖端的产品及系统解决方案闻名于世。2014年在全球财富500强企业排名中名列第155位，比2013年下降了24位，博世集团是全球第一大汽车技术供应商，2012年销售额达到674亿美元，其中在中国销售额达到274亿人民币。博世在全球雇员约27.5万名，其中在中国雇员约2.12万名。博世汽车技术正在大举进入中国，从而投身于迅猛发展的中国汽车工业。博世集团与中国的业务伙伴关系可以追溯到1909年。今天，博世已在中国设立了11个独资公司，9个合资公司和数个贸易公司及代表处。博世正大力支持中国汽车市场的强劲增长。

第二节　企业发展历程

一、创立初期（1886—1930）

　　1886年11月15日，罗伯特·博世得到正式许可，在斯图加特的Rotebühlstrasse开设"精密机械和电气工程车间"。他与一位机械师以及助手一起开设了这家车间。租用了一间办公室、一大一小两间车间以及一个装有小熔炉的房间。1897年，罗伯特·博世及其助手首次在一辆机动车上成功安装低压电磁点火装置。1898

年，罗伯特·博世与 Frederick R. Simms 一起，在伦敦设立其首个德国之外的办事处。这是博世位于英国的产品销售办事处。

自 20 世纪初，博世公司以创新发明为动力，快速将公司定位为一家具有巨大潜力的创新型企业。1901 年，罗伯特·博世曾要求他的开发工程师 Gottlob Honold 改进低压电磁点火装置的设计，以便摒弃断路火花杆这种维护成本高并且容易出现故障的部件。同年，Gottlob Honold 展示了他首个带火花塞（代替断路火花杆）的原型。1902 年公司为 Daimler-Motoren-Gesellschaft 提供采用博世火花塞的首个高压电磁点火系统。1905 年，博世公司在巴黎第 22—24 区的 rue Violet 设立了工厂。这是首个位于德国之外的博世制造工厂。1906 年，博世销售部新上任的负责人 Gustav Klein 带着主要美国汽车制造商的客户名单，前往美国开拓海外市场。仅仅几周时间，Klein 及其同事就揽下价值超过百万美元的订单。1921 年初，博世和位于汉堡的公司 Max Eisenmann & Co 达成协议，该公司将负责汉堡的博世照明系统的安装和维修工作，这是首个博世服务维修站。今天已有超过 15000 个名为博世汽车维修站的此类车间遍及全世界。经过五年的研发后，博世于 1927 年 11 月 30 日开始生产 1000 台柴油喷射泵，并于第二年初向 MAN 公司交付首批产品。该产品吸引了全球大量客户，20 世纪 30 年代，众多欧洲制造商都在其卡车和农业机械中采用博世的柴油喷射系统。

二、稳步发展时期（1932—1979）

自 20 世纪 30 年代开始，博世公司进入了公司的稳步发展时期。1932 年，罗伯特·博世收购了 Junkers & Co. GmbH 的加热技术部，博世热力技术部门正式设立。1933 年，博世推出家电产品，博世冰箱在莱比锡春季博览会上推出，其以圆鼓形状、适度的功率消耗和相对低廉的价格成为当时市场上炙手可热的产品。1942 年，公司最要创始人罗伯特·博世于 1942 年 3 月 12 日逝世。加里森教堂通过敲击罗伯特·博世本人捐赠的钟来表达最后的致意。然而博世公司的发展并未就此中断，1951 年，博世在法兰克福汽车展上展示了其用于二冲程 Gutbrod Superior 600 车型的汽油喷射系统。凭借其精确的燃油计量，它将车辆的汽油消耗减少了大约 20%，并将其功率从 23 马力提高至 28 马力（17 至 21 千瓦）。1953 年，公司凭借"博世液压取代肌肉力量"的口号，宣传其液压领域里的首款产品。这是一款移动的液压升降机，使用拖拉机发动机的力量来对犁进行升降。

1963 年博世进军包装机械领域，收购了位于德国卡尔斯鲁厄的 Erich Wetzel Verpackungsmaschinen GmbH 包装公司。之后几年陆续收购了许多其他知名的包装机械制造商，包括哈玛 – 汉些拉 (Hamac-Hansella)、Hesser、Höfliger & Karg、Höller 和 Strunck。博世于 1974 年将这些公司合并，组成包装技术部门。1969 年，Vermögensverwaltung Robert Bosch 更名为罗伯特·博世基金会(Robert Bosch Stiftung GmbH)，更加突出强调其社会性活动焦点。直到今天，该基金会仍会从公司拿出部分红利，秉承博世创始人的精神，将其用于慈善事业并以现代形式履行罗伯特·博世的公民义务。1978 年博世见证了 ABS 的成功诞生，这是用于乘用车的首款电子四轮防抱死制动系统。这项具有开创性的技术是所有现代制动控制系统的出发点。其他基于 ABS 的博世系统，如 1987 年的 TCS 牵引力控制系统以及 1995 年的 ESP® 电子稳定性程序，也都在市场上取得了成功。

三、多元化创新期（1980 —2010 ）

进入 20 世纪 80 年代，博世公司的发展进入了多元化创新时代。博世在 20 世纪 70 年代便已凭借其驾驶者导向和导航系统 ALI 在汽车导航中实现了突破。1983 年公司发布了另一电子自动驾驶仪 EVA，它使用电子地图来指导驾驶者从一个目的地到另一个目的地。之后于 1989 年推出 TravelPilot IDS，但是直到 1995 年才取得突破性进展，带卫星导航、路线引导和语音输出功能的 TravelPilot 问世。博世于 1995 年引入的电子稳定性程序（ESP）成为汽车技术上的里程碑。该装置通过防止车辆侧滑从而挽救生命，一经面世便立即取得成功。1997 年推出的高压共轨柴油喷射系统，是博世在开发环境友好汽车之路上的又一个里程碑。

2000 年，博世重返汽油直喷领域，公司于 1954 年应用于梅赛德斯—奔驰 300 SL 车型的 DI Motronic 曾在当时的业界引起了轰动。该技术创新之处在于其"分层进汽原理"，燃烧直接喷射生成的空气—燃油混合物所形成的小区域云雾，从而最多可使耗油量降低 10%。在收购经营多年的工业技术专家曼内斯曼力士乐公司后，博世将该公司与自己的自动化技术部门合并，成立博世力士乐 (Bosch Rexroth AG)。2002 年，新成立的子公司的业绩占博世集团销售额的

10%，为创建更加均衡的企业结构作出了重要贡献。2003年，博世收购布德鲁斯集团 (Buderus AG) 的多数股权，2007年，博世收购了致力于创新式远程医疗解决方案的公司软件提供商 Health Hero Network。这次行动预示着博世重返医疗技术领域，只不过形式有些不同。2008年收购位于爱尔福特的太阳能电池组件制造商 ersol Solar Energy AG，标志着博世在扩展可再生能源生产的系统和部件组合方面迈出了重要一步。同年，博世收购了创新软件技术公司，并从2011年1月1日起将其更名为博世软件创新公司，总部设在德国博登斯边的伊门施塔特。

四、创新复苏期（2010年至今）

在历经了一个多世纪的发展后，博世进入了全新的创新时期。2011年，博世推出了电动自行车系统。该系统包括驱动装置及其动力电子设备、电池组及其充电装置，以及安装在车把上的人机界面 (HMI)，所有这些都组成了一个性能高而又重量轻的驱动系统，该系统不仅功能强大，而且强劲有力，并且由于其处于中间位置而重心较低，因此可确保骑行时具有较高的稳定性。2013年，摩托车车身稳定系统投产。摩托车车身稳定系统 (MSC) 为各种骑行状态提供最佳的稳定性，无论是刹车、加速时，还是直行、转弯时。车轮传感器负责测量车轮的旋转速度，倾斜传感器负责记录倾斜状态和转弯角度。如果 MSC 系统意识到某个车轮即将抱死，系统将立即降低制动压力，并在1秒内重新建压，从而精确施加合适的制动压力，以避免前后轮抱死。因此 MSC 功能可以避免事故发生并挽救更多摩托车驾驶员的生命。随着电子信息技术和互联网技术的发展，未来博世公司将会有更多的创新技术问世。

第三节　生产运营情况

一、主营业务

博世公司共分为4个事业部：分别是汽车与智能交通技术、消费品、工业技术和能源及建筑技术部。

（一）汽车与智能交通技术事业部

汽车与智能交通技术事业部包括以下分支，汽油系统、柴油系统、底盘控制系统、汽车电子驱动、启动机与发电机、汽车多媒体、汽车电子、汽车售后服务、转向系统。博世公司汽车与智能交通技术事业部汽油系统子公司事业部以开发和制造使汽车更加快捷、清洁和更加经济的现代汽油机系统为主要任务，包括发动机管理系统、变速箱控制系统、混合动力及电力驱动、车身电子等。博世柴油系统是汽车工业在全球范围的合作伙伴。在世界各大洲都拥有技术、生产和售后服务支持。博世底盘控制系统主要以提供创新的车辆安全、舒适及驾驶辅助解决方案为主，涵盖主动安全（防抱死制动系统 ABS，电子稳定程序 ESP®，再生制动系统），被动安全（气囊电控单元及相关传感器），驾驶员辅助（雷达及视频传感器）和助力器（真空助力器,制动主缸）在内的四大业务领域。汽车电子驱动主要包括执行器系统、热力系统、雨刮系统和电动交通四大业务。汽车多媒体业务主要以建立娱乐，导航，车载信息服务和驾驶辅助为一体的智能集成解决方案为主要任务。博世下属的采埃孚转向系统有限公司致力于乘用车和商用车转向系统相关产品的研发、生产及销售。其产品涵盖整个转向系统，包括电动助力转向系统 (EPS)、液压助力转向系统 (HPS)、后桥转向系统、转向泵、转向管柱等各种转向附件。

（二）消费品事业部

消费品事业部的主要业务单位是电动工具和家用电器。其中博世电动工具是全球最大的手持式电动工具及附件生产商之一，其产品在品质、技术革新及售后服务方面一直保持高标准。它拥有博世、世纪和 Dremel 三个品牌，并有 5 大类产品，手持式电动工具，附件，园林工具，台式工具和测量工具。博世家电历年来占领欧洲市场较大份额，近年来在海外市场表现也逐渐突出，努力成为符合各国消费者需求的创新节能环保家电产品。

（三）工业技术事业部

工业技术事业部主要包括传动与控制技术和包装技术两大分支。博世旗下的力士乐公司针对传动与控制技术领域，致力于为各类机械和系统设备提供安全、精准、高效以及高性价比的传动与控制技术。公司融合全球的应用经验，研发创新的产品，为行走机械、机械应用与工程、工厂自动化及可再生能源每一个细分市场的客户量身定制系统解决方案及服务。博世力士乐同时为客户提供各种液压、电子传动与控制、气动、齿轮、线性传动及组装技术。博世包装

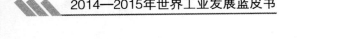

技术总部位于德国斯图加特附近的魏布林根，是全球加工和包装技术领域的领先供应商之一。

（四）能源和建筑技术事业部

该部门主要包括热力技术和安防系统两大分支。博世热力技术有限公司拥有众多的国际知名品牌，并在欧洲、亚洲和北美洲的 11 个国家，21 个生产基地生产多种暖通产品。博世热力技术拥有众多的高效节能的产品，可满足住宅及工业 / 商业用户的不同需求，为用户提升舒适度的同时有效降低能量消耗。博世安防通讯系统是一个充满创新精神的安防及通讯产品和解决方案的提供商，亦是全球安防及通讯市场的重要一员。公司拥有广博全面的产品线，可为多种应用场合提供一流安防产品及系统，从而为客户带来无与伦比的体验和一站式整合解决方案。

二、经营状况

2013 年，博世营业收入达到 616.32 亿美元，比上年下降 8.6%，实现利润为 14.55 亿美元，出现大幅下降，达到 -49.9%，利润率为 6%，2013 年博世集团资产为 767.78 亿美元，其中股东权益为 368.78 亿美元，净利率（利润 / 营业收入）为 2.4%，资产收益率（利润 / 资产）为 1.9%。2013 财年，博世销售额增长 3.1%，达到 461 亿欧元，其中汽车技术实现销售额 306 亿欧元，占比 66%；工业技术为 68 亿欧元，占比 15%；能源及建筑技术为 46 亿欧元，占比 10%；消费品为 41 亿欧元，占比 9%。其中欧洲和亚太地区是博世集团的主要销售区域，分别为 255 亿欧元和 111 亿欧元，分别比上一年增长 2.2% 和 5.8%；而北美地区销售额为 78 亿美元，比上一年增长 3.5%；南美地区仅为 17 亿欧元，比上年下降了 3.6%。在 2012 年财政年度，博世旗下的热力技术公司实现了约 31 亿欧元的销售额（其中 68% 的销售额在德国之外的国家实现），员工增至约 13450 名。2012 年，博世热力技术有限公司用于研发的资金达到 1.27 亿欧元。2013 年，博世公司注册专利达 4964 项，平均每天有 20 项专利诞生，每周 95 项，每月 414 项。

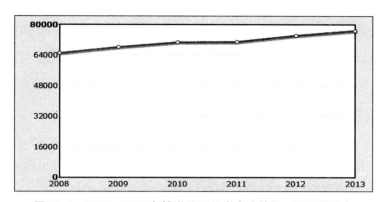

图17-1　2008—2013年博世公司总资产（单位：百万美元）

数据来源：博世公司 2013 年财报，2015 年 2 月。

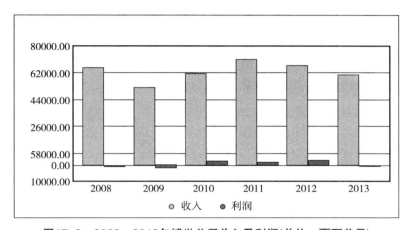

图17-2　2008—2013年博世公司收入及利润(单位：百万美元)

数据来源：博世公司 2013 年财报 ，2015 年 2 月。

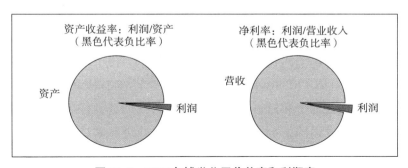

图17-3　2013年博世公司收益率和利润率

数据来源：博世公司 2013 年财报，2015 年 2 月。

第四节　企业战略与布局

一、战略目标

100 多年来，博世孜孜不倦追求着一个重要的目标，用完美的技术和可感知的质量，不断改善大众消费者的生活品质。亚洲仍然是博世集团的第一大增长区域。到 2020 年，博世集团力争在该地区实现销售额翻番的目标，同时也要将南、北美地区的销售额提升一倍。除了提高自身的制造能力之外，博世也在持续强化本土化研发。在非洲，博世的目标同样是在未来实现销售额的显著增长。在欧洲，尽管经济继续处于疲软状态，博世仍将努力超越市场的平均增长速度。随着国际业务覆盖面的不断拓展，博世正致力于为全球各个地区的客户量身定制更多符合其需求的产品和服务。

博世在中国市场的强劲发展势头得益于公司将战略发展方向与中国可持续发展和低碳经济目标紧密结合在一起。如今，节能环保的目标贯穿于博世中国的三大业务领域，博世中国为中国市场制造的产品和提供的解决方案涉及范围广泛，涵盖了清洁柴油系统、动力总成电气化、风力发电齿轮箱、热泵、节能家用电器和锂电池电动工具等方面。

二、企业定位

可靠的产品品质是博世成功的关键，也是博世引以为豪的一贯传统。"12 质量原则"是博世所有员工的工作准则和产品、服务品质的根本保证。同时这一原则也适用于博世的经销商和售后服务机构中的员工。百余年来，博世成功的奥秘就在于科技创新。博世集团全球 18550 名科学家、工程师和专业技术人员始终在不懈努力，推动科技发展，塑造人类未来。由于他们的杰出贡献，博世公司 2002 年共申请了 2370 项专利，平均每个工作小时诞生 10 项专利。通过发明、改进和完善电子和机械产品，以现代科技创造美好生活——这正是科技创新始终处于博世集团中心地位的动力所在。数十年来持之不懈、精益求精的研发努力是博世公司始终作为科技先导者的成功秘诀。博世集团每年将占总销售额约 7％的经费用于研发，为博世的稳步发展奠定了坚实的基础。2001 年博世集团的研发支出达 23 亿欧元，其中绝大部分用于汽车技术领域。

三、营销策略

（一）产品研发创新

一百多年来，博世在多个业务领域坚持不懈的技术创新，已经成为博世的核心竞争力。对于博世而言，创新不仅是一种态度，更是一种责任。着眼于未来，博世致力于不断地创造有益于环境保护和能源节约、安全可靠的技术和产品，通过科技为人们带来更美好、更健康、更安全的高品质生活。

（二）宣传／广告／媒体／合作伙伴

博世公司启动跨平台整合营销尝试。随着移动互联网和社交媒体的成长，绝对数量的用户在网络上停留的时间不断延长，工业型企业将产品信息通过移动互联网或者社交媒体推送给目标企业决策层或者采购员，正成为更加有效的方法。这就要求工业型企业将大众传播渠道作为营销的入口，不只是关注传统销售渠道终端，而是越来越多地注意用户在互联网上的行为路径，同时将品牌形象显性化。

（三）营销渠道

由于博世品牌的定位策略，决定了博世产品客户群的特殊性，这也就决定了博世的营销策略必须与常规品牌营销有所区分。通过营销手段获得快速有效的市场提升，博世的选择就是精准营销、价值营销和整合营销的统一。博世营销的关键是精准营销。精准营销本质在于提前锁定品牌消费群，并围绕消费群的特性开展针对性的营销活动。博世营销的实质是价值营销。价值营销的前提是建立在博世的产品具备整体领先优势基础上。而这一点与博世品牌与产品的理念和现状是非常契合的。

四、区域布局

博世很早就开始向海外扩张。博世于 1909 年第一次世界大战期间在美国建起了它的第一家工厂。二战时再次遭到战火的吞噬和摧毁，博世公司于 1945年 6 月重新开张，当时有 800 名雇员。而今它已拥有 20 万人。在德国本土和海外企业各占一半。如今，博世在德国开有 46 家工厂，在海外 38 个国家和地区开设有 167 家公司和机构。1999 年该公司 60% 以上的销售额来自各种汽车的零件、部件、系统总成和组件的销售。

曾经在很大程度上依赖德国汽车制造商的博世公司，现在已经稳步地实现了国际化经营。该公司的总销售额基本上可以分为三份：德国、欧洲和其他海外国家。同时博世也是美国福特汽车公司燃油喷射系统的主要供应商。在全球ABS系统的销售领域独占鳌头。进入2000年后，博世新的发展战略将注重汽车制造商生产线以外的组件。显然这是重大的一步，因为它将"第一层"供应商转化为及时盘存的装配商，它们不仅依赖自身的生产线，还要依靠众多的第二层供应商。在扩大海外销售份额的同时，博世已开始减少本国员工的聘用，以此减少开支，降低成本。如今，博世的高级管理层仍然用德语进行思考，但它的国际化倾向已十分明显。该公司现有500多名德国经理被派往世界各地的分支机构和公司，而更多的外国人已进入博世分公司的管理层。

博世已将它的德国式的培训程序输出海外，所有的博世工厂都致力于"精确生产"，它提出的自我指导小组计划也在全球得到了推广。博世有一个不同寻常的特点。就是它由一个基金会所拥有，这一点将来可能会对其产生不利影响。尽管它能够免受德国银行的摆布，但也无缘到证券市场上去实现资本扩张。因此，博世只能依靠自己的经验、技术实力和巨额现金流量来与对手竞争。

多层次深度推进本土化是博世在中国的发展战略。博世在持续推进本土化的过程中始终注重长远布局，2012年，博世在中国的投资达到36亿元人民币，做出了一系列的本土投资及合作决策，在成都、长沙等中西部地区进行一系列投资。在区域市场，博世深化"西部战略"。博世设立了通讯中心成都站，帮助中国地区客户优化业务流程，并提供综合性技术支持；博世底盘控制系统在成都的新工厂于2014年投入使用，博世电动工具、博世包装技术新工厂则预计于2014年竣工。另外在南京，博世汽车售后业务部已建立集团全球最大的火花塞生产基地与亚太区研发中心。在人才本地化战略中，截至2013年初，博世（中国）58家公司拥有员工3.4万名，成为在德国以外拥有员工最多的分公司，其中研发人员增长16%，达到3200人。博世为进一步提高本土决策能力，为汽车技术、能源与建筑技术的多个在华业务单元任命中国籍最高管理人员。

第十八章　西门子

第一节　企业基本情况

西门子公司于 1847 年创立于德国，业务遍及全球 200 多个国家，是一家以电子电气化价值链作为发展核心的全球电子电气工程领域的领先企业。在 2014 年 7 月的《财富》世界 500 强企业排行榜中位列 58 名，比 2013 年下降了 5 位。

西门子公司经营范围横跨了自动化、建造技术、驱动技术、能源、医疗、移动技术到金融服务等多个领域。西门子提供了发电、输配电到智能电网的解决方案、高效的电能应用程序以及医疗成像领域和体外诊断。作为世界最大的高效能源和资源节约型技术供应商之一，西门子在海上风机建设、联合循环发电涡轮机、输电解决方案、基础设施解决方案、工业自动化、驱动和软件解决方案，以及医疗成像设备和实验室诊断等领域占据领先地位。截至 2014 年 9 月 30 日，西门子在全球各地已有近 343000 名员工。2014 财年订单总额为 784 亿欧元，持续经营业务收入为 719 亿欧元。

第二节　企业发展历程

一、创立初期（1847—1945）

在 19 世纪中期到 20 世纪中期的近百年历史中，西门子公司前身完成了初创阶段。1847 年 10 月 1 日，维尔纳·冯·西门子（Werner von Siemens）在其发明的用指针来指出字母的电报技术基础上建立了公司。公司随后被称为

Telegraphen–Bauanstalt von Siemens & Halske。1848 年，西门子公司建造了欧洲第一条远距离电报线，从柏林到法兰克福跨度为 500 公里。1850 年和 1855 年，公司创始人的两位弟弟，卡尔·威廉·西门子（Carl Wilhelm Siemens）和卡尔·海因里希·冯·西门子（Carl Heinrich von Siemens）分别在伦敦和圣彼得堡设立了代表分支机构。19 世纪 50 年代，公司参与了俄罗斯远距离电报网络的建设工作。

公司不断地成长并开始涉足电气列车和灯泡。1890 年，随着创始人退休，把公司留给了卡尔·海因里希和两个儿子阿诺德·西门子（Arnold von Siemens）以及乔治·威廉·西门子（Georg Wilhelm von Siemens）。1897 年，西门子和哈尔斯克（Halske）联合成立了公司 S&H。1919 年，S&H 和其他两家公司共同成立了欧司朗灯泡公司（Osram Lightbulb Company）。1923 年，公司成立了日本分公司。在 20 世纪 20 年代至 30 年代之间，S&H 开始生产收音机、电视机和电子显微镜。

二、战后发展时期（1946—1989）

西门子公司在第二次世界大战后快速发展。在 20 世纪 50 年代，S&H 开始生产计算机、半导体设备、洗衣机和心脏起搏器。1966 年，西门子股份公司（Siemens AG）正式成立。1967 年，西门子股份公司和罗伯特·博世有限公司成立主要生产白色家电的合资企业博西家用电器公司（BSH），后成为德国和西欧家电市场的领导者。1980 年，公司的第一台数字电话交换机下线。1988 年，西门子和通用电气收购英国防务和技术公司 Plessey。因为 Plessey 公司的持有人分裂，因此西门子接收了其航空电子、雷达和交通控制部分，并更名为 Siemens Plessey。

三、转型突破期（1990年至今）

自 20 世纪 90 年代，西门子进入了并购的转型突破时期，并且经历了从进入移动设备领域到退出的过程。1990 年，西门子收购了陷入困境的利多富（Nixdorf）计算机公司并更名为西门子利多富信息系统股份公司（Siemens Nixdorf Informations System AG）。1997 年，西门子推出了第一款彩屏 GSM 便携式电话。同年，西门子同英国宇航公司（British Aerospace）和 DASA 达成协议向他们提供 Siemens Plessey 生产的防务装备。英国宇航公司和 DASA 分别负责英国和德国的军事装备的采购。1999 年，西门子的半导体业务分离出来，成立了一家新的公司英飞凌科技公司。同年，西门子利多富信息系统股分公司成为富士通—西门子电脑公司的一部分。2004 年，西门子移动向市场推出 65 系列移动电话，良好的用户界面、人性化的操作、实用的功能设计使 65 系列手机广泛受到欢迎，但由于软件问题使得西门子手机不得不招回，并为一年后的收购埋下了伏笔。2005 年，台湾地区的明基公司收购了西门子陷入财政危机的移动电话公司并排他性地获得了五年使用西门子商标的权利，全名为 BenQ-Siemens。在将移动电话公司转让给明基之前，西门子投入了 2.5 亿欧元并注销了总值为 1 亿欧元的资产。西门子同样获得了明基 5% 约为 5000 万欧元的股份。

第三节　生产运营情况

一、主营业务

西门子公司目前主要以电气化、自动化和数字化作为其业务发展的主要领域，并将其业务整合为 9 大业务集团，包括发电与天然气集团、风力发电与可再生能源集团、发电服务集团、能源管理集团、楼宇科技集团、交通集团、数字化工厂集团、过程工业与驱动集团、金融服务集团以及作为独立运营业务的西门子医疗。

（一）发电与天然气集团

发电与天然气集团为电力公司、独立发电商、工程总包 (EPC) 公司和工业客户（如石油和天然气行业）提供广泛的产品和解决方案，确保以环保和节约资源的方式发电，高效利用化石燃料或可再生能源，以及确保石油和天然气的安全运输。产品主要包括：燃气轮机，蒸汽轮机，压缩机产品系列，电厂解决方案，电力和过程自动化家族等，以完备的产品系列组合为电厂仪表与控制（I&C）、电气系统和电厂 IT 系统提供解决方案。

（二）风力发电与可再生能源集团

风力发电与可再生能源集团致力于提供高可靠性、低成本的风力、水电和可再生能源发电机，通过不同解决方案满足企业和环保的需求。风电装机容量目前超过 25000 兆瓦，提供的风电解决方案通过全球各地的陆上和海上设施生产清洁的可再生能源。在海上风电领域，西门子是业界经验最为丰富的公司之一，于 1991 年在丹麦建设了全球首个海上风电场，海上风电产业由此诞生。近年来的工业化见证了西门子创下并打破全球规模最大海上风电场纪录的发展历程，630 兆瓦伦敦阵列项目现如今保持着世界之最。

（三）楼宇科技集团

楼宇科技集团针对客户的特定需求量身定制能源管理服务，以及集成的自动化楼宇解决方案，来帮助他们实现这些目标。控制暖通空调应用和照明及遮阳的楼宇自动化产品与系统，既在西门子直接提供的解决方案中使用，也通过间接分销渠道进行销售。楼宇科技集团提供的各种集成式消防安全与 IT 安防解决方案，以及相关服务，可在长期内确保商业连续性、保护投资，并降低客户面临的风险。

（四）交通集团

交通集团凭借其全面的产品组合提供了解决方案：现代化、互联化并基于IT 技术的交通是其五大业务部门的核心竞争力，包括交通管理、交钥匙项目和电气化、干线交通、城市交通和客户服务。产品组合包括：轨道交通的所有车辆，区域列车以及城际和高速列车、地铁列车、有轨电车和轻轨、旅客列车、无人驾驶车辆和机车；轨道客运和货运的信号与控制技术；铁路和道路交通的电气化解决方案；车辆和基础设施的维修保养；道路交通控制和信息系统、停车管理以及城市交通和城际交通的电子支付和收费系统；交钥匙交通系统的咨询、规划、融资、建设和运营；不同交通系统多式联运网络的综合交通解决方案。

（五）数字化工厂集团

数字化工厂集团（DF）致力于提供全面的无缝集成软硬件和技术服务，旨在为制造企业提供支持，提高其制造流程的灵活性和效率，缩短产品上市时间。数字化工厂集团的产品组合现已将产品生命周期的主要环节顺畅地连接起来。如借助强大的产品生命周期管理（PLM）软件，可以在完全虚拟的基础上开发和优化新产品。

（六）过程工业

过程工业是西门子的核心业务之一。西门子产品在各行各业的应用，充分证明了其在该领域的专长。但是，更重要的是为客户实现增值，使其在价值链的各个环节提高生产率。通过精确了解不同的市场领域，助力客户更快速和更有针对性地对新市场的要求和发展趋势做出响应，从而增强竞争力。

（七）金融服务集团和医疗集团

金融服务集团和医疗集团是西门子在新业务领域的扩展。专业的金融解决方案为医疗服务等提升普及度，帮助工业企业提高生产力，促进节能技术应用，并使更多的设备厂商得到有利于销售和投资的定制化融资服务。

二、经营状况

2013 年，西门子公司营业收入为 1061.24 亿美元，比上年下降 2.6%，利润为 56.2 亿美元，下降幅度为 2.8%，资产总值达 1379.7 亿美元，其中股东权益为 380.48 亿美元。根据财务数据计算，净利率为 5.3%，资产收益率为 4.1%。与同行业中的三星电子和鸿海精密工业对比，在营业收入、利润和资产上，三星电子都遥遥领先地位，而西门子公司在利润和资产上较鸿海精密工业表现更好。2014 财年（2013 年 10 月 1 日至 2014 年 9 月 30 日），西门子在中国的总营收达到 64.4 亿欧元，实现稳健增长。

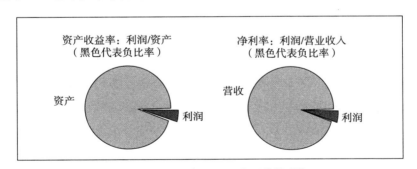

图18-1　2013年西门子公司收益利润

数据来源：西门子公司 2013 年财报，2015 年 2 月。

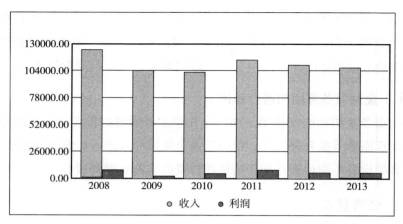

图18-2 2008—2013年西门子公司收入利润（单位：百万美元）

数据来源：西门子公司2013年财报，2015年2月。

第四节 企业战略与布局

一、战略目标

可持续发展是西门子价值观的基础。公司发展战略的重要支柱之一，就是密切关注可持续发展的强烈企业责任感。长期的盈利性增长是其主要目标，而负责任的价值创造为公司成功铺平了道路。可持续发展意味着为子孙后代负责任地开展业务，实现经济、环境和社会的共同进步。西门子目前已经成长为一家营业收入约为700多亿欧元并拥有涵盖广泛业务的高效环保技术的公司，无论作为雇主、项目承建人、投资人还是创新技术和解决方案的提供者，西门子公司都是全球范围内的领军人物。作为一家整合型技术企业，西门子努力抓住目前空前的机遇，推动客户以及自身的可持续发展。

二、营销策略

（一）产品研发创新

作为全球制造业领域的领军企业，西门子公司历来重视技术研发和创新，自公司1874年创立之初便始终坚持将最新科技和现实制造紧密结合。随着技术的发展和市场的不断扩大，西门子作为制造业领军企业也提出了自己全新的发展理念，即全自动化集成系统（TIA）的提出，为西门子公司朝着智能制造方向发展给出了理念。2010 年德国政府在其《高技术战略 2020》中就曾提及"工业 4.0"概念，在 2013 年的汉诺威工业博览会上又将其正式提出。这一概念正是由西门子公司、德国工程院以及弗劳恩霍夫协会等产学研相关机构共同发起推动的，目前"工业 4.0"概念已成为工业领域最为前沿的理念之一。

协同快速的数字化研发基础。西门子公司旗下的西门子产品生命周期管理（PLM）软件公司，主要致力于研制 3D 和 2D 基础的产品生命周期管理数字化解决方案，其产品主要包括 Seimens NX 和 Teamcenter 等应用软件。该公司属于西门子工业自动化部门的分支，总部坐落于美国得克萨斯州的布兰诺市。研发环节是智能制造的起始环节，准确同步、协同快速的数字化研发过程保证了研发过程中的数据在各个工厂、各道工序、各项系统上的高效传递。数据更新的同步性为制造企业在信息交流沟通上开辟了更加顺畅的道路，大大提升了工厂的效率。有关数据指出，数字化工厂协同快速的研发流程使新产品的上市时间缩短 50%。

高效智能的数字化生产过程。西门子制造执行系统（MES）涵盖了传统制造企业需要的生产调度的全部功能。通过利用这一系统，纸质的任务流程单、复杂的流水线间的相互交流得以避免。在与 ERP 系统高度的集成之下，生产计划、物料管理等数据的实时传送都能够实现。此外 MES 系统还具备工厂信息管理、生产维护管理、物料追溯和管理、设备管理、品质管理、制造 KPI 分析等多项功能，为工厂管理与生产高度协同提供了可行的方案。

（二）数字化物流

西门子公司的物料输送环节被誉为是"自动交通"。通过 ERP、西门子 MES 系统 SIMATIC IT 以及西门子仓库管理软件得以实现这一数字化的物流管理。通过自动化流水线上的传感器对引导小车上产品的条码进行扫描，进而得到该装配环节需要的物料，物料自物料库自动送出，送达指定位置。这些都免去了传统制造企业中员工在亲自取料、在不同地点之间往返所耗费的时间和精力。西门子物料中间库采取的是以需定产原则，根据生产需要每天从物料仓库中提取出所需原料。这其中涉及西门子的"拉式生产"概念，即在生产流程的各工序，只在需要时收到货品，零售商也只会在收到顾客实际需要数量时才会从供货商那里进货。高效的物流管理能够使产品生产能够更加精准、适量、适时地提供。对于更大批的物料存储和使用，西门子摒弃了传统依靠叉车搬运的方式，而是通过"堆取料机"以现代数字定位技术模式进行抓取，这样的方法无须考虑叉车搬运时叉车占用的空间，从而使物料库的安排更加紧凑，节省了仓库的空间。

（三）宣传 / 广告 / 媒体 / 合作伙伴

西门子公司由于自身品牌形象由来已久、深入人心，在宣传和媒体推广上采用较为有针对性的策略。在不同的业务集团和产品领域采用不同的宣传策略，对于专业性较强的电力、能源、数字化等领域多采用小规模行业内部推广方式，而在家电、照明等领域，利用广告、媒体宣传等方式较多。以自动化领域为例，在高校、企业和人才之间通过实践型人才培养等方式，实现各方的更大价值。

三、区域布局

西门子在全球共有十几个业务区，如中国所在的东北亚区，美国、加拿大和墨西哥所的北美区。2013 年西门子德国总部宣布对之前的区域架构进行重新调整，撤销区域集群架构，并在全球确定了 30 多个主要市场，除了中国以外，还有俄罗斯、韩国、新西兰、澳大利亚、印度、印尼、阿联酋、沙特等国。此次重组将使西门子公司架构更精简并更贴近市场，重构之后地区市场的负责人是西门子与客户沟通最重要的窗口，将不遗余力地加强在地区市场的实力。目前，主要市场国的业务收入总量超过西门子全球营收的 85%。

西门子最早在中国开展经营活动可以追溯到 1872 年，当时西门子公司向中国出口了第一台指针式电报机，并在 20 世纪来临前夕交付了中国第一台蒸汽发电机以及第一辆有轨电车。1985 年，西门子与中国政府签署了合作备忘录，成为第一家与中国进行深入合作的外国企业。西门子见证了中国改革开放带来的巨大变化，同时也顺应时代潮流，不断积极进行自身的改革与发展。目前，西门子已在中国建立了 77 家运营企业，拥有超过 32000 名员工，是中国最大的外商投资企业之一，西门子已经发展成为中国社会和经济不可分割的一部分。

第十九章　淡水河谷

第一节　企业基本情况

　　淡水河谷公司(Vale of Brazil)是一家巴西跨国公司,成立于1942年6月1日,主营金属冶炼和采矿业。淡水河谷是世界第二大多元化金属和矿业公司,同时是世界上最大的铁矿石（矿砂）供应商（铁矿石是钢铁制造的关键原材料）和第二大镍供应商（镍用于制造不锈钢、飞机、手机、电池、混合动力汽车专用电池及其他产品）。全球铁矿石价格谈判的主要谈判方之一。亦生产锰、铁合金、热能煤和焦煤、铝矾土、氧化铝、铝、铜、钴、铂族金属、钾碱和高岭土等全球制造业和建筑业的重要原材料。被誉为巴西"皇冠上的宝石"和"亚马逊地区的引擎"。

第二节　企业发展历程

一、创立初期（1942—1996年）

　　1942年6月1日,巴西联邦政府在 Minas Gerais 州的 Itabira 成立了国有企业淡水河谷。当时的名称叫作 Companhia Vale do Rio Doce（简称 CVRD）,该名称一直用到2007年。一年后,从 Vitória 到 Minas 的铁路开通。成立仅仅7年后,淡水河谷就负责了巴西铁矿石80%的出口。20世纪60年代,淡水河谷成立了远洋子公司,开始涉足交通、市场和生铁加工等业务。当时恰逢日本战后重建和经济恢复的契机,淡水河谷迎来了第一次飞跃。1966年,淡水河谷在 Espirito Santo 成立了 Tubarão 港，该港口成为淡水河谷最重要的港口，至今仍被用来出口巴西铁四角（Minas Gerais Iron Quadrangle）的铁矿石。通过 Tubarão 港的便利条件，淡水河谷可以提供比澳大利亚供应商更有价格优势的铁矿。这一优势的直接成果就是，与日本钢厂签订的 15 年供货 5000 万吨铁矿石的供货合同，这也使得淡水河谷铁矿石产量在 1964 年比 20 世纪 50 年代晚期翻了一番。20 世纪 70 年代淡水河谷发展的另一个里程碑出现，即 Carajás 矿被发现，该矿区不仅富含高品位的铁矿石，也包括铜、锰和金。1974 年，淡水河谷成为世界上最大的铁矿石出口厂商，该头衔一直保持到今天。从 1982 年开始，淡水河谷实现了多元化发展，开始在里约热内卢开采铝。1985 年，在 Carajás 铁路开通后，淡水河谷开始开采 Pará 州的 Carajás 矿。

二、迅速扩张期（1997—2011年）

在 1995 年上任的巴西总统卡多佐"新自由主义经济"政策的大力推动下，巴西国内的国有企业纷纷进行私有化。自 1997 年 5 月 6 日开始，淡水河谷便启动了私有垄断计划，以 3.34 万亿雷亚尔（31.4 亿美元）从政府手里购买了 41.73% 的股权。Valepa.S.A 财团、巴西最大的工业集团圣保罗沃特兰蒂姆工业集团以及巴西社会保障基金会等成为淡水河谷的主要股东。淡水河谷首先保留了在纽约证交所和巴西圣保罗的上市公司地位，接着将 8.8 亿美元的能源项目出售，专注经营矿产业。

为实现国家垄断的世界战略，淡水河谷首先开始了整合巴西国内的铁矿业。在此期间，淡水河谷展开了一系列兼并重组活动。从 2000 年开始，淡水河谷开始了兼并巴西第二大铁矿公司 MBR 之路，历时 7 年多的漫长谈判，最终于 2007 年以 2.3 亿美元的价格收购了 MBR 余下的由日本三井物产控制的 3.1% 股份。至此，淡水河谷已获得 MBR 92.9% 的股份，合计 6000 万吨的铁矿石出口量。兼并结束后，淡水河谷控制了矿山、铁路、公路、堆场、港口集疏运体系，成为巴西最大的铁矿石出口商，出口份额占巴西 85% 以上。

2007 年 10 月，淡水河谷斥资 158 亿美元收购了加拿大国际镍业集团（Inco），这是迄今世界上矿产业金额最大的收购案，也是淡水河谷建立 64 年来的最大规模的并购案，这次收购是淡水河谷多元化经营战略的一部分，收购国际镍业公司后，公司的经营范围从铁矿和铜矿扩展到镍矿，淡水河谷也由全球第六升至全球第二大矿业公司。此后，淡水河谷于 2008 年收购了澳大利亚 AMCI 公司，2010 年收购了瑞士的 Xstrata 公司，一举成为世界上最强大的综合矿业公司。

三、震荡调整期（2012年至今）

从 2012 年开始，受世界经济增速放缓、铁矿石库存高企及中国对铁矿石需求下降的影响，淡水河谷的经营业绩开始出现明显的下滑。2012 年第四季度净亏损 26.5 亿美元，前一年同期为盈利 46.7 亿美元。这是淡水河谷自 2002 年以来首次报出季度亏损。2014 年，虽然淡水河谷采取了多种措施，但是仍难阻止业绩的下滑，仅实现净利润 6.57 亿美元，远低于市场预期的 25 亿美元。

第三节　生产运营情况

一、主营业务

淡水河谷公司主营铁矿石及其他金属矿的开采、加工和销售，提供的主要产品包括：铁矿石、球团矿、镍、锰矿、铁合金、黄金、铜、碳酸钾、高岭土、铝土矿、氧化铝、纯铝；提供的主要服务包括：铁路运输、港口、船运等。

淡水河谷公司下属 5 大业务部门：铁矿分部、有色金属矿分部、铝分部、后勤服务分部及其他。

铁矿分部主要从事铁矿开采和球团矿加工，矿区位于巴西境内，分为北部、东南部和南部 3 大块。东南部矿区位于巴西东南部米纳斯吉拉斯州 (Minas Gerais)，包括伊塔比拉矿 (Itabira)，Centrals 矿、Mariana 矿以及铁路。南部矿区也位于米纳斯吉拉斯州，包括 Oeste 矿和巴西联合矿业公司 (MBR) 下属的 Pico 矿、Vargem Grande 矿和帕劳佩巴矿 (Paraopeba)。此外，在阿曼拥有两家球团矿工厂，并在中国拥有一家合资球团矿工厂。

有色金属矿分部主要生产有色金属矿物（包括铜、镍、高岭土和碳酸钾），并从加拿大淡水河谷英可公司 (Valelnco) 镍矿加工过程中提取黄金、白银和铂系金属（铂、钯、铑、钌、铱）等副产物。有色金属矿分部生产的其他副产品还包括钴、硒、碲、硫酸、液态二氧化硫等。淡水河谷在巴西、加拿大、印度尼西亚和新喀里多尼亚拥有镍矿和工厂。在中国、韩国、日本、英国和中国台湾地区拥有全资或合资的镍精炼厂。淡水河谷在巴西、加拿大和赞比亚生产铜。

巴西的铜生产厂位于卡拉加斯，因此能充分利用为铁矿石运输而兴建的物流基础设施。淡水河谷的煤炭业务位于澳大利亚和莫桑比克。在中国的两家合资煤炭工厂拥有股份。

铝分部主要从事铝土矿开采、氧化铝精炼、铝加工和铝制品贸易。

后勤服务分部包括公司的运输系统（船只、港口和铁路线），可以为公司及第三方提供物流服务，包括铁路运输、沿海航运和港口装卸。淡水河谷公司旗下2座铁矿拥有自有铁路和自动化码头，便于铁矿石运输和出口。

二、经营状况

2014年淡水河谷的财务报表显示，尽管全球商品价格骤降，淡水河谷经调整的税息折旧及摊销前利润（EBITDA）仍达133亿美元。铁矿石的产量恢复增长，2014年供应量达到3.32亿吨。此外，铜和黄金的产量均创纪录，镍实现了2008年以来的最高产量。使淡水河谷得以缓解价格下降所带来的影响，主要是铁矿石价格在2013年至2014年间平均下降了28%，将营收维持在380亿美元的水平。

2014年淡水河谷基本金属业务的现金流增长超过50%，达到25亿美元；化肥业务出现回升，从亏损增长至2.78亿美元。此外，在削减开支方面的努力也很关键。2014年，淡水河谷较2013年成功节省了12亿美元，并将投资计划维持在120亿美元，还在未增加负债的情况下支付了42亿美元的股息。最终，淡水河谷于2014年实现净收入6.57亿美元。

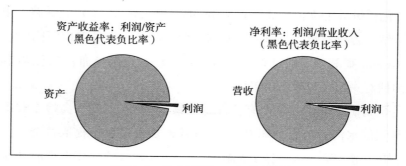

图19-1 淡水河谷2013年收益利润

数据来源：淡水河谷2013年财报，2015年2月。

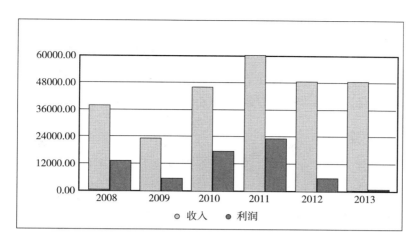

图19-2 淡水河谷2008—2013年收益利润

数据来源：淡水河谷 2013 年财报 ，2015 年 2 月。

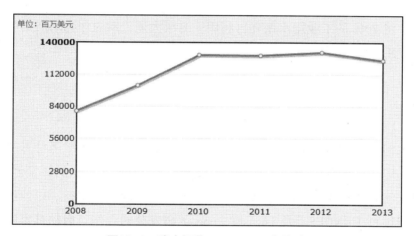

图19-3 淡水河谷2008—2013年资产

数据来源：淡水河谷历年财务报表，2015 年 2 月。

第四节 企业战略与布局

一、战略目标

凭借着市场并购和扩张，淡水河谷早已由一个区域性的铁矿石公司，发展成为一个大规模、综合性、多元化的矿业巨头，位居全球第二位，其业务领域包括镍金属、锰矿砂、铝矿、金矿等矿产品及港口、铁路和能源等。淡水河谷的长期愿景是成为全球最大的矿业公司。从 2002 年正式私有化完成至今，淡水河谷的业务版图已经从亚马孙丛林，扩展到了加拿大、澳大利亚、中国、智利、秘鲁、莫桑比克、印尼等在内的数十个国家。

二、企业定位

作为一家领先的矿业公司，淡水河谷积极致力于发掘矿产资源并将其转换成人们日常生活的必要元素。淡水河谷是世界第二大矿业公司，并且涉足物流和能源领域。淡水河谷的矿产品用于制造汽车、计算机，与人们的日常生活息息相关。

淡水河谷始终坚持可持续发展的理念，恪守对环境保护的承诺。淡水河谷在生产过程中重点关注环境管理和对生态系统的保护，力求在提高能效和生产力的同时能减少对环境的影响。淡水河谷在全球遍洒绿色，保护万顷植被。珍惜水源，将 70% 的工业用水循环再利用。滋沃大地，助农作物增产丰收。支持减排，使用清洁的可再生能源。

三、营销策略

（一）产品研发创新

淡水河谷在积极致力于发掘并利用矿产资源的同时，始终坚持可持续发展的理念，恪守对环境保护的承诺，在环保技术方面投入了大量的研发创新力量。

淡水河谷旗下 Tecnored 金属加工技术公司与巴西开发银行、巴西国家经济社会发展银行（BNDES）及 Logos Tecnocom 研发公司合作，启动首家使用新技术的生铁实验厂。该创新生铁生产技术名为"Tecnored"。通过冷法制造球团矿，该技术无须使用焦化和烧结设备，从而大大降低建设成本，节约能源并提高生产率。使用该技术炼铁的氧化还原过程仅需短短 30 分钟，而使用高炉技术则需长达 8 小时。Tecnored 技术将有助于延长矿山寿命，降低对环境的影响，不但能提高生产效率，降低二氧化碳及颗粒物排放，还可更灵活地利用原料，减少钢生产成本高达 30%。与传统钢厂相比，该技术可使二氧化碳排放量减少 5%，微粒物排放量减少 85%，一氧化氮排放量降幅更是高达 95%。

由于水已成为重要的基本生产要素之一，淡水河谷进行了研究并找出了减少用水量的可替代方案，如利用雨水和其他地表流水。在 Pará 州的 Carajás 矿，新科技的应用大大减少了铁矿石处理的用水。

在淡水河谷全部能源需求中，25％来自于可再生能源，其中大部分为水电。公司旗下的淡水河谷能源解决方案（VSE）与巴西国家经济社会发展银行（BNDES）合作，研究清洁能源生产和可再生能源技术。

淡水河谷投资了天然气和用生物柴油取代普通柴油方面的技术研究。在巴西 Vitória 到 Minas 的"绿色铁路"线上，由天然气和柴油混合驱动的火车已开始试运行，其中天然气的比例为50％到70％之间（天然气的碳排量低于柴油）。淡水河谷还将火车柴油替换成了由5％生物柴油和95％普通柴油组成的B5型混合柴油。

淡水河谷在2011年收购了位于巴西帕拉州的 Biopalma 公司70％的股权，该公司生产用于生物柴油的棕榈油。大部分棕榈油用于生产由20％生物柴油和80％普通产油混合而成的B20型燃油。B20将在淡水河谷在巴西的列车和大型机械中推广应用。

（二）市场营销

2010年3月，淡水河谷实施了一项新的营销政策。从4月起以铁矿石指数定价体系取代每年制定基准价格的模式，并且要对不同的市场和客户给出不同的价格策略。淡水河谷认为，新制定的市场策略将更能反映市场的现实性及每个客户的不同需求。

四、区域布局

淡水河谷在世界设有5个办事处；在15个国家地区有业务经营和矿产开采活动。淡水河谷1994年在中国设立了办事处，2008年1月宣布在珠海建立一个新的球团矿厂，这是其在华的第一项矿石业务投资。

淡水河谷矿产开采开发规划着眼全球，包括：在巴西开采铝、铜、镍、白金族矿；锰、钻石、高岭土和铝矾土；在委内瑞拉开采煤、铝矾土、铜、铁和钻石；在秘鲁开采铝和铜；在智利开采铝和铜；在阿根廷开采钾、铝和铜；在加蓬开采锰；在赞比亚开采铜；在莫桑比克开采煤、铝和铜；在安哥拉开采钻石、铝、铜、钾和铁；在加拿大开采镍；在澳大利亚开采煤；在蒙古开采铝、铜和煤；在印度尼西亚开采镍；在中国开采煤、铜、铝和铝矾土。

第二十章　雀巢

第一节　企业基本情况

雀巢公司由亨利·雀巢（Henri Nestle）于 1867 年创办，总部设在瑞士日内瓦湖畔的韦威（Vevey），为世界上最大的食品制造商。公司起源于瑞士，最初是以生产婴儿食品起家，以生产巧克力棒和速溶咖啡闻名遐迩。"Nestle"的意思是"小小鸟巢"，这个温馨的鸟巢作为雀巢公司的标志，代表着雀巢公司的理念：关爱、安全、自然、营养。作为全球最大的食品公司，雀巢秉承一贯的理念和原则，以人为本，以质量为重，为世界各国的消费者提供优质食品，带来美好生活。

第二节　企业发展历程

一、创立初期（1867—1938年）

19 世纪中叶，瑞士的一个学者型食品技术人员亨利·内斯特尔（Henri Nesti）发明了一种育儿用乳制品，即把果糖和营养剂加入奶粉中，是当时很优秀的育儿食品，但产量很少，内斯特尔仍主要从事科学研究工作。1865 年，一位朋友告诉内斯特尔，由于婴儿喝了他的奶粉，都健康地成长起来，改变了婴儿不喝牛奶的习惯，为母亲们排了忧解了难。听到这一消息后，内斯特尔在1867 年创立了育儿奶粉公司，以他的名字 Nestle 为其产品的品牌名称，并以鸟巢图案为商标图形。1905 年，雀巢公司与其竞争数十年的对手，美国人查尔斯和乔治·帕奇创立的英瑞炼乳公司合并，成立雀巢英瑞炼乳公司。

20世纪20年代全球进入了经济萧条期，雀巢为此不得不精简运营规模。在这段时间，雀巢收购了瑞士彼得卡耶克勒巧克力公司，巧克力业务成为公司主体业务之一。这一决策使得雀巢的产品更加多元化，包括麦乳精牛奶和一种称为"美禄"的粉状饮料。

二、发展壮大期（1938年—20世纪中期）

1938年，"雀巢咖啡"上市。第二次世界大战期间，公司董事会和管理层部分成员转至美国，开展雀巢在西半球、英国和海外的业务。随着美国的参战，雀巢咖啡成为在欧洲战场和亚洲战场服役的美军士兵的主要饮品。1945年，二战的结束标志着一段富有活力的历史开始了。随着公司的加速发展，雀巢推出了数十个新产品，也从外部收购了数家公司。

1947年，雀巢公司与Alimentana有限公司合并，开始销售"美极"调味品和汤。1948年，一种速溶巧克力饮料"雀巢巧伴伴"（Nesquik）在美国研发而成。名字中的"Quik"代表着这一产品的速食和方便。

三、稳定增长期（20世纪70年代—2005年）

1974年，雀巢成为全球领先化妆品制造商欧莱雅的主要股东，这是雀巢首次涉足食品行业之外的领域。1977年，雀巢第二次进行了食品行业之外的尝试——收购爱尔康眼药公司，这是一家美国眼科药品生产商。1984年，业务发展使雀巢得以开展新的并购，包括公开募股30亿美元，收购美国食品巨头三花公司。这在当时是食品行业历史上最大的一笔收购。对雀巢而言，1991年至1995年是形势非常有利的阶段：中东欧地区和中国开始对外开放，这对于雀巢这样网点遍布全球的多元化企业来说无疑是好消息。2002年，雀巢在北美地区进行了两次重大收购：7月，雀巢美国冰淇淋业务与德雷尔冰淇淋合并；8月，雀巢以26亿美元的价格收购领先的冷冻食品公司Chef America Inc.。

四、转型升级期（2005年至今）

2005年，雀巢集团董事长包必达（Peter Brabeck-Letmathe）承认，全球人口的饮食习惯正在发生变化，因此雀巢也开始转型。雀巢开始从农产品加工商转为具有附加价值的食品生产商，并最终成为营养、健康和幸福生活领域众多产品与服务的提供商。2006年，雀巢收购Jenny Craig公司和Uncle Toby's公司。在哈佛大学迈克尔·波特（Michael Porter）教授和马克·克雷默（Mark Kramer）教授的帮助下，雀巢首次清晰地传递了"创造共享价值"这一概念。2007年，雀巢收购了诺华医学营养公司、嘉宝公司与矿泉水生产企业Henniez。

2009年，雀巢在纽约举办了首届"创造共享价值"论坛，营养、水管理和农业社区发展等领域的权威人士共聚一堂，探讨全人类在这三大领域上面临的重大挑战以及企业在应对挑战时应该担当的角色。自2009年起，"创造共享价值"论坛每年举办一次。2010年9月，雀巢宣布成立雀巢健康科学集团和雀巢健康科学研究院，二者均是旨在通过科学的个性化营养解决方案来预防和治疗慢性疾病的新型事业。2011年3月，雀巢成为首个被纳入富时社会责任指数（FTSE4Good Index）的婴儿配方生产商。富时社会责任指数是伦敦证券交易所的负责任投资指数，也是唯一一个针对母乳代用品以及人权和供应链标准对企业的负责任营销状况进行评估的指数。

第三节　生产运营情况

一、主营业务

雀巢公司年销售额中的大约95%来自食品的销售，因此雀巢可谓是世界上最大的食品制造商，也是最大的跨国公司之一。公司以生产巧克力棒和速溶咖啡闻名遐迩，目前拥有适合当地市场与文化的丰富的产品系列，包括咖啡、巧克力、奶制品及营养品、饮用水、烹调食品、谷物食品、冰淇淋、宠物食品等。

二、经营状况

2014年雀巢销售额为916亿瑞郎，实现了4.5%有机增长，营业利润率上升10个基点至15.3%。其中，增长率最大的来自于雀巢的营养品和保健品系列，烹饪调料略显疲软。2014年年报显示，雀巢实现有机增长4.5%，其中，2.3%来自实际内部增长、2.2%来自定价。受汇率下降5.5%的负面影响，销售额为916亿瑞郎，下降0.6%，收购和资产剥离净值为销售贡献了0.4%。集团的营业利润为140亿瑞郎，实现利润率15.3%，上升10个基点，按固定汇率货币计算则上升30个基点。部分因为是处理持有的部分欧莱雅股份所实现的利润以及集团对"高德美"所有权从50%增至100%后，已有该公司50%利益的重估收益。分区域看，雀巢的美洲业务增长了 5.4%，欧洲业务增长 1.9%，亚洲、大洋洲和非洲增长 5.7%。这一业绩是在全球范围内影响各大市场综合因素的结果，包括了欧洲市场的通缩影响定价、北美市场的逐渐改善、拉美市场势头减弱以及中东和中国市场的放缓。

2015 年，雀巢的目标是实现约 5% 的有机增长，同时盈利空间、固定汇率下每股基本收益以及资本效率都得到改善。

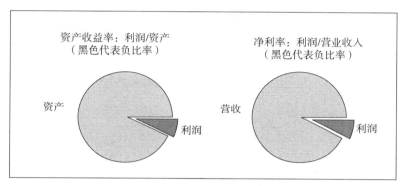

图20-1　雀巢2013年收益利润

数据来源：雀巢 2013 年财报，2015 年 2 月。

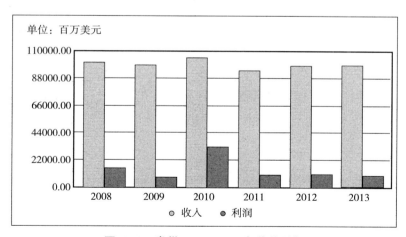

图20-2　雀巢2008—2013年收益利润

数据来源：雀巢 2013 年财报，2015 年 2 月。

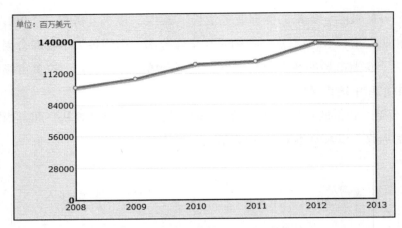

图20-3　雀巢2008—2013年资产

数据来源：雀巢历年财务报表，2015年2月。

第四节　企业战略与布局

一、战略目标

随着全球消费市场此消彼长，以中国、印度为代表的新兴市场消费能力快速增强。特别是，中国的经济增长方式即将开始转变，从过去依靠外贸出口和投资拉动型，向内需增长型转变。未来，雀巢将加大包括中国在内的整个亚太地区投资力度，并开始对相关产业进行全产业链、精细化投资布局。一方面向上扩大奶牛养殖、咖啡和可可种植等原料基地；一方面向下通过并购提升销售市场份额，在调味品、饮料、乳制品、矿泉水、糖果这五大领域继续全面发力。

二、企业定位

雀巢已经开始从农产品加工商转为具有附加价值的食品生产商，最终将成为营养、健康和幸福生活领域众多产品与服务的提供商。2006年，雀巢首次清晰地传递了"创造共享价值"这一概念。雀巢认为，公司要取得长期成功，就必须为股东和社会同时创造价值，在雀巢称之为"创造共享价值"。鉴于公司的业务特点，雀巢致力于成为营养、健康和幸福生活领域的世界领先公司。雀巢确定了三个领域，可以为创造共享价值做出最大贡献，即营养、水管理和农业社区发展。

三、营销策略

（一）产品研发创新

雀巢的竞争优势可以归纳为四点：一是产品和品牌著名，二是研发能力领先于整个行业，三是业务地域遍布全球，四是独特的企业文化与价值观。这四部分相辅相成，共同支撑着雀巢各项业务的发展，而研发创新则是雀巢核心竞争力关键所在。

雀巢拥有世界上最大的食品和营养研究网络，超过 5000 名科学家及技术人员在研发领域工作，并与全球研究合作伙伴和大学保持着紧密的合作。随着其生产规模和范围的不断发展和扩大，雀巢公司也不断增加其科研经费的投入，以市场需求为导向，不断调整生产结构和产品结构，不断开发出适销对路、满足人们各种需求的新产品。

雀巢内部的基础科研分布在四个中心：雀巢健康科学研究院，在瑞士洛桑EPFL 大学的校园内，专注生物医学研究，提供科学支持的个性化营养方案；雀巢研究中心，位于瑞士洛桑，为营养健康及产品创新提供科学基础；临床研究中心，为公司全球的临床实验提供专业医疗知识；法国图尔研发中心，专业的植物科学研究中心。中心以市场导向确定科研课题，把研究成果及时转到相应的技术开发中心，从而进一步开发成产品并将其投向市场。

另外，雀巢公司还不断健全其在世界各地的科研体系，在美国、英国、法国、德国、意大利、瑞典、中国、马来西亚等国家建立了 34 个技术开发中心，每个开发中心均专注于适应本地区消费特点的食品的开发研究，以充分利用当地原料为开发原则，开发高质量的适销对路的新产品。

雀巢的研发创新具有以下三大特点：

一是绝大部分产品口味与性能实行五年一轮换。雀巢的绝大部分产品在性能、营养、口味，乃至包装等方面基本能做到 5 年一轮换，通过革新使得其产品更加符合消费者口味。雀巢把不断改进传统产品性能、口味和包装，更好地适应消费者需求，列为集团产品研发的一项重要内容。

在雀巢的研发中还掌握着一条 60/40 ＋准则。即任何一款新研发产品，首先要和市场上其他品牌的同类产品放在一起，在消费者中进行对比测试，只有当60％以上消费者在盲试中选择了雀巢新产品并认可其口味后，这一产品才算取得市场准入资格。之后，雀巢还要对产品进行多方面改进，为消费者增加营养价值，这就是＋的含义。

二是研发课题直接来自市场调查。雀巢每年研发经费的15％左右集中用以对食品质量与安全、食品科学技术、食品营养、食品口味与消费者喜好等方面的研发。每天，雀巢在全球各地的工厂要对各种食品进行20多万次检验。雀巢基础研究课题大都是根据市场需要而确立的，如营养与婴幼儿智力发育的关系、天然植物的有益成分、功能食品的减肥原理等。

三是研发成果转化成为新产品。雀巢的几乎所有新产品都由集团研发中心的科研成果转化而成。根据洛桑研发中心成果，产品技术中心在进一步研发上主要集中在三方面：一、调查消费者是否有这方面的需求；二、通过试验了解研发成果转化为产品在技术工艺上是否可行；三、测算生产成本与分析产品是否能为企业带来盈利。当三项条件都具备时，中心便可以将研发出的产品转交给乳品工厂，再由它们根据本地市场的需求决定是否投放市场。

（二）模块组合战略

雀巢的成功自是多种因素共同作用的结果，但其中，模块组合营销战略的实施是一重要因素。公司总部对生产工艺、品牌、质量控制及主要原材料作出了严格的规定。而行政权基本属于各国公司的主管，他们有权根据各国的要求，决定每种产品的最终形成。这意味着公司既要保持全面分散经营的方针，又要追求更大的一致性，为了达到这样的双重目的，必然要求保持一种微妙的平衡。这是国际性经营和当地国家经营之间的平衡，也是国际传播和当地国家传播之间的平衡。如果没有按照统一基本方针、统一目标执行，没有考虑与之相关的所有因素，那么这种平衡将很容易受到破坏。

为了正确贯彻新的方针告知分公司如何实施，雀巢公司提出了三个重要的文件。内容涉及公司战略和品牌的营销战略及产品呈现的细节。

（1）标签标准化，这只是一个指导性文件，它对标签设计组成的各种元素作出了明确的规定。如雀巢咖啡的标识、字体和所使用的颜色，以及各个细节相互间的比例关系。这个文件还列出了各种不同产品的标签图例，建议各分公司尽可能早地使用这些标签。

（2）包装设计手册，这是一个更为灵活使用的文件，它提出了使用标准的各种不同方式。例如，包装使用的材料及包装的形式。

（3）品牌化战略。它包括了雀巢产品的营销原则、背景和战略品牌的主要特性的一些细节。这些主要特性包括：品牌个性；期望形象；与品牌联系的公司；其他两个文件涉及的视觉特征；以及品牌使用的开发等。

雀巢公司的决策层认识到，经济全球化已使企业营销活动和组织机制由过去的"大块"结构变成了"模块"结构的事实，从而将其工作重点转向组合模块，实施模块组合营销。模块组合战略可以定义为将公司的营销部门划分成直接运作于市场的多个规模较小的经营业务部门，灵活运作于市场，及时做出应变决策，各经营业务部门虽具有独立性，但服从于企业的总战略。在雀巢公司的模块组合战略中，各分公司就是作为一个模块，独立运作于所在的市场，有权采取独特的策略，但又接受公司总部的协调。

四、区域布局

自从 1908 年在澳大利亚投资设厂，开始第一次跨国经营尝试后，雀巢公司便开始通过入股、联合、吞并等方法将资金投入更广阔的国外市场。而公司也从最开始的提供奶制品，延伸到炼乳行业，除了发展传统的食品业，制作各种适合各国各地区人们不同口味的巧克力和咖啡外，雀巢公司还进军到速食行业，并且占有了美国两大制药公司的大量资本，雀巢公司的经营范围已经远远超出了原先的食品行业。这种多元化的经营方式，不仅壮大了公司的规模，充实了公司的产品，推动了公司在全球范围内的市场开拓，也使得公司分散风险的能力得到加强，公司协同效应得到增强，实现资源的优化配置。目前，雀巢在五大洲的 80 多个国家中共建有 500 多家工厂，近 35 万名员工，所有产品的生产和销售由总部领导下的约 200 多个部门完成。雀巢销售额的 98% 来自国外，因而被称为"最国际化的跨国集团"。如今其在全球销售的产品已达数千种，经营范围囊括了食品业、眼科医疗用品业和化妆品行业。

第二十一章　SAP

第一节　企业基本情况

　　SAP 公司于 1972 年在德国创立。五位创始人于德国曼海姆初创时的公司名为 Systemanalyse und Programmentwicklung，意为"系统分析与程序开发"，后根据 Systeme，Anwendungen und Produkt ein der Datenverarbeitung (Systems，Applications and Products in Data Processing) 将公司名称缩写为 SAP。SAP 既是公司名称，又是其产品——企业管理解决方案的软件名称。

　　作为专业的 ERP 软件，SAP 在该行业领域目前全世界排名第一。SAP 在各行各业中得到广泛应用，它为 20 多个行业提供融合了各行业"最佳业务实践"的行业解决方案，这些行业包括汽车、金融服务、消费品、工程与建筑、医疗卫生、高等教育、高科技、媒体、石油与天然气、医药、公用事业、电信、电力及公共设施等。SAP 在每个行业都有行业解决方案图，充分展示各行业特殊业务处理要求，并将其绘制入 SAP 解决方案和合作伙伴补充方案中，完成包括基于网络的"端到端"的业务流程。

第二节　企业发展历程

一、创立初期（1972—1981）

　　20 世纪 70 年代初，美国施乐(Xerox)公司决定于 1975 年正式退出计算机市场，将相关业务转让给 IBM。作为转让交易的一部分，IBM 以 8 万美元的价格收购了施乐开发的软件平台 "Scientific Data Systems—科学数据系统"（SDS/SAPE），IBM 公司德国开发实验室 AI 部门的 5 位员工即后来 SAP 的创始人在 SDS/SAPE 平台的基础上开始研发一款企业管理软件。不久之后，IBM 公司通知他们放弃这款软件的开发，但这 5 位工程拒绝半途而废，决定辞职组建新公司以便将这款软件继续开发完成。双方最终达成协议，IBM 允许 5 位工程师继续使用 SDS/SAPE 平台，作为交换，IBM 将占有新公司股权的 8%。1972 年，创业的 5 人在德国魏茵海姆 (Weinheim) 成立了 SAP 民法公司（GbR）。

他们首先开发成功了一套可以在大型计算机上运行的工资结算和会计软件，摒弃了之前他们的老东家 IBM 所采取的打孔卡式的机械存储数据，最后进行批处理的方式，从而实现了实时（Realtime-System）管理。因为这个原因，SAP 之后推出的产品总带有一个 R 字母。SAP 的第一个客户是英国皇家化学公司位于德国欧斯特林根（Oestringen）的分公司，那时 SAP 还没有能力购置昂贵的大型计算机，他们被允许使用英国皇家化学公司计算中心的计算机来进行软件开发。在那个大型主机风行时代，软件与主机是"焊接"在一起的，每次为企业的编程开发都是一次庞大的重复劳动。而 SAP 开发的这款软件是按照脱机软件的理念进行设计的，也可以向其他的客户单独推销软件，SAP 也可以说是脱机软件的共同发明者。1 年后，SAP 已经发展到 9 名员工，营业额达到 62 万马克，甚至开始有些许盈余。引导 SAP 走向成功之路的软件，就是 1973 年推出的新型财务会计软件 "R/1 系统"。同年 SAP 又赢得两家大客户，一家烟草厂与一家制药厂，两家企业都同意提供他们的 IBM 大电脑作为研发之用。1976 年 SAP 改制为有限责任公司（GmbH）。1977 年 SAP 在沃尔多夫 (Walldorf) 的一栋大楼里租了办公室，把公司迁到了那里。1979 年，SAP 发布了 SAP R/2，将业务扩展到了物料管理和生产管理等其他细分领域。

到了 1980 年，SAP 已经跻身到德国 20 家最大的电脑公司行列，排名第 17 位。SAP 第一栋正式的公司大楼在沃尔多夫工业区里成立，告别过去分散的办公室时代。此时德国最具规模的 100 家企业大约有 50 家都成为 SAP 的客户。

二、发展巩固时期（1982—1991）

到了 1982 年 SAP 成立 10 周年之际，公司员工已发展至 100 多人，营业额为 2400 万马克，客户已经发展到 250 家。1988 年，SAP 改组为股份公司（AG），并于同年 11 月 4 日在法兰克福证券交易所和斯图加特证券交易所上市。作为一个工程师主导的软件设计公司，SAP 行事低调，但到了 1990 年秋天，德国著名杂志计算机周刊（Computerwoche）也开始注意到了 SAP 悄无声息的快速发展——"SAP 公司的 R/2 软件基本上已经取得了德国商业软件市场的垄断地位"。

三、高速发展时期（1992—2001）

1991 年的德国汉诺威消费电子展上，SAP 宣布了中小企业专属解决方案的 SAPR/3 的消息，并于 1992 年正式发布了 SAPR/3。其实 SAPR/3 本来是专门为 IBMAS/400 型计算机设计打造的，但这款机型的硬件性能却达不到 SAPR/3 的系统要求。SAPR/3 不得不转而采用 UNIX 工作站和甲骨文公司（Oracle）的数据库并采取了客户/服务器 (Client/Server) 模式，客观上顺应了由主机型计算（mainframecomputing）向"客户/服务器 (Client/Server)"模式转变的潮流。这种解决方式的转变受到了客户和专业人士的广泛好评，单机式的 R/2 软件也从此被 C/S 架构的 SAPR/3 所取代并取得了巨大的商业成功，1991 年至 1996 年，SAP 公司的销售额上涨了 5 倍多（1991:3.615 亿欧元；1996:19.032 亿欧元）1999 年，产业周刊授予了 SAP 最佳管理公司的头衔（Best Managed Companies）。

从 1998 年开始，企业资源管理软件 (ERP) 逐渐降温，而电子商务软件则逐渐升温。各家企业特别是美国公司对企业管理软件更大的需求是通过互联网连结客户和供货商，而 SAP 的 ERP 产品 R/3 却做不到。1999 年成为 SAP 史上最艰难的年份之一。据当时公布的数据显示,公司全年销售只增长了 18%,为 51 亿欧元。在 B2B 的潮流中，两家年轻的美国公司 Ariba 和 CommerceOne 迅速占领了 B2B 的大片市场。进入 1999 年后，SAP 才开始转向 Internet。经过周密计划，2000 年 9 月 SAP 推出了一项新战略——mySAP.com，据称是 7 年中最重要的一次大调整，它既是反映 SAP 发展 Internet 战略的一个重要概念，又是 SAP 的一个 B2B 门户站点。2000 年是 SAP 公司全面推出 MySAP.com 协同电子商务解决方案的第一年，当年收入增长 23%，达 62.27 亿欧元。其中电子商务软件销售额超过 13 亿欧元，营业收入增长 32%，达 12.35 亿欧元，每股盈利增长 31%，达 2.0 欧元。2000 年 7 月，SAP 被评为全球制造业软件供应商第一位。12 月，SAP 获 2000 年全球声誉最高公司"排名第 30 位。SAP 还分别与著名电子商务软件厂商 CommerceOne 公司及北方电讯、西门子等公司战略联盟,共同推进 SAP 协同电子商务解决方案。

四、规模扩张时期（2002年至今）

2002 年后，SAP 研发了 Net Weaver 平台，这是一个横跨信息流域系统架构的平台，能全面整合企业及其员工队伍，并能无障碍地建立市场间连接。在这个阶段，SAP 的技术创新和创业精神继续得到极大的发展。2005 年，SAP 改制为股份有限公司（AG），公司更名为 SAP AG。2007 年 10 月 SAP 宣布将收购法国商务智能软件公司 Business Objects，并于 2008 年 1 季度正式完成了这桩 48 亿欧元的收购。2010 年 7 月，SAP 以 46 亿欧元收购了美国商业软件开发商 Sybase。2012 年 SAP 以 25 亿欧元的价格收购了美国云应用软件供应商 Success Factors，同年还以 43 亿美元的价格收购了美国在线交易平台 Ariba。2014 年 2 月，SAP 位于波茨坦的研发中心正式揭幕，项目二期将于 2016 年完工。2014 年 7 月，SAP 完成了向欧洲股份有限公司（Societas Europaes，缩写 SE）的转制，公司正式名称变为 SAP SE。2014 年 9 月 19 日，SAP 宣布了公司历史上最大手笔的收购，以 65 亿欧元的价格收购美国旅游管理软件企业 Concur，整个收购于 2015 年 3 月底完成。

第三节　生产运营情况

一、主营业务

SAP 有三个主要业务部门：商业运用软件开发，信息技术咨询和培训。ERP 商业运用软件开发是其核心业务，产品分为高端、中端和低端三个系列。

一是高端系列：SAP 的核心产品 R/3 以及网络化的 mySAP.com 协同商务系统。SAP 推出的 mySAP.com 协同商务就是在 R/3 系统之上增加了 CRM（客户关系管理）、SCM（供应链管理）、PLM（产品生命周期管理）3 个应用系统，将企业的内部管理与外部商务统一集成。SAP 已由过去关注企业内部流程转为现在的崇尚企业内外商业环境的统一管理。

二是中端系列：SAP 的二线产品 mySAP All-in-One 解决方案是基于 20 世纪末的 R/3（分布式客户机/服务器环境的标准 ERP 软件）的精简版，考虑到 80% 的中国中小企业只能用到 R/3 的 20% 功能，SAP 把 R/3 经过预配置后推出了"中国新干线"系统。虽然只配置了 R/3 的 20% 的功能。但这套系统依然是功能强大。几百个预定义的参数足可以满足各个行业的用户。可以为中小规模的企业（典型的在 10 到 50 个用户）实施一个基于分布式客户机／服务器环境业务平台的信息系统。

三是低端系列：SAP 的三线产品 SAPBusinessOne 是 SAP 为中国小型市场定制管理软件，收购的一家以色列的小软件，有七八个模块。

二、经营状况

截至 2014 年 12 月 31 日，经过 42 年的创新发展，SAP 成为企业管理领域的专家，在 130 多个国家拥有 74406 名员工，在 190 多个国家和地区拥有 282000 多家客户，2014 年销售额达 175.61 亿欧元。福布斯全球 2000 强企业中的 87%、全球 100 个最有价值品牌中 98% 的企业都采用了 SAP 公司提供的管理和协同商务平台。

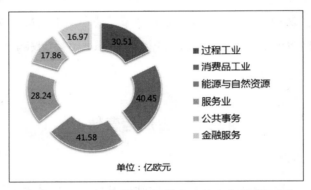

过程工业
消费品工业
能源与自然资源
服务业
公共事务
金融服务

30.51
40.45
41.58
28.24
17.86
16.97

单位：亿欧元

图21-1　2014年SAP公司销售额（按客户所属行业）

来源：赛迪智库整理，2015 年 2 月。

第四节　企业战略与布局

一、战略目标

SAP 的战略目标是成为全球技术创新的核心企业之一以及企业应用软件的市场领导者，为复杂的企业内部人员结构和生产流程提供规范科学的管理解决方案，协助企业提高生产效率，提高技术创新能力与业绩成长动力，保持企业竞争力。

二、经营策略

SAP 的经营策略可以总结为以下几条：一是专注企业管理软件发展。自成立以来, SAP 专注于企业应用领域 42 年, 极少跟随社会投资风潮涉足其他陌生领域。二是本地化发展策略。SAP 在全球主要市场国家都针对性地设立了研发中心, 招募了本地高学历、高技术的研发人员, 每年投入巨资进行产品研发, 努力满足本地企业实际需求, 与此同时, 也实现了本地研发中心与全球研发团队的融合。三是归核化战略, 以自主研发为核心, 不断以技术为导向进行自主创新, 严格遵循严谨的企业发展轨迹。四是建立合作共赢产业联盟。SAP 构建了包含咨询公司、数据库提供商、软件实施工具提供商、文档管理软件提供商、硬件制造商五大类型合作伙伴在内的价值网络, 并将解决方案中高达 80% 的价值留给其合作伙伴, 创立了 "SAP" 模式, 在不断推广自身产品的同时, 也不断地融合了合作伙伴企业的先进思想, 实现了合作共赢。五是整合行业最佳管理实践。SAP 的核心能力不是数据处理技术, 而是在 40 多年发展中积累的几十个行业的解决方案, 这些解决方案将各个行业宝贵的管理经验和管理思想固化在了 SAP 的系统中。这在目前的企业应用领域是世界上任何一个其他软件企业所没有的, 形成了 SAP 独有的竞争优势和核心竞争力。

三、区域布局

作为一家全球性的大型软件企业, 截至 2014 年底, SAP 在全世界 190 多个国家共拥有 282000 多家客户, 共有来自 120 多个国家的 74406 名员工为 SAP 工作, 在美国、法国、日本、印度、以色列和中国等全球 14 国家设立了研发中心 (SAP Labs), 还在其他国家设立了 21 个研究所。

表 21-1 2014 年底 SAP 员工全球分布情况

区域代号	地区或国家	人数
EMEA	欧洲、中东、非洲	33340
Americas	南北美洲	22071
APJ	亚太和日本	18995
总计		74406

数据来源: 赛迪智库整理, 2015 年 3 月。

第二十二章 空客

第一节 企业基本情况

空中客车公司（Airbus，又称空客、空中巴士），是欧洲一家飞机制造、研发公司，1970年12月于法国成立。空中客车公司目前由欧洲最大的军火供应制造商欧洲航空防务航天公司（EADS）100%持有。

空中客车公司是全球领先的飞机制造商，目前已占领了全球将近一半的商业民用客机市场。此外，空客还涉及军用飞机领域，产品包括军用运输机、加油机和预警机。截至2014年底，空客共售出了13200架飞机，向500多个客户/运营商交付7900架商业民用飞机。军用飞机方面，空客共售出了1089架飞机，已交付870架。

空客总部位于图卢兹，在美国、中国、日本和中东地区都有自己的全资子公司，公司共有59000名员工，在德国的汉堡和法兰克福、美国华盛顿、中国北京、阿联酋迪拜和新加坡都设有自己的备件中心。空客的军用机总部位于西班牙马德里。空客公司在图卢兹、迈阿密、汉堡、班加罗尔和北京都设有培训中心。空中客车军用运输机部在西班牙塞维利亚设有培训中心。空中客车公司在全球各地还设有150多个驻场服务办事处。来自全球20多个国家的2000多家供应商为空客提供相关零部件。

第二节　企业发展历程

一、创立伊始（1967—1970）

空中客车公司作为一个欧洲航空公司的联合企业，其创建的初衷是为了同波音和麦道这样的美国航空巨头竞争。20 世纪 60 年代，欧洲各国飞机制造商之间竞争激烈，但和美国波音公司在大型商用客机技术和市场占有率方面还存在差距。为整合研发资源和生产能力，推出一家比肩波音的大型飞机制造企业，1960 年代中期欧洲各国开始了关于欧洲合作方法的试验性谈判。1967 年 9 月，英国、法国和德国政府签署一个谅解备忘录，开始进行空中客车 A300 的研制工作。这是继协和飞机之后欧洲的第 2 个主要的联合研制飞机计划。1970 年，空中客车公司由德国、法国、西班牙与英国四国共同正式创立，总部位于法国图卢兹。

二、稳步发展（1971—1992）

A300 是空客最先投放市场的一种中短程宽体客机，于 1969 年 9 月开始研制，1972 年投入生产，1972 年 10 月空中客车 300B1 原型机首飞，1974 年 5 月交付使用，2007 年 7 月停产。共生产 561 架。1971 年 11 月 9 日，法国航空成为空客的第一家客户，签下了 16 架 A300 系列客机的订单。由此，空客迈出了在商用客机市场上成功的一步。A300 成为第一架只需两位飞行员驾驶的宽体飞机，并采用了数位式驾驶舱。A300 飞机采用了许多其竞争对手机型所没有的技术。这些技术改善了飞机的可靠性，降低了营运成本，并且为双发延程飞行（ETOPS）铺平了道路。A300 的成功衍生出了空客商用客机家族的众多机型。机身有所缩短，航程更长的空客 A310 于 1982 年首飞成功。紧接着首架全数字电传操控的商用飞机 A320 于 1987 年首飞成功，首架非美国生产的双通道四引擎远程宽体客机 A340 和高载客量的新一代电传操纵喷气式中长程双通道宽体客机 A330 先后于 1991 年和 1992 年首飞成功，一系列的成功使空客的声誉和市场占有率节节上升。

三、赶超波音（1993—2002）

1993 年，空客向法航交付了第 1000 架客机，机型是 A340-300。这是一次里程碑事件，空客的市场占有率已经让波音感到了现实的威胁。1994 年 9 月，第一架 A300-600ST 首飞。A300-600ST 大约 155 吨的最大起飞重量虽然不是世界第一，但它高达 1400 立方米的货舱容积使得它仅次于波音 747 LCF 的 1840 立方米，且能够轻松打败第三名的安 -124（1160 立方米）。A300-600ST 更重要的意义在于空客终于摆脱了"所有的空客都是由波音负责运输的"舆论嘲讽，解决了用自己的货机运输组装部件的问题。作为一个多国组合的企业，空客的飞机部件制造分散在世界多个国家，并需要以半成品的形态运送到位于德国、法国的总装厂，而以前空客只能购买波音的大型货机来运输。

2001 年，空客公司达到了其成就史上的另一个里程碑，即成为一家独立的整合的企业。欧洲航空防务航天公司（由原空客集团的三家伙伴公司法宇航、德宇航和西班牙宇航合并而成）和英国的英宇航，将其所有在原空客集团的资产全部过渡到一个新的合资公司。作为交换，它们成为新空客集团的股东，分别拥有集团 80% 和 20% 的股份。经过整合后的空客公司正在全世界范围内不断扩大其影响力，走上了与波音较量的舞台。

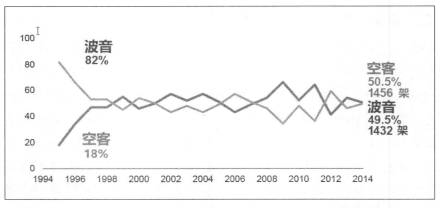

图22-1　1995—2014年空客与波音净订单市场占有率变化情况

数据来源：空客公司网站，2015 年 3 月。

四、行业领先（2003年至今）

到了 2003 年，空客成功地挑战了波音的市场霸主地位。当年 8 月底，其飞机交付状况首次超过了对手波音公司。然而空客并没有因此停下脚步，2005 年，四引擎双通道、550 座级超大型远程宽体客机空客 A380 的首飞成功，意味着波音 747 把持的大型客机市场也终于迎来了挑战者。空客 A380 飞机被空中客车公司视为其 21 世纪的"旗舰"产品。A380 在投入服务后，打破波音 747 在远程超大型宽体客机领域统领 35 年的纪录，结束了波音 747 在市场上 30 年的垄断地位，成为载客量最大的民用客机。2008 年 7 月 30 日，空客订单总数达到 9000 架，十年内增长了 3 倍。2008 年 9 月，空客在欧洲地区以外的第一家总装厂在天津揭幕。

第三节　生产运营情况

一、主营业务

空中客车的生产线是从 A300 型号开始的，它是世界上第一个双通道、双引擎的飞机。经过多年的发展，空客已经建立了现代化综合生产线，形成了四个非常成功的系列机型（由 107 座到 525 座）组成：单通道的 A320 系列（A318/A319/A320/A321）、宽体 A300/A310 系列、远程型宽体 A330/A340 系列、全新远程中等运力的 A350 宽体系列，以及超远程的双层 A380 系列。

表 22-1　空客商用飞机机型一览表

型号	描述	座位	研制日期	首航	首次交付
A300	双引擎，双通道	250—361	1969年5月	1972年10月	1974年5月
A310	双引擎，双通道，缩短版的A300	200—280	1978年7月	1982年4月	1985年12月
A318	双引擎，单通道，比A320短6.17米	107	1999年4月	2002年1月	2003年10月
A319	双引擎，单通道，比A320短3.77米	124	1993年6月	1995年1月	1996年4月
A320	双引擎，单通道	150	1984年3月	1987年2月	1988年3月
A321	双引擎，单通道，比A320长6.94米	185	1989年11月	1993年3月	1994年1月
A330	双引擎，双通道	253—295	1987年6月	1992年11月	1993年12月
A340	四引擎，双通道	261—380	1987年6月	1991年10月	1993年1月
A350	双引擎，双通道，复合材料的运用达到全机的53%	270—412	2004年12月	2013年6月	2014年12月
A380	四引擎，双通道，双层	555—840	2000年	2005年4月	2007年10月

数据来源：赛迪智库整理 ，2015 年 2 月。

二、经营状况

2015 年 1 月，空中客车公司对外公布了公司 2014 年的飞机订单和交付情况。2014 年空客向全球 89 家客户交付了 629 架飞机，获得了来自 67 家客户的 1456 架净订单，全年交付数量略低于其竞争对手波音公司的 723 架飞机，但净订单略高于波音的 1432 架。

在全年交付的 629 架飞机中，包括了向 8 家新客户的飞机。其中 490 架单通道的 A320 系列，108 架 A330 系列飞机，30 架 A380 飞机以及年底交付的首架 A350XWB 宽体飞机。

在净订单方面，2014 年空客获得了 14 家新客户，包括 1321 架 A320 系列飞机和 135 架宽体飞机，包括 A330、A350XWB 和 A380 的订单。2014 年 1456 架净订单数量是空客历史上年度订单量第二高的年份，最高的是 2013 年，净订单数量达到 1503 架。截至 2014 年年底，空客的储备订单量攀升至业内最高的 6386 架，以目录价格计算，价值 9193 亿美元。

截至 2014 年年底，空客在 100 座以上级别民用飞机市场的市场占有率超过 50%。其中 A330neo 在推出 6 个月的时间里就获得 120 架确认订单。另外，单通道的 A320neo 和现款 A320 系列继续获得市场青睐，获得了数笔来自租赁公司的大订单。例如，上述与中国飞机租赁有限公司的订单落实之后，中国飞机租赁有限公司的 A320 系列飞机订单总数达到 140 架。

随着 2014 年 9 月成功完成首飞，空客将于今年第三季度完成 A320neo 飞机的取证工作并在第四季度交付首架飞机。

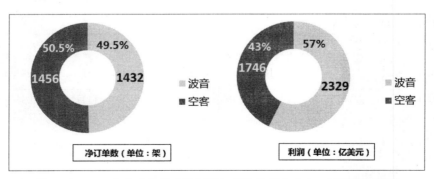

图22-2　2014年空客与波音公司净订单和市场占有率，以及利润情况

数据来源：赛迪智库整理，2015 年 3 月。

第四节 企业战略与布局

一、战略目标

空中客车公司作为一个欧洲航空公司的联合企业，其创建的初衷是为了同波音和麦道那样的美国公司竞争。通过将新创意、新技术和新材料的应用，制造出更加舒适、有效的飞机以符合旅客期望和航空公司需求，从而不断增加公司市场份额，最终成为行业领导者。

二、营销策略

空客公司以客户为中心的理念、商业知识、技术领先地位和制造效率使其跻身行业前沿。当空中客车公司 1970 年成立时，民用飞机市场还是波音一统天下，波音已拥有从 100 座次至 400 座次的一系列飞机，空客的市场占有率还不到 20%。但经过 30 多年的磨砺，到了 2003 年，空客成功地挑战了波音的霸主地位。当年 8 月底，其飞机交付状况首次超过了对手波音公司，如果再考察储备订单，空客更达到了 1543 架，较对手多出 400 多架，经过 30 年的发展，空客终于成功挑战了波音的霸主地位。空客的成功经验可以归纳为以下几点：

（一）瞄准市场空白

作为后来者，空客在发展初期显然没有足够的资本来和波音正面对垒，空客选择的是波音还没来得及覆盖的市场空白点。当时在 100—120 座的飞机中，有波音的 737—200；在 150—180 座飞机中，有波音的 727、707；在 400 座的大型飞机中，有波音的 747。空客首先看中的是波音的空当——220—270 座之间的飞机，并推出其首种机型 A300，得到市场认可。实力雄厚的波音随即推出 757、767 与其竞争。空客又把目光转向另一个空当——介于 737、757 之间的 150 座飞机，推出日后空客销量最大的 A320 系列飞机。

空客的这种思路一直延续到今天。在 20 世纪 90 年代，推出 300 多座的 A340、330 系列飞机，并在新世纪开始制造世界上最大的飞机 A380，打破波音 40 年来垄断 400 座以上飞机的状况。

瞄准空白点，绝不仅体现在飞机座级的选择上。空客每一款机型的设计，小到座椅的尺寸，都要经过深入的市场分析，并与竞争对手作充分比较，著名的"7英寸"就是一例。同样是单通道飞机，A300要比对手宽7英寸。此前，空客进行了大量的市场调查，发现不少客户反映，波音的单通道飞机载客时感觉略窄，载货时常常要把集装箱拆开来。因此A300飞机加宽了7英寸，使得旅客乘坐更舒适、大部分不托运行李可方便通过，而载货时则正好能容得下两个LD3集装箱，受到客户的欢迎。

（二）与供应商精诚合作

在空客的发展史上，来自不同国家合作伙伴的通力合作是其成功的重要因素。20世纪60年代末，欧洲不少国家都有自己的飞机制造企业，但其市场总和尚不到全球的10%。欧洲需要自己的飞机制造业，为此，法国、德国、英国、西班牙四国共同发起，整合欧洲的飞机制造企业，成立了空中客车公司。把一个国家内的多个企业合并在一起尚且不易，何况是多个国家的多个企业——语言不同、文化不同、历史背景不同、经营方式不同。但有一点很重要，所有的企业都意识到，如果不联合，就无法与强大的波音对抗，无法参与挑战。在四国政府的推动下，不同的企业各尽所能。擅长机翼制造的就专攻机翼，擅长垂尾制造的就发展垂尾，最后进行总装。可以说，空客的每一架飞机、每一笔利润，都是各方精诚合作的结果。

为处理不同国家不同企业之间的分歧，空客还提出"流程管理"概念。每一个生产工序都要服务总体上的流程管理，制度要比人更重要。正是这一整套严格的管理，使空客度过了最初的"磨合期"，成为一个紧密的团体。

（三）不断创新，保持挑战者心态

在空客，"创新"一词时时被提起。在空客看来，作为行业的后来者，模仿别人永远无法超越别人，关键是不断创新。为客户提供比竞争对手更舒适、成本更低、更能赢利的产品，是空客创新的出发点和落脚点。空客率先在民用飞机中引入了电传操纵技术。此前，驾驶操纵杆一直通过一套由笨重的金属缆和滑轮组成的复杂系统与飞机的操纵控制面相连。而电传操纵技术将先进的计算机技术应用在飞机操纵上，在使驾驶员操作更简便的同时，又减轻了飞机重量，由此减轻了油耗，大大降低了航空公司的运营成本。

通用性也是空客的一大"制胜法宝"。通过一系列技术创新，空客从 100 座级的 A318 到 555 座级的 A380 飞机，从真正意义上实现了相同的驾驶舱、系统和相似的操纵特性。飞行员从这个机型转到那个机型，只需通过差异训练而不必完成完全改装培训，训练期最长不超过 8 天。这也使航空公司有组建混合机队飞行的可能。据测算，飞机的通用性，使每架新空客飞机可为机队节省至少 100 万美元。不断创新，不断创造让客户更能赚钱的产品，空客就这样逐渐赢得了市场的认同，在 1995 年后进入快速增长期，赶上波音，成为行业领导者之一。

三、区域布局

空中客车公司是一家名副其实的全球性企业，全球员工约 55000 人，在美国、中国、日本和中东设有全资子公司，在汉堡、法兰克福、华盛顿、北京和新加坡设有零备件中心，在图卢兹、迈阿密、汉堡和北京设有培训中心，在全球各地还设有 130 多个驻场服务办事处。空中客车公司还与全球各大公司建立了行业协作和合作关系，在 30 个国家拥有约 1500 名供货商网络。

表 22-2　空客工厂全球分布情况表

序号	工厂位置	国家
1	图卢兹	法国
2	汉堡	德国
3	威尔士布劳顿	英国
4	英格兰布里斯托尔	英国
5	不来梅	德国
6	马德里	西班牙
7	圣纳泽尔	法国
8	诺登汉姆	德国
9	南特	法国
10	法莱尔	德国
11	阿伯特	法国
12	劳普海姆	德国

（续表）

序号	工厂位置	国家
13	卡迪斯	西班牙
14	华盛顿	美国
15	卫奇塔	美国
16	北京	中国
17	天津	中国
18	迈阿密	美国

数据来源：赛迪智库整理 ，2015 年 2 月。

热 点 篇

第二十三章 乌克兰危机引发美欧对俄罗斯经济制裁

第一节 背景

乌克兰地处欧亚大陆核心位置，欧洲文化和斯拉夫文化在此交锋，战略地理位置优越，市场能辐射独联体、欧盟、北非，是东欧最大的市场。同时，乌克兰也拥有丰富的自然资源与占世界总量 1/3 的黑土地，处在欧洲地缘政治中心的乌克兰一直是大国竞技的角斗场。冷战后乌克兰的地缘空间获得释放，成为欧盟、北约与俄罗斯争夺的焦点。苏联解体后，由于与俄罗斯有着相同的宗教信仰，相近的语言文化，相似的风俗习惯，乌克兰一直在俄罗斯庇护下发展。但由于大片的国土连接四个欧盟国家，乌克兰的地理位置和资源都有着重要的战略意义，拉拢乌克兰一直是欧盟的长期策略。从 2009 年（欧盟）启动东部伙伴计划（与原苏联的六个成员国建立更紧密关系的计划）开始，欧盟已经花费了大量时间、金钱和外交手段，尝试将包括乌克兰在内的六个国家招致麾下。但欧盟的举动严重侵害了俄罗斯的战略利益，所以俄罗斯开始强势介入。于是，就在欧盟的拉拢即将见效之前，普京果断出手将乌克兰政府拉回独联体阵营，这也引发了此次乌克兰危机。

第二节 内容

2013 年 11 月 21 日，时任乌克兰总统亚努科维奇 (Viktor Yanukovich) 的政府宣布暂停与欧盟联合协议的准备工作，并转而加强与俄罗斯的经贸联系，由此引起了欧洲一体化支持者的大规模抗议活动，从此拉开乌克兰危机的序幕。2014年1月下旬，乌克兰政府颁布的《反示威法》进一步加剧了冲突，示威者占领了司法部大楼要求总统亚努科维奇下台，迫于压力，乌克兰议会废除了《反示威法》。2014年2月18日，数千名示威者举行号称"和平进军"的游行活动，要求议会恢复2004年宪法。随后示威者在议会大楼附近与警方发生激烈冲突，数百人伤亡。2014年2月19日，乌克兰西部利沃夫地区宣布独立于中央政府。利沃夫地区反对者建立了新自治政府，并宣布听从首都基辅的反对者。2014年2月21日，乌克兰总统亚努科维奇与该国反对派签署了旨在结束国内暴乱的协议，反对派同意停止暴力抗议，亚努科维奇政府则同意召开提前大选，并同意支持恢复2004年宪法。2014年3月16日，克里米亚举行公投，并根据公投结果宣布"加入俄罗斯"。克里米亚"闪电"入俄后，2014年3月20日美国对俄罗斯掀起令人炫目的"制裁大战"。2014年3月17日，美国政府宣布对7名俄罗斯官员和4名克里米亚官员实施签证禁令和资产冻结等措施后。2014年3月21日，欧盟决定将12名俄罗斯和乌克兰官员加入制裁名单，冻结这些人在欧盟资产，拒发签证。2014年4月28日，美国政府宣布对俄罗斯实施新一轮追加制裁，包括扩大此前针对俄罗斯相关个人和公司的"黑名单"，除此之外，美国还宣布将象征性地停止向任何俄罗斯买家发放高科技产品出口许可证。欧盟也宣布启动对俄"第二阶段"制裁，将原本33人的制裁"黑名单"扩充为48人。2014年4月29日，日本也宣布对俄罗斯追加制裁，暂不向俄政府相关人士等23人发放签证。

2014年4月7日，乌克兰顿涅茨克亲俄者宣布"独立拟公投入俄"。2014年5月12日，乌克兰东部顿涅茨克州和卢甘斯克州两州宣布成立独立"主权国家"。此后，西方世界与俄罗斯之间的对峙进一步升级。2014年7月29日，欧盟和美国指责俄罗斯破坏乌克兰东部稳定，宣布对俄罗斯采取经济制裁，此轮制裁"主打"俄罗斯的经济命脉。欧盟将重点打击对于俄罗斯的经济民生有着重要影响的石油工业、国防、金融等领域，限制俄罗斯国有银行和企业进入欧盟资本市场。美国也禁止美国银行业向俄罗斯大型银行、能源和国防企业提供到期时间在90天以上的贷款。针对西方国家对俄罗斯就乌克兰危机增加的经济制裁，俄方采取了反制裁措施。2014年8月，俄罗斯总统普京下令禁止或限制从对俄罗斯实施制裁的国家进口农产品和食品，如美国、波兰、乌克兰、瑞士等。禁令将持续一年。2014年9月5日，乌克兰、"顿涅茨克人民共和国"和"卢甘斯克人民共和国"

代表在明斯克签署开始停火的协议。协议包括 12 条内容，包括监督停火的各个环节，交换战俘等问题。停火协议在明斯克举行的乌克兰问题联络小组会议上签署。虽然双方签署停火协议，但是仍有零星冲突。据联合国人权事务高级专员办事处消息，自 2014 年 4 月中旬到 10 月，乌克兰冲突已导致 3660 人死亡，8756 人受伤。

第三节　影响

一、阻碍全球经济复苏

石油是需求弹性很小的商品，石油供给冲击很容易造成原油价格大涨的局面。而俄罗斯恰恰是全球最大的原油和天然气生产国和出口国之一。欧洲石油供给直接依赖于俄罗斯，俄罗斯还对欧盟的天然气供给具有主导权。同样，乌克兰在全球玉米与小麦供给中占比显著，如乌克兰玉米出口占全球大约 15%，因此其局势的动荡将造成玉米和小麦价格上升，推动成本上升，可能产生成本推动型通胀，对全球经济的复苏产生不良影响。同时，因乌克兰问题导致的俄罗斯与西方之间的紧张局势难言好转。美欧多轮的制裁直指俄罗斯的经济命脉，而俄罗斯的一系列反制裁措施显得有些威力不足，这进一步增加了对正处于经济复苏中的全球经济担忧。

二、引发国际金融市场新动荡

乌克兰危机急剧升级，酿成的地缘政治危机影响全球投资市场，致使投资者信心骤跌。鉴于乌克兰与俄罗斯和欧盟金融和债务联系密切，乌克兰危机对俄罗斯和欧盟金融市场的影响是首当其冲的。在 2014 年 3 月份的第一周，受乌克兰危机深化等因素影响，俄卢布汇率跌至历史新低。对新兴经济体来说，乌克兰危机发生在新兴市场国家增速本已趋缓的时候，加剧了资金从新兴市场回流。俄罗斯卢布与乌克兰格里夫纳汇率双双刷新历史新低。俄罗斯宣布将基准利率由 5.5% 上调至 7%，央行也抛售了 113 亿美元救市，是历史上最大规模的干预之一。俄罗斯局势恶化会进一步改变资产配置策略，使得资金进一步回流发达经济体，引发国际金融市场新动荡。

三、加剧俄罗斯经济衰退

2012 年以来，俄经济增速明显减缓。2013 年，俄 GDP 较前一年仅增长 1.3%，不及 2012 年 3.4% 的增幅的一半。作为乌克兰重要邻国和乌俄冲突的当事方，乌经济危机和对俄经济将产生不小的影响，致使其经济走势进一步低迷。据测算，按照 2013 年俄罗斯经乌克兰向欧盟输气量 861 亿立方米，以价格 0.4 美元 / 立方米计算，仅对欧天然气出口一项，俄罗斯企业每天遭受的损失高达 1 亿美元。同时，乌克兰向俄罗斯出口的机械设备及运输工具、金属及金属制品占出口总额的比重一直稳定在 35% 和 20% 左右。一旦乌克兰危机向着长期化方向发展，乌克兰东部地区将成为俄与西方对峙的前沿，从而对该地区正常的生产秩序造成冲击，进而影响到俄罗斯从乌克兰进口机械设备及运输工具、金属及金属制品。

四、有助于提高我国能源保障能力

中俄经济互补性强。中国的低成本制造业和俄罗斯丰富的自然资源，都是对方所需要的。自 2014 年 3 月以来，美国和欧盟发动的多轮对俄罗斯的制裁，其中掌握俄罗斯经济命脉的能源企业成为本轮制裁的重点，使得更多的俄罗斯企业无法在欧盟资本市场上筹集新资金，这将促使相关企业寻找其他融资渠道。从地缘经济和市场容量看，中国是承接的首选。2014 年 9 月 1 日，中俄东线天然气管道俄境内段正式开工，预示中俄两国能源合作进入实质性阶段。中俄两国全面开展能源合作不仅为俄罗斯能源企业提供了新的发展机会和资金来源，也丰富了我国能源进口途径，提高我国能源保障能力，降低我国工业企业的能源成本，促进工业经济发展。

第二十四章 国际油价持续暴跌冲击新兴经济体经济发展

第一节 背景

受全球经济增速放缓、美国页岩气革命及乌克兰危机等影响，全球原油市场供大于求。2014年，全球各国经济复苏不如预期，除了靠页岩气革命的美国经济复苏较为稳定清晰之外，欧盟经济仍深陷欧债危机之后的泥淖之中，中国作为最大的新兴市场国家的经济增速在显著放缓，日本经济刺激政策的效果并不明显，这些因素共同导致了全球市场石油需求变得疲弱。近年来，由于页岩气勘探开发相关技术的突破，使美国的页岩气产量快速增长。2000—2014年，美国页岩气产量占天然气总量从1.7%迅速达到44%。快速增长的页岩气供应能力不仅替代了煤炭，也替代了石油。从2005年到2013年，美国新增天然气消费量1.024亿吨标准油当量，折合1138亿立方米，减少石油消费量1.088亿吨。美国页岩油气革命对全球油气供需格局产生了深远影响。而在国际油价下跌的同时，全球石油日供应量却增长了近91万桶，OPEC国家与非OPEC国家都在增产。与2013年同期相比，2014年全球石油供应总增长280万桶/日。且以美国为首的西方国家希望通过油价打击俄罗斯经济，报复俄吞并克里米亚，同时促进欧洲经济复苏。由于欧美制裁俄罗斯，导致俄罗斯不得不增加石油产量来弥补经济缺口，俄罗斯原油产出接近苏联解体以来的最高水平。

第二节 内容

自 2014 年 6 月以来，国际油价便开始坐上了"滑梯"，油价从每桶 115 美元跌到 80 美元以下，接连跌破 80 美元和 70 美元两个重要关口，创下近六年来新低，全球石油市场出现严重的供大于求局面。2014 年 11 月 5 日，美国纽约商品交易所原油期货价格下跌至 77.19 美元 / 桶，布伦特原油期货价格为 82.95 美元 / 桶，欧佩克一揽子原油报收为 78.11 美元 / 桶，三价格均较 6 月最高点跌幅近 1/4。国内成品油价格因国际油价也不断下跌，北京 90 号汽油的价格从 6 月 23 日的 9940 元 / 吨，连续八次下跌到 11 月 14 日的 8425 元 / 吨，下跌了 1515 元 / 吨，跌幅达 15.24%。2014 年 12 月 15 日，国际油价一度暴跌 4%，刷新五年半新低，纽约油价跌至 2009 年 5 月以来的最低水平。2014 年 12 月交货的伦敦布伦特原油期货价格下跌 1.96 美元，收于每桶 82.82 美元，跌幅为 2.31%。纽约油价和布伦特油价已分别跌至 3 年、4 年来的最低水平。

第三节 影响

一、有利于全球经济复苏

国际油价下跌会持续相当长时间，总体而言对全球经济发展利大于弊。一方面，低油价有助于原油消费国降低成本，促进消费和经济增长，是一种利好。油价下跌 40 美元代表着生产者每年向消费者转移约 1.3 万亿美元 (接近全球 GDP 的 2%)。以美国为例，消费是美国最重要的经济推动力之一，汽油价格下降有利于美国家庭增加在其他商品方面的消费支出，刺激经济增长。与此同时，它会削减石油生产商的利润和资本支出，也可能让能源领域出现巨大的破产风险。油价下跌将把伊朗、俄罗斯和委内瑞拉等石油净出口国的收入再分配至欧元区、日本、中国和印度等石油净进口国。总体而言，在当前全球经济复苏陷入困境之际，油价走低，对全球经济是好事，给美国、欧元区、大多数亚洲经济体带来利好，推动全球经济复苏。

二、对新兴经济体金融市场冲击力大

在新兴经济体增速普遍放缓的背景下，货币贬值无异于雪上加霜。这不仅会加速资本外逃，也进一步打压经济，使许多以美元计价的新兴经济体债务上涨，并推升全球融资成本上升。巴西、印度、土耳其等拥有财政和经常账户双赤字的国家受到的冲击较大。根据国际金融协会的报告，随着国际油价暴跌和石油美元大幅缩水，预计新兴市场能源出口国 2015 年在全球市场的净撤资额将高达 80 亿美元，这是 18 年来首次净撤资。虽然主要新兴经济体的央行采取升息措施，以对抗货币的急剧贬值，但收紧政策顶多只能延缓贬值速度，并不会改变趋势。

三、对中国经济发展总体有利

国际油价下跌对中国经济增长起到一定刺激作用。在全球经济复苏不均衡的情况下，油价下跌可以降低经济运行成本，刺激中国经济增长。油价暴跌使航空、航运、汽车运输等产业物流成本明显下降，也为现代服务业发展提供机会，同时旅游、商业等行业消费者的出行成本减少，间接刺激了消费，降低了中国经济转型升级的成本。同时，国际原油价格下降导致国内能源原材料价格下降，降低了工业企业和物流企业成本，企业盈利能力增强，与油价相关的汽车消费、化工产品支出降低，增强普通居民的消费能力。但也应该重视油价下降对石油行业利润的冲击，及对新能源等替代行业的负面效应。

第二十五章　世界经济复苏缓慢 美量化宽松悄然落幕

第一节　背景

为应对 2008 年国际金融危机，刺激经济增长，美国先后推出多轮量化宽松货币政策。2013 年前三个季度，美国经济增长率分别为 1.1%、2.5%、4.1%，呈逐季加速态势，特别是第三季度创下两年来最快增速。与此同时，失业率快速下降，从 2013 年 1 月的 7.9% 降至 11 月的 7%。美国制造业表现良好，制造业采购经理人指数 (PMI) 从 2013 年 5 月的 49 升至 12 月的 57，连续 6 个月保持扩张。令人鼓舞的经济数据推动了美元指数保持强势，也表明美国经济正在彻底摆脱长达 5 年的危机阴影，重拾经济复苏势头。鉴于宏观经济持续改善，美联储于 2013 年 12 月宣布从 2014 年 1 月开始削减资产购买规模，标志着持续五年之久的量化宽松政策正式步入退出阶段。

第二节　内容

自 2010 年 6 月底，美国的就业等经济数据等已经接近崩溃，复苏无望，美联储为应对无法预期的危机，而不得已展开了又一次的量化宽松政策。2012 年 9 月 13 日，美国联邦储备委员会宣布了第三轮量化宽松货币政策（QE3），宣布将每月购买 400 亿美元的抵押贷款支持证券，但没有说明总购买规模和执行期限。同时，美联储将继续执行卖出短期国债、买入长期国债的"扭转操作"，并继续把到期的机构债券和机构抵押贷款支持证券的本金进行再投资。另外，美联储决定继续将联邦基金利率保持在0—0.25%的超低区间，并计划将这一水平至少保持到2015年年中。2014年9月17日，美国联邦储备委员会公布退出量化宽松政策的新原则，明确将提高联邦基金利率（即商业银行间隔夜拆借利率）作为货币政策正常化的第一步。2014年10月29日，美国联邦储备委员会宣布结束其债券购买计划，还承诺将在相当长的时间内把短期利率维持在零附近。由此，曾被冠以"无限期"之名的美联储第三轮量化宽松政策在启动两年多后宣告结束。

第三节　影响

一、引发新兴市场资本外流

当前，美国退出量化宽松政策引发国际资本流动出现大逆转，资金纷纷从新兴市场撤离，转而投向美国等发达国家市场。新兴市场遭遇巨大冲击，印度、巴西、印尼、土耳其、南非等国发生的资本外流一度引发股市和债市暴跌，形成了股债汇齐挫的全面性金融动荡，金融危机阴云笼罩。新兴市场经济体的整个经济政治都很有可能蒙受重创，近十年来新兴市场在国际政治经济体系中地位上升的局面将因此而逆转，新兴市场内部分化加剧。

二、给我国金融市场带来新挑战

美联储退出量化宽松政策引发的美元升值将增强中国出口产品的价格优势，同时，美元走强带动大宗商品价格走低，降低我国经济运行成本和输入型通胀压力。但美国量化宽松政策退出和美国经济的持续走强将使美元中长期内维持强势格局，钉住一揽子货币的人民币将处于进退维谷的两难境地：若继续升值将沉重打击国内制造业，刺激国内产业迁移至其他低成本国家，导致产业"空心化"和就业下降；若跟随其他新兴经济体货币贬值将导致资本外流加剧，人民币国际化势头将受到遏制，可能加大我国资本流动的不确定性，引起市场波动。

第二十六章　中国成全球第一工业机器人需求大国

第一节　背景

工业机器人是现代产业革命的产物，从 20 世纪诞生之日起，一直充当产业变革的急先锋和承担者。20 世纪 60 年代中期开始，美国兴起研究第二代带有传感器、"有感觉"的机器人，并向人工智能进发。麦肯锡预测，每年全球制造业的劳动力成本约为 60 亿美元，先进的机器人对制造业的经济影响可达 7200 亿到 1.45 万亿美元。随着全球主要汽车制造商在中国加速建厂，加上薪酬增长压力对中国劳动力竞争力的侵蚀，到 2017 年我国运行中工业机器人数量将翻倍至 42.8 万台。伴随人工智能、数字化制造和移动互联网等技术创新融合步伐加速，机器人产业被视为保持工业全球竞争力关键环节。

第二节　内容

随着科技的发展，机器人的使用日益广泛。2013 年，我国成为全球最大的机器人市场，2014 年机器人销量又创新高。 2013 年，全球销售工业机器人 17.9 万台，同比增长 12%，其中，中国市场销量达到 3.65 万台，同比大幅增长 59%，占比 20.4%，中国已经超过日本（2.6 万台），成为全球最大的工业机器人市场。2014 年被业内称为"机器人元年"，企业通过不同方式涉足机器人产业的局面近乎疯狂。据不完全统计，截至 2014 年底，有 70 余家上市公司并购或者投资了机器人、智能自动化项目，而中国机器人相关企业的数量甚至超过了 4000 家。据国际机器人联合会 (IFR) 预计，2015 年中国机器人市场需求量将达到 35000 台，占全球总量的 20%，居全球之首。未来十年，中国机器人市场还将至少保持 30% 以上的高速增长。2015 年 2 月 5 日，国际机器人联合会（IFR）发布的报告称，由于大力推动汽车和电子工厂自动化，到 2017 年，中国工厂使用的机器人数量将超过任何其他国家。目前，广州、深圳、佛山、东莞、惠州等珠三角地区已初步形成从研发生产到工业应用的工业机器人产业链。2015 年 2 月，《2014 年度深圳机器人产业发展白皮书》征求意见稿已对外发布，这是国内首个发布的地方机器人行业白皮书，内容显示，2013 年深圳机器人、可穿戴设备和智能装备产业增加值约为 200 亿元，预计经过七年的发展，到 2020 年产业增加值将超过 2000亿元。

第三节　影响

一、推动我国经济发展

我国政府高度重视机器人产业的发展，于 2013 年出台了《推进机器人产业发展的指导意见》。上海、深圳、天津、成都等地也陆续出台针对机器人产业的扶持政策，以吸引机器人智能化企业入驻。以深圳为例，地方政府拟每年投入 5 亿元发展智能装备产业，对行业细分龙头给予 500 万元资助；广州市对工业机器人产业龙头企业采用资本金注入、股权投资等方式予以重点支持。政府的引导和机器人企业的积极参与，促进了我国的基础设施建设，带动了就业，推动了我国经济不断向前发展。

二、将使劳动力就业结构高端化

引入工业机器人后，制造业的生产流程和管理方式也将随之进行适应性调整。制造业企业中的一线低技能工人，甚至是部分熟练工将被工业机器人替代，而调试、维护和控制工业机器人的技术性岗位将会相对增加。在产业层面上，随着产业的高端化，特别是高端制造业的发展，将会增加知识型员工的需求，也会相应地带动生产性服务业从业人员的增加。换言之，工业机器人的引入将使就业结构高端化。长远来看，未来智能工业机器人还将对人才提出更高的要求。

三、倒逼中国经济转型升级

中国出口导向型和劳动力密集型经济发展模式带来了过去十多年的高速发展。但是，欧美国家正在进行的以智能制造为核心的再工业化会给中国以低价劳动力为中心的低端制造模式带来巨大冲击，倒逼我国经济转型升级。工业机器人产业本身属于高端装备制造业，其自身成长就能推动高端装备制造业发展。因此，工业机器人的广泛应用将创造出市场需求，进而带动自身产业的成长，推动制造业朝着数字化、智能化的方向升级。中国特定的产业结构将产生与之相适应的工业机器人需求结构，为本土工业机器人产业发展创造市场机遇。工业机器人还是典型的复杂性产品，集成了诸多先进技术和核心零部件。它的发展有助于带动多项基础技术的突破和系统集成能力的提升。

第二十七章　特斯拉掀新能源汽车热潮

第一节　背景

进入 21 世纪以来，美国的创新能力再次引领了全球的经济发展，尤其是奥巴马政府执政以来强调美国要回归制造业及重振策略，其中策略之一就是将科技创新与制造业回归融合发展，一批以美国为代表的跨国公司充当了创新的主角。诞生于美国硅谷的特斯拉，先天就传承着硅谷的创新基因，是继 IBM、微软、谷歌、eBay、亚马逊、Facebook、苹果等一系列创新型美国高科技公司之后，在传统制造领域内的又一杰出代表。而特斯拉的发展模式也正迎合了美国政府关于科技创新的新战略，获得了美国政府的大力支持。

第二节　内容

全球新能源汽车发展从无到有，产品从试验场走向商业化，逐渐呈现规模化趋势。2009 年全球新能源汽车销量不足 4000 辆，2013 年销量超过 18 万辆。2010 年美国市场仅有 Leaf 和 Volt 两款新能源车在销售，2013 年已经接近 20 款。以特斯拉为代表的插电式汽车，包括纯电动汽车和插电式混合动力汽车作为新能源汽车中的重要一员，短短几年间得到飞跃式发展。2012—2013 年，美国全电动汽车企业特斯拉汽车公司纯电动车 Tesla S 型强势入市，打破汽车界的寂静。如同当初的苹果 iPhone 闪亮入市一样，Tesla S 上市以来，连续登上美国主要 7 万美元售价以上豪华车的销售榜首。特斯拉公司成为汽车界的苹果，续写了美国汽车工业的神话。2013年特斯拉全球销量实现22300辆。特斯拉公布2014财年Q2财报中的数据显示，特斯拉第二季度总计销售Model S 7579辆，同比上涨47%，实现营收7.69亿美元，比2013年同期的4.05亿美元增长近90%。其中，2014年6月全球插电式汽车销量惊人，共达29238辆，打破了2013年12月28709辆的纪录高点。在中国，2014年1—9月，特斯拉Model S在北京、上海、杭州、深圳、成都、西安6个城市就建成了9个体验店和服务中心，在19个城市建成了近40座超级充电站，并在全国60多个城市建成超过600个目的地充电桩。

第三节　影响

一、环境及能源需求倒逼新能源汽车发展

随着全球汽车工业的发展，全球汽车保有量的不断增加，汽车尾气排放的碳氢化合物和氮氧化合物等污染物越来越严重，并成为污染大气的罪魁祸首。在日趋严峻的环境问题面前，发展污染小、无尾气的电动汽车显得尤为迫切，也是全球汽车市场解决能源危机和应对气候变化的必然选择。从传统能源供需角度上来看，石油资源的可开采年限是三大传统能源中可开采年限中最少的一种能源，石油的全球储采比一直呈上升趋势。发展电动汽车是全球汽车产业抢占新一轮汽车创新的制高点，提升国际竞争力的有力途径，更是人类面对能源危机，摆脱资源束缚，实现可持续发展的必然选择。

二、助推全球电池产业增长

随着特斯拉的快速发展，该公司的1.4万辆Model S全电动豪华轿车已上路行驶，特斯拉很可能消耗整个行业生产的"18650"锂电池。特斯拉在一年中消耗的电池几乎相当于日产汽车三年消耗的总和。因此在未来几年中，随着特斯拉汽车产量的提升，电池需求量大增，而不管未来消费电子行业的需求如何，如果特斯拉的销售数据能够保持增长，未来三到五年全球电池产能就将翻番。

三、创新能力是企业核心竞争力

从特斯拉创新事实可以看出，特斯拉是一家学习能力极强的企业。特斯拉的绝大多数创新方式，并不是其独有或首创。特斯拉极其开放的视野和积极学习的心态，是其能不断克服各种困难并走向成功的最关键因素。除了跨国车企在积极

研发新能源汽车之外，A123 电池系统公司、菲斯克（Fisker）、科迪达（CODA）、迈尔斯（Miles）及特斯拉等这样的小企业也在积极涉足新能源汽车领域。特斯拉没有汽车制造经验，用传统的方式造传统意义的汽车，显然与其他成熟车企相比没有任何优势，且没有所需要的大量资金。特斯拉利用不断学习和创新，尽快提升知名度，尽快获取利润。而学习和创新能力是中国企业及中国人最欠缺的能力。

第二十八章　全球掀起新一轮企业并购浪潮

第一节　背景

随着世界经济的全球化、一体化和自由化进程加快，使得世界经济不断走向融合，各个国家和地区在贸易、金融、生产、投资以及政策协调等方面超越了国家和地区界限，相互依存，相互联系，相互融合，进而形成一个不可分割的有机整体。这种全球化和一体化的趋势不仅为世界经济发展创造了一个良好的国际环境，扩大了各国的世界市场份额及其贸易利益，而且为各国的产业结构调整和升级创造了有利的条件，极大地推动了世界经济的发展。资本的跨国流动也进入了一个新的全球化发展的阶段。国际资本市场的筹资总额大幅增加，为跨国公司大规模的并购行动提供了一个基本的先决条件和重要的交易场所。

第二节　内容

2014年，在世界经济缓慢复苏的背景下，全球企业信心整体回暖，国际并购活动如火如荼，形成了新一轮企业并购热潮。2014年全球并购交易规模再创新高。根据汤森路透的数据，2014年全球并购交易额达3.27万亿美元，较上年同期增长40%。这是2007年杠杆并购交易繁荣时期4.12万亿美元并购额以来的最高水准。此轮风靡全球的并购大潮在部分地区的表现尤为突出。从地域来看，北美、亚太、欧洲等地区是引领本轮全球并购浪潮的主要市场。随着经济的持续温和复苏，企业资金充裕并积极寻找海外商机，美国企业并购活动日益活跃。

美国金融杂志《机构投资者》调查显示，2014年排名前十的并购与IPO交易中，美国企业占据的数量最多。亚洲地区也是2014年全球并购潮中的一大亮点。汤森路透初步数据显示，截至2014年12月19日，日本以外的亚洲并购交易总额增长48%，达到创纪录的8022亿美元。其中，中国是2014年表现最活跃的并购市场，交易总额约为3530亿美元。此外，欧洲市场也同样蓬勃发展。据《机构投资者》报道，2014年欧洲并购交易额攀升20个百分点至8760万美元，大额交易策略再次抬头。从行业来看，医药、能源、通信、移动等领域的企业并购尤为活跃。如制药行业，2014年全球制药巨头掀起了新一轮并购浪潮，瑞士诺华制药和英国葛兰素史克2014年4月公布了一系列总价值超过200亿美元的交易计划，将从根本上改变两家公司——诺华制药将在不明显伤及收入基础的情况下成为一家业务范围更集中的企业，而葛兰素史克将转型成为兼具疫苗和消费药品业务的大企业。

第三节 影响

一、加剧国际间竞争

巨型企业合并不会导致竞争稍减，而会在规模迅速膨胀的基础上继续下去，超大规模企业之间的竞争将更加激烈，尤其是在许多产业生产过剩的情况下。石油业、汽车业、金融业等许多行业在某些并购个案发生后，都引起了连锁反应和继发的并购浪潮。并购浪潮将越来越多的企业和越来越多的国家卷入这个旋涡之中。发达国家凭借其资本实力攻城略地，发展中国家将面临更大的压力和居于更加劣势的竞争地位，如果不能采取适当措施，正确应对，可能会在并购浪潮中惨败。

二、对反托拉斯法和管理制度提出了挑战

目前世界上有60多个国家通过了反托拉斯法并设立了管理机构。但是由于各国经济、法律、文化传统等诸多方面的原因，反托拉斯法规定的管理重点、标准和程序并不相同，这给跨国公司并购带来了不便，甚至引发冲突。目前，美国司法部正在着手研究同其他国家的跨国并购协调问题，一旦拿出具体方案，必将对许多国家的立法和司法造成重要影响。因此，如何协调各国的反垄断法、解决法律冲突成为当务之急。

三、有利于我国产业结构的优化

跨国并购不仅可以推动国内企业的技术进步，而且可以通过技术外溢和扩散等途径带动国内同行业企业的技术升级，推动我国产品结构的升级和产业结构的优化。国内有实力的企业走出去实施海外并购，参与国际竞争，不但可以实现国家资源、能源战略，缓解我国社会经济发展的资源因素，而且有利于国内企业与国际高端企业同台竞争，共同建立游戏规则，促进国际新秩序的建立。同时，并购是促进产业结构优化升级的重要途径，不但能够给企业带来生产和经营的规模效应，增强协同效应，节约交易成本，而且通过纵向和横向并购可以使企业更好地控制市场，提高竞争力。

第二十九章　中国拟增设广东、天津和福建三个自贸试验区

第一节　背景

在国际需求疲弱以及劳动力成本升高带来的产业转移下，中国不能长期依赖外贸出口支撑经济增长，而且国内市场经济效率仍然较低，产能过剩和能耗较高问题严重；同时以美国为首的发达经济体试图通过跨太平洋战略经济伙伴关系协定、跨大西洋贸易和投资伙伴关系协定以及北美自由贸易区等多重区域一体化安排，重塑全球贸易规则，以取得战略上的主导权。2013 年 7 月 3 日，国务院总理李克强主持召开国务院常务会议，通过了《中国（上海）自由贸易试验区总体方案》，标志着上海自由贸易试验区将成为国内首个符合国际惯例的海关特殊监管区。成立上海自贸区政府被视为中国新一轮深水区改革的起点和试验田，旨在放松对大服务业管制，尝试金融放开和创新。

第二节　内容

为进一步提速改革进程，全面深化改革，推广上海自贸区试点经验，国务院决定推广上海自贸区试点经验，设立广东、天津、福建三个自贸试验区，并扩展上海自贸区的范围。在 2014 年 12 月 26 日举行的全国人大常委会全体会议上，商务部部长高虎城作了关于广东、天津、福建和上海四个自贸试验区调整法定行政审批决定的说明。在全部试点区内，对于国家规定实施准入特别管理措施之外

的外商投资，暂时停止实施企业设立、变更等行政审批，改为备案管理。广东自贸区涵盖广州南沙新区片区、深圳前海蛇口片区和珠海横琴新区片区，天津自贸区涵盖天津港片区、天津机场片区和滨海新区中心商务片区，福建自贸区涵盖平潭片区、厦门片区和福州片区，上海自贸区的扩展区域则包括了陆家嘴金融片区、金桥开发区片区和张江高科技片区。

第三节　影响

　　上海广州天津福建作为腹地经济与国际对接的桥梁，窗口效应更加明显，将带动京津冀、珠三角、长三角地区贸易、加工、服务行业的发展，令京津冀、珠三角、长三角地区的分工更加精细。同时，自贸区成立以后，若实行园区内人民币可自由兑换、利率的市场化，这些因素将支持贸易做大，同时也可降低外贸企业的汇率风险。借着自由贸易获批的政策利好，自贸区规划范围内的上市公司有望迎来新的发展机遇，对港口、物流、贸易、地产、金融等行业构成利好。港口建设将直接推动相关业务量大增。对于在自贸区的金融机构来说，自贸区的设立将带来更多业务，市场也可以扩大到为国际资本市场提供金融服务。不过，国际金融机构同台竞争也将变得更激烈，这也使得我国企业最终与国际机构接轨。

第三十章 "一带一路"助推亚欧区域经济合作

第一节 背景

当前全球经济格局深刻变化，欧美日正在不断强化其在新一轮贸易规则中的话语权，国际间和大国间的竞争和矛盾日趋激烈，并不断产生新的变化。十八届三中全会对我国新一轮改革开放做出了全面部署。随着改革举措的陆续推出，中国对世界经济的影响力将进一步上升。中国经济的发展很不平衡，东部沿海经济的国际化程度已达到相当的水平，中西部地区改革开放由于起步较晚，仍处于发展的初级阶段，而中国经济的全面振兴及中国梦的实现离不开中西部整体发展水平和竞争力的提升，而向西开放通过共建丝绸之路经济带，可以有力促进内陆和沿边的对外开放，加快推进中西部的经济发展进程。同时,我国作为一个海洋大国,对东亚及东南亚沿海各国的经贸合作和双边关系，仍有拓展和巩固的空间，海上之路的合作仍面临着诸多的挑战。于是 2013 年 9 月习近平主席在出访中亚四国时提出的构建"丝绸之路经济带"的倡议，以促进区域乃至全球经济发展。

第二节 内容

"一带一路"是"丝绸之路经济带"和"21 世纪海上丝绸之路"的简称。2013 年 9 月 7 日，习近平主席在哈萨克斯坦发表重要演讲，首次提出了加强政策沟通、道路联通、贸易畅通、货币流通、民心相通，共同建设"丝绸之路经济带"的战略倡议；2013 年 10 月 3 日，习近平主席在印度尼西亚国会发表重要演讲时明确提出，中国致力于加强同东盟国家的互联互通建设，愿同东盟国家发展好海洋合作伙伴关系，共同建设"21世纪海上丝绸之路"。2014年4月10日，在博鳌亚洲论坛"丝绸之路的复兴：对话亚洲领导人"分论坛上，中国国务委员杨洁篪、老挝总理通邢、巴基斯坦总理纳瓦兹·谢里夫、东帝汶总理沙纳纳、泰国前副总理素拉杰、俄罗斯远东发展部部长加卢什卡、中国国家能源委员会专家咨询委员会主任张国宝以及博鳌亚洲论坛秘书长周文重进行了同台对话，共同探讨新丝绸之路和海上丝绸之路的建设。"一带一路"主张打通陆海战略通道，推进区域基础设施、基础产业和基础市场的形成，促进广泛的互联互通，推进贸易投资自由化和便利化，从根本上缩小经济发展差距，纠正世界经济发展不平衡，形成"后危机时代"全新的国际经济合作新思维，确立符合世界经济发展多样性的合作新模式。

第三节　影响

一、推动亚欧经济融合创新

经济带提倡不同发展水平、不同文化传统、不同资源禀赋、不同社会制度国家间开展平等合作，共享发展成果，把地缘优势转换为务实合作的成果。目前，"一路一带"区域已经有多个区域性合作组织和区域经济合作方案，如俄罗斯主导的欧亚经济一体化、美国倡导的TPP（跨太平洋战略经济伙伴协定）和TTIP（跨大西洋贸易与投资伙伴关系协定），欧盟的"新中亚战略"等。丝绸之路经济带一头连着繁荣的东亚经济圈，另一头系着发达的欧洲经济圈。"一路一带"的建设将形成来自亚欧两个方向的国家共同引领的欧亚大陆经济整合的新格局，促进新的全球政治经济秩序的形成。

二、加快我国产业转型升级

"一带一路"打破原有点状、块状的区域发展模式。无论是早期的经济特区、还是2013年成立的上海自贸区，都是以单一区域为发展突破口。"一带一路"彻底改变之前点状、块状的发展格局，横向看，贯穿中国东部、中部和西部，纵向看，连接主要沿海港口城市，并且不断向中亚、东盟延伸。确定了新疆丝绸之路经济带核心区的战略地位，推动福建建设通向中西部和东南亚的运输大通道，发展陕西临空经济产业构筑空中丝路。地方战略目标明确，功能定位清晰，重点开发特色资源和优势产业，改变各地同质化发展问题。这将改变中国区域发展版图，更多强调省区之间的互联互通，产业承接与转移，有利于我国加快我国经济转型升级。

第三十一章 "安倍经济学"黯然失色

第一节 背景

2012 年 12 月安倍晋三上任之时，日本面临人口老龄化、债台高筑、经济停滞和通货紧缩一系列问题。安倍晋三认为日本处于危机状态，承诺迅速采取行动来扭转局势并及时取得显著效果。因此上任之后安倍晋三便急急射出财政、货币政策两支箭，前者为 2013 年 1 月推出的 10.3 万亿日元经济刺激方案，后者先是日本央行调高通胀目标 1 倍至 2%。然后是日本央行提前启动无限度的量化宽松，加大货币放水力度。这项"日本史上最大规模经济刺激政策"目标非常明确——克服通缩和压制日元强势，重新焕发日本经济活力，提高企业竞争力和居民消费能力。2014 年 7 月，支持安倍晋三的日本报纸《产经新闻》（Sankei）声称"安倍经济学"被蒙上一层"阴影"。在多项民意调查中，安倍晋三的总体支持率保持在不到 50%，远远低于他在上任头一年多数时间 70% 以上的支持率。

第二节 内容

安倍经济学 (Abenomics) 是指日本第 96 任首相安倍晋三 2012 年底上台后加速实施的一系列刺激经济政策，最引人注目的就是宽松货币政策，日元汇率开始加速贬值。安倍经济学的基本原理是，通过向市场大量注入资金，造成通货膨胀率增加，日元贬值，出口增加，物价上涨，企业收益增长，员工收入也随之增加，最终摆脱通货紧缩，实现日本经济增长。日本内阁府公布的数据显示，2013 年

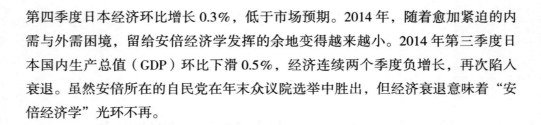
第四季度日本经济环比增长 0.3%，低于市场预期。2014 年，随着愈加紧迫的内需与外需困境，留给安倍经济学发挥的余地变得越来越小。2014 年第三季度日本国内生产总值（GDP）环比下滑 0.5%，经济连续两个季度负增长，再次陷入衰退。虽然安倍所在的自民党在年末众议院选举中胜出，但经济衰退意味着"安倍经济学"光环不再。

第三节　影响

一、私人消费可能重返低迷

日本的私人消费占 GDP 的 56%，是影响日本经济增长的关键因素。由于日本经济长期低迷，私人消费大多处于萎靡不振的状态。2013 年私人消费出现了显著回升。主要来自两方面原因：一是资产价格上升带来的效应；二是消费税率增税前的"扎堆消费"。扎堆消费主要体现在汽车等耐用消费品，特别是住宅消费的超常扩大，但非耐用消费品的销售增幅有限。由于是非常规的消费，不具备可持续性。尽管安倍决定将提高消费税率推迟一年半，2015 年和 2016 年消费可能稍有好转，但 2017 年 4 月消费税提高至 10%，私人消费还将出现新一轮的大起大落，慢性消费低迷恐怕难以避免。

二、物价上涨，收入难增

收入能否提高是决定日本经济景气的关键因素，"安倍经济学"没有把增加工资作为政策重点。在经济不景气且国内外竞争激烈的背景下，企业通过减少雇用正式员工和扩大雇用非正规员工来削减经营成本。2014 年上半年民众工资出现了一定幅度的上涨，但远远跟不上物价的上涨，4 月份以后每个月的物价上涨都在 3.0% 以上，而工资仅上涨 2%，考虑到物价上涨因素，每个月日本实际工资都下降了 1.5% 左右。

三、外需疲软，贸易逆差难扭转

近年来，出口占日本 GDP 的 14% 左右。受日元贬值影响，2013 年日本出口大幅度回升，出口额达到 69.79 万亿日元，与上年同比增 9.5%。虽然出口出现转机，但贸易逆差却越来越突出。2013 年日本进口总额为 81.26 万亿日元，增幅高达 15%，打破历史最高纪录。日本出现了 11.47 万亿日元的巨额贸易逆差，比上年增加了 65.3%。这是 1979 年以来第一次连续三年出现贸易逆差。产生如此巨额的贸易逆差，不仅与日本经济结构的变化有关，更直接的原因是能源大量进口和日元贬值。

第三十二章　欧盟部署"工业复兴战略"

第一节　背景

为尽快走出金融危机，推动建设更紧密的欧洲，实现工业复兴，欧盟从经济再平衡开始，实施大胆、全面的改革。近年来，以欧委会为代表的欧盟机构不断为欧洲工业复兴摇旗呐喊，将工业视为竞争力和制造就业的驱动力。2014年1月22日，欧盟委员会向欧洲议会提交"欧洲工业复兴"产业政策沟通文件。欧盟委员会曾于2010、2012年发布欧盟产业政策沟通文件，2014年文件强调全面有效执行欧盟产业政策的重要性，成员国应在执行改革、提高效率方面发挥核心作用。

第二节　内容

2014年3月21日，在比利时首都布鲁塞尔的欧盟总部，欧洲理事会主席范龙佩与欧盟委员会主席巴罗佐在欧盟春季峰会结束后宣布将更全面部署和落实"欧洲工业复兴战略"，以提振经济和创造就业，强调促进工业增长的原则和未来行动重点领域，并就如何细化、部署工业领域刺激方案进行了讨论，以全面拉动投资、就业和创新。工业政策是欧盟2020增长和就业战略的重要内容。欧盟已制定目标，将工业占GDP比重从目前的16%提高到2020年的20%。为此制定了以下几项任务：第一，恢复对实体经济的正常信贷。希望欧盟理事会和议会尽快就2014—2020年跨年度预算达成一致，以便在明年可以执行该预算，加大投资，促进增长。第二，加大研发投资和人才培养，提高工业竞争力。第三，努力解决自然资源问题，能源需求和成本是对欧盟工业的另一重大挑战。第四，扩大内部和国际市场准入，为企业提供更好市场条件。欧盟内部已达成诸多共识：完成内部能源市场建设，结束市场分割；加大对创新和基础设施的投资；提高能效；开发更廉价的可再生能源；开拓新的国际资源，实现能源供应多样化。

第三节　影响

实现工业现代化必须加大对创新、资源效率、新技术、技能和融资的投资。目前欧盟距离在 2020 年实现工业占 GDP 的 20% 的目标还很远，因此提高工业竞争力将是欧洲理事会会议的核心议题。欧盟"工业复兴战略"通过统一国际标准、开放公共采购市场、加强专利保护和经济外交等途径帮助企业更容易进入第三国市场，创造更有利于完善商业发展的环境，改善欧盟、成员国和地区政府的公共管理效率，推动成员国认识到工业对于增加就业和增长的重要作用，提高工业竞争力。

展 望 篇

第三十三章　世界工业发展的有利因素

第一节　全球经济形势有所好转有利于工业复苏

2014 年以来，全球经济温和复苏，美国经济复苏势头增强，欧元已经走出经济衰退，日本经济增长持续波动，新兴经济体经济增速虽然有所减缓，但是仍然保持较强的增长潜力。发达经济体经济增速为 1.8%。其中，美国经济复苏态势继续巩固，增长 2.2%；欧元区经济扭转了上年度的负增长，增长 0.8%；日本经济出现下滑，仅增长 0.9%。新兴市场经济体经济增速为 4.4%，延续了 2010 年以来的持续下滑态势。国际货币基金组织在 2014 年 10 月发布的新版《世界经济展望报告》，预计 2015 年全球经济的增长率为 3.8%。全球经济增长动力主要来自于美国、澳大利亚等发达国家，新兴经济体金融风险加剧，经济增长略低于预期。在全球经济形势温和复苏的影响下，世界工业增长的宏观环境将持续改善，在各国政府日益重视实体经济的背景下，世界工业有望保持稳定发展态势。

第二节　新一轮科技革命和产业变革加速推动

当前，全球正处于新一轮科技革命和产业变革的关键时期。为了抢占竞争制高点，发达国家持续加强研发投入，寻求在关键领域的技术突破。美国发布了《先进制造伙伴计划》，大力推动国家制造业创新网络建设，以 3D 打印、智能机器人、新材料等领域的技术创新持续推动本土制造业重振。目前，机器人研发目前已经在军事、工业、生物医疗等领域取得多项实质性突破，高端复合材料已经得到了推广和应用。德国依靠研发的大力投入和教育培训的良性机制依然保持重点行业的技术领先优势，然而欧洲受持续的经济危机造成工业生产衰落和高失业率造成高技术人才流失，在工业上创新竞争力有所下降。日本启动了下一代超级计算机计划，并准备利用下一代超级计算机为新药开发、防灾减灾等作出贡献。新兴国家也将技术创新作为转型升级的重要方向，大力推动新兴产业领域的发展，加快自主创新步伐。在新一轮科技革命和产业变革的推动下，世界工业不断增添新的发展动力。

第三节　新兴经济体持续深化改革推动工业稳定增长

近年来，以中国、印度等为代表的全球新兴经济体持续深化改革开放，通过释放政策红利推动实体经济的发展。中国自2013年以来全面深化改革持续推动，推出了一系列有利于工业发展的政策措施。随着《中国制造2025》的实施，中国制造正在加快向中高端迈进。印度总理莫迪上台后随即启动了以"经济增长"为目标的大规模经济改革计划，印度正在采取更为宽松的政策推进经济特区建设，并对外资政策做出一系列调整，鼓励外资参与基础设施和制造业方面的投资。巴西政府也认识到基础设施匮乏、贸易保护主义、产业结构单一、自主创新能力弱这些结构性问题和人为的障碍，开始着手进行结构改革，从而控制通胀、提高劳动生产率和降低生产成本。西方的经济制裁则倒逼俄罗斯加快国内结构调整，摆脱依赖资源发展的经济模式，大力推动远东地区发展。随着新兴经济体结构调整的不断深化，各国工业发展水平将进一步提升，从而有利于世界工业的稳定增长。

第四节　大宗商品价格持续下跌推动全球需求增长和成本下降

2014年下半年以来，受地缘政治、宏观经济、外汇市场等外部因素及供求关系、产能布局、进出口政策等因素影响，原油、铁矿石、铜等大宗商品价格大幅下跌。此轮大宗商品价格下跌动力强劲，短期内企稳回暖的可能性不大。而上游价格下降有助于需求逐渐复苏，降低世界工业发展的原材料成本，在中短期内有助于多国工业复苏，遏制全球通胀压力。对全球制造业而言，国际油价下跌将减轻通胀压力，制造企业受惠于成本的降低和消费需求的提升，扩张动能将有所提升。世界银行认为，结合历史来看，供给面冲击导致油价下跌 30% 的情况应会在中期内给全球 GDP 带来半个百分点的提振。此外，大宗商品价格持续下跌有利于新兴国家转变经济发展方式，将经济发展更多放在实体经济的发展上，推动全球产业结构加快调整。

第五节　自贸区谈判推动全球投资和贸易更加便利化

近年来，以 TPP、EPA、TTIP 等为代表的区域自由贸易谈判正成为发达国家推动全球贸易格局重构的重要途径。随着全球掀起新一轮的自由贸易浪潮，区域经济一体化将进一步推动全球经济的快速发展。TPP 和 TTIP 的共同特点就是广覆盖、高标准，其主要内容包括：消除货物贸易的关税和非关税壁垒；消除服务贸易和投资的限制性措施；在知识产权、竞争政策、劳工标准、环境标准、政府采购和技术创新等领域制定高于世贸组织现行标准的规则。随着谈判进展的不断深入，参与国家之间的投资和贸易壁垒将进一步消除，进而有利于参与国进一步提升工业生产。与此同时，以中国为代表的发展中国家也大力推动自贸区谈判，中国提出的"一带一路"战略正在加快推动中国与周边国家的互联互通与产业合作。中美、中欧、中日韩等相关投资和贸易协定谈判也在加快推动。此外，2014 年 11 月，在中国举办的亚太经合组织（APEC）会议决定启动并全面、系统地推进亚太自贸区（FTAAP）进程，批准了亚太自由贸易区路线图，标志着亚太自由贸易区进程正式启动。随着自贸区谈判进展的不断加快，各国投资和贸易便利化将有利于全球工业的持续增长。

第三十四章 世界工业发展的不利因素

第一节 地缘政治危机加大全球经济危机风险

乌克兰危机、中东局势动荡等地缘政治冲突对正在恢复中的世界经济造成一定影响。2014年3月，乌克兰的克里米亚宣布独立并加入俄罗斯联邦，由此引发以美欧为代表的西方经济体对俄罗斯展开多轮经济制裁，这对俄罗斯迅速产生不利影响，如资本外逃、卢布贬值、增速放缓和贸易减少。ISIS继续制造的恐怖袭击以及沙特阿拉伯等国对也门首都萨那发动空袭等事件进一步加剧该地区局势的动荡，增加了全球经济复苏的不确定性。目前来看，西方对俄罗斯的制裁已对国际贸易流向以及国家间的亲疏产生影响。如果制裁持续并不断强化，则很可能会引起全球地缘政治经济的深刻变化。

第二节 发达国家货币政策波动冲击新兴经济体工业发展

随着美国经济复苏的持续好转，2014年起美联储开始启动退出量化宽松。与此同时，为应对低通胀及经济增长滞缓的挑战，欧盟和日本开启了新一轮的量化宽松政策。发达经济体货币政策分化导致全球金融周期的变化，全球资产价格、资本流向及主要汇率将受到极大影响，对新兴经济体资本市场产生一定冲击，可能出现严重的资本外流和货币贬值，导致新兴市场国家外贸形势严峻，从而拖累工业发展。从中长期来看，世界经济面临着陷入低增长的风险。全球金融危机不但给各国经济带来周期性的冲击，压抑了总需求，也严重影响着供给和中长期增长潜力。

第三节　企业盈利能力面临重大挑战

近年来，随着全球投资环境的不断变化，包括地缘政治斗争的加剧、劳动力成本的上升、金融市场的动荡及各国对环境问题的日益重视等，对企业发展提出了新的挑战和更高的要求。一方面，环境问题日益成为全球关注的热点，各国对排污、绿化等环境保护的标准提高，以绿色生产为标准的贸易政策使一些不发达经济体产品出口受阻，出口难度增加，导致出口的利润下降。另一方面，全球产能过剩呈现出行业广、程度高、持续时间长等特点，并有从钢铁、汽车、船舶等传统行业向风电、光伏、碳纤维等新兴行业扩充的趋势。产能过剩导致企业盈利能力大幅下滑，对外投资意愿降低，制约全球工业投资增长。如不及时采取措施加以化解，会加剧市场恶性竞争，造成行业亏损面扩大，影响产业健康发展。

第四节　互联网技术推动全球制造业体系加速重构

当前，全球正掀起新一轮创新和变革的浪潮，移动互联网、智能终端、大数据、云计算、物联网等技术研发和产业化都取得重大突破，互联网跨界融合趋势明显。特别是在传统工业领域，智能制造、智能交通、智能家居等逐渐从概念走向现实，迈入高速发展期。企业生产也从以传统的产品制造为核心转向提供具有丰富内涵的产品和服务，互联网企业与制造企业、生产企业与服务企业之间的边界日益模糊。从某种程度上讲，制造业互联网化正成为一种大趋势。互联网技术的发展正在对传统制造业的发展方式产生颠覆性、革命性的影响。随着新一代信息技术的突破和扩散，柔性制造、网络制造、绿色制造、智能制造、服务型制造等日益成为生产方式变革的重要方向。一方面，生产模式中的各环节间更加高效地配置生产要素和时间，有效降低了生产过程的中间消耗，提高了资源配置效率。另一方面，智能装备广泛应用于生产过程，在降低人工误差的同时，也降低了人工成本，并高度规范了生产操作。同时，在多国、多个企业间，形成以创新链、产业链、价值链为核心的局域网络，全球协同化生产模式的运转更加顺畅和高效。虚拟化技术、工业互联网、3D 打印、大数据、工业机器人等技术将进一步重构全球制造业体系。

第五节　需求不足和贸易保护制约全球贸易增长

国际金融危机以来，主要发达国家都处在需求不足的困境之中，制约了全球贸易增长。据尼尔森（AC Nielsen）全球消费者信心指数和消费者意愿调查结果显示，受到全球地缘政治"冲突"及部分新兴市场成长放缓影响，2014 年第四季度全球消费信心指数在连续增长三季后后继无力，下滑 2 点回落到 96 点，重回一季度水准。一方面，全球进口需求增长乏力。2012—2013 年全球贸易量增速连续两年低于经济增速，2014 年贸易量增速也仅比 GDP 增速快 0.8 个百分点，与国际金融危机前 5 年贸易量快于 GDP 增速 1 倍形成强烈反差；另一方面，在内需不振的情况下，各国均致力扩大出口，竞争性货币贬值的诱惑力增大，贸易保护主义抬头。为维护本国企业的利益，发达经济体频频发起针对新兴经济体的"双反"调查，导致新兴经济体大量产品出口受阻，不利于全球贸易的增长和相关产业的发展。

第三十五章 世界工业发展的趋势特点

第一节 世界工业保持低速增长，全球制造业扩张步伐放缓

2014年全球制造业在就业、需求和产出均存在扩张，但扩展步伐放缓，略逊于年初表现。2014年制造业产出和新订单的扩张速度减缓，就业从年初的高位有回落，投入成本连续扩张，全球制造业活力欠缺。全球制造业采购经理人指数10月份为52.2，与9月份持平，虽连续23个月高于50的经济景气荣枯分界线，但这也处于2014年以来的低位，显示出全球制造业后续动力不足。由于亚洲制造业疲软，欧洲制造业低迷，导致全球制造业扩张呈现减缓的趋势。目前，美国制造业对全球制造业复苏的贡献较大，新兴经济体制造业持续低迷，世界工业发展仍将面临着诸多挑战。预计2015年世界工业经济发展仍保持常态化的低速增长，全球制造业PMI指数将保持50以上，但是制造业扩张动能略显不足。

第二节 发达国家分化态势明显，新兴国家工业持续深度调整

2014年以来，美国工业生产呈现较强的增长态势。美国制造业订单逐月增加、制造业指数呈上升趋势，截止到10月份，订单数量上升至65.8，创下2009年8月以来的第二高位，制造业产值指数上升至64.8，创下2014年5月份以来新高。目前美国内需趋于平稳，并呈现缓慢增长态势。随着美国积极打造高端技术装备，开发清洁绿色能源，较低的低能源成本让美国制造业在全球的吸引力越来越大，预计2015年，美国工业继续保持良好增长态势，制造业扩张动能较强。

受到日本政府实施消费税的影响，日本工业生产有所波动，整体上，工业增长出现下降的趋势。制造业产出在 2012 年 12 月以来首次出现下滑，新订单数量受到出口的影响继续萎缩。日本政府实施的消费税政策的负面效应仍然持续，生产投入成本增加，企业为减少生产成本，严格控制劳动力的雇佣，使日本就业率无明显的增加，从而导致国内需求不足，制造业发展严重依赖对外出口。预计 2015 年日本工业生产维持现状，工业发展呈现平稳态势。

欧盟主要国家的内需不足和外需的疲软对欧元区制造业和整体经济形势构成了巨大压力。欧元区经济复苏缓慢的局面仍在持续，欧元区经济缺乏良好的发展环境。随着乌克兰政治危机的不断发酵，美国、欧盟等对俄罗斯进行了制裁，给欧元区的出口带来了巨大的冲击，严重拖累了欧盟的经济增长。在工业经济不景气、整体经济疲软、通货紧缩初露端倪和经济前景堪忧的多重压力下，欧洲央行虽然连续加大放宽力度，但收效甚微，欧盟制造业经济状况并没有得到明显的好转。目前来看，未来欧盟制造业增长的动力不足，预计 2015 年欧盟制造业将持续疲软态势，扩张动能明显不足。

2014 年以来，新兴经济体工业增速普遍放缓，为提升产业整体竞争力，新兴经济体持续加强对工业结构进行深度调整。目前，中国工业已进入中高速增长的新常态；工业转型升级的步伐正在不断加快。2014 年 10 月巴西制造业采购经理人指数为 49.1，是 2014 年以来第六个月处于制造业收缩区间，政府为提高制造业就业率、压缩了生产成本，不断提升工业品的竞争力。俄罗斯受到地缘政治的影响，订单和出口快速削减，消费品市场出现了衰退。卢布的贬值虽在一定程度上促进了国家出口，但也引发了国内市场的通货膨胀；印度国内和国外市场的强劲拉动工业产出，新订单数量有所增多，制造业保持了平稳的扩张趋势；南非私人部门需求不稳定，另外由于气候条件较差和工人罢工导致工业生产和外贸订单有很大的起伏。为了促进工业增长，增强本国制造业竞争力，新兴经济体各国政府采取促进工业经济结构调整，完善投资结构，鼓励扩大内需，支持中小企业等举措来提升本国制造业竞争力，预计 2015 年，受到工业结构调整的影响，新兴经济体工业增长将有所放缓。

第三节　绿色化、智能化和服务化转型趋势不断加快

国际金融危机后，世界各国纷纷推出了本国的新兴产业发展战略，美国提出先进制造国家战略计划，德国推出工业4.0战略，法国出台了振兴工业计划。世界主要经济体都把绿色节能环保、智能制造业、新材料、新能源、生物工程等新兴产业作为本国优先发展产业，特别是绿色化、智能化和服务化的转型步伐不断加快。机器人、自动化生产线等智能装备在生产中得到广泛应用，"机器换人"已经成为企业提高生产效率、降低人力成本的重要手段。随着欧美的"绿色供应链"、"低碳革命"、日本的"零排放"等新的产品设计理念不断兴起，"绿色制造"等清洁生产过程日益普及，节能环保产业、再制造产业等产业链不断完善。与此同时，制造业的生产将从提供传统产品制造向提供产品与服务整体解决方案转变，生产、制造与研发、设计、售后的边界已经越来越模糊，制造业服务化的趋势日益明显。

第四节　全球直接投资将略有增长，跨国公司本土化进程加快

据联合国贸发组织《2014世界投资报告》显示，随着全球经济增长势头的回升，全球外商直接投资在2015年有望提升至1.75亿元，仍保持增长的态势。由于发达经济体经济处于温和复苏，投资活动在2014上半年进一步提升，发达经济体GDP、对外贸易和固定资本投资都有所增长。发展中经济体的全球外国直接投资持续了2013年的良好表现，且亚洲发展中经济体仍是全球最大的外国直接投资流入地。据统计，位居全球前100位的跨国公司数据显示，发达国家的跨国公司缩小海外的就业岗位，公司规模在本土扩张的速度快于海外运营的扩张，跨国公司回归本土化明显。随着全球经济复苏，预计2015年全球外国直接投资仍保持小幅度增长，跨国公司本土化进程日益加快。

第五节　全球贸易保持增长态势，新兴经济体贸易联系将增强

以美国为主导的发达经济体经济温和复苏，工业生产好转，有效地刺激进出口需求，带动发达经济体贸易回归增长。发展中国家经济体致力于经济结构调整也初见成效，经济在平稳中推进，这将对发展中经济体的对外贸易起到重要的支撑。当前，新兴经济体内部贸易联系不断加强，新兴经济体内部贸易额占对外贸易总额的比重不断攀升。2014 年第三季度，中国对外出口保持增长，对新兴经济体出口增长形成有力的支撑。新兴经济体对外贸条件明显好转，结构调整已见成效，预计 2015 年，全球贸易将有所回暖，继续保持低速增长态势，新兴经济体之间的贸易联系将明显增强。

第六节　跨国企业加速兼并重组，跨界融合步伐将加快

随着欧美等发达国家经济的持续复苏，跨国企业不断加快战略调整步伐，纷纷开展新的投资并购活动。Dealogic 市场调查公司的数据表明，进入 2014 年以来，全球公司已宣布价值 5690 亿美元的并购计划，是自金融危机以来的最高水平。随着新兴经济体竞争实力的增强，企业对外投资规模也不断提升，新兴经济体之间的投资合作不断加快。在企业投资意愿增强的背景下，预计 2015 年全球投资并购规模将持续提升。与此同时，跨国公司将继续加强对新兴产业的投资力度，特别是一些互联网企业加速进入传统制造业领域，通过培育新的增长点来实现跨界融合发展。

后 记

　　《2014—2015 年世界工业发展蓝皮书》由中国电子信息产业发展研究院赛迪智库世界工业研究所编撰完成，旨在梳理世界主要经济体工业发展概况及最新发展动态，探讨、展望全球产业新格局与新趋势。

　　本书由宋显珠担任主编，薛载斌担任副主编，分前言、综合篇、区域篇、行业篇、企业篇、热点篇和展望篇等七部分内容，各篇章撰稿人分别为：综合篇（任宇）、区域篇（朱帅、牛贺、苍岚、任宇、陈永广）、行业篇（任宇）、企业篇（朱帅、陈永广、苍岚、牛贺）、热点篇（任宇）、展望篇（陈永广）。同时，本书在研究和编写过程中得到了工业和信息化部各级领导及行业协会和企业专家的大力支持与指导，在此表示衷心的感谢。

　　当前，我国经济发展进入新常态，工业发展面临着下行压力加大、结构不尽合理、创新能力较弱和发展环境仍需改善等问题。我国工业发展迫切需要转换工业增长动力机制，提升工业增长的质量和效益。随着《中国制造2025》规划的落地实施，未来我国工业发展将坚持以创新驱动战略协调推进新型工业化和新型城市化进程。在此，希望我们的研究能够为探索中国特色新型工业化道路提供一些国际视角的思考。由于研究能力有限，本书在编写过程中的疏漏和不足之处在所难免，诚恳希望得到来自政府领导、行业专家和企业界的批评与指正。

研究，还是研究
才使我们见微知著

信息化研究中心	工业化研究中心	规划研究所
电子信息产业研究所	工业经济研究所	产业政策研究所
软件与信息服务业研究所	工业科技研究所	财经研究所
信息安全研究所	装备工业研究所	中小企业研究所
无线电管理研究所	消费品工业研究所	政策法规研究所
互联网研究所	原材料工业研究所	世界工业研究所
军民结合研究所	工业节能与环保研究所	工业安全生产研究所

编 辑 部：赛迪工业和信息化研究院
通讯地址：北京市海淀区万寿路27号电子大厦4层
邮政编码：100846
联 系 人：刘颖　董凯
联系电话：010-68200552 13701304215
　　　　　010-68207922 18701325686
传　　真：010-68200534
网　　址：www.ccidthinktank.com
电子邮件：liuying@ccidthinktank.com

思想，还是思想
才使我们与众不同

《赛迪专报》	《两化融合研究》	《装备工业研究》
《赛迪译丛》	《互联网研究》	《消费品工业研究》
《赛迪智库·软科学》	《信息安全研究》	《工业节能与环保研究》
《赛迪智库·国际观察》	《电子信息产业研究》	《工业安全生产研究》
《赛迪智库·前瞻》	《软件与信息服务研究》	《产业政策研究》
《赛迪智库·视点》	《工业和信息化研究》	《中小企业研究》
《赛迪智库·动向》	《工业经济研究》	《无线电管理研究》
《赛迪智库·案例》	《工业科技研究》	《财经研究》
《赛迪智库·数据》	《世界工业研究》	《政策法规研究》
《智说新论》	《原材料工业研究》	《军民结合研究》
《书说新语》		

编 辑 部：赛迪工业和信息化研究院
通讯地址：北京市海淀区万寿路27号电子大厦4层
邮政编码：100846
联 系 人：刘颖 董凯
联系电话：010-68200552 13701304215
　　　　　010-68207922 18701325686
传　　真：010-68200534
网　　址：www.ccidthinktank.com
电子邮件：liuying@ccidthinktank.com